新 社会心理学

心と社会をつなぐ知の統合

唐沢かおり 編著

北大路書房

● 目　次

序　章　「人と社会」を読み解くために　（唐沢かおり）……………… 1

1 節　はじめに　1
2 節　重層的な領域としての社会心理学　3
　1．社会心理学とは　3
　2．重層的な領域としての社会心理学　4
3 節　重層性をめぐって　5
　1．研究対象の重層性　5
　2．説明変数の重層性　6
4 節　社会心理学が提供する理解　7
　1．変数の関係としての理解の構築　7
　2．知見をつなげるための通常方略　9
5 節　社会心理学のポテンシャル　10
　1．ピースミール性への批判　10
　2．実践的な知　12
　3．人文的な知　13
6 節　本書の試み：概念の再検討の重要性　15

第 1 章　脳と心　（野村理朗）…………………………………………… 17

1 節　はじめに　17
2 節　社会と脳　18
　1．矛盾する知見を統合的に説明する　19
　2．理論・モデルを俯瞰し，統合する　21
　3．今後の展開に向けて　22
3 節　社会と遺伝子　23
　1．（最右翼の）ミクロとマクロの関係：遺伝子と文化的自己観　23
　2．中間表現型としての脳　26
　3．エピジェネテクス：社会行動の評価のための新しい変数　28
4 節　おわりに（提言）　30

第 2 章　感情と動機　（唐沢かおり）…………………………………… 33

1 節　はじめに　33
2 節　感情と動機の位置づけ　35
　1．感情や動機を重視した歴史　35
3 節　感情と動機の社会性　37
　1．関係を維持するシステムとしての感情　38
　2．他者とつながるシステムとしての動機　40
4 節　感情や動機をとおして見える私たち　43
　1．素朴な科学者としての人間　43
　2．モラルエージェントとしての人間　46
5 節　調整メカニズムとしての感情や動機：結びにかえて　48
　1．感情や動機の調整機能　49

i

2．社会心理学における感情・動機への視点　50

第3章　潜在態度　（北村英哉）……………………………………………51
　1節　はじめに　51
　2節　潜在連合テスト　52
　3節　何が測定されているのか：モデルを求めて　55
　　1．反応差の基盤について　55
　　2．対立項の問題　57
　　3．カテゴリーの問題　57
　4節　何が潜在なのか　58
　5節　評価プライミング　59
　6節　AMP　61
　7節　二過程モデル　62
　8節　人間観の革命　63
　9節　活性化　67
　10節　自動的人間観の発展　68
　11節　制度の議論　69

第4章　パーソナリティと状況　（堀毛一也）……………………………71
　1節　はじめに　71
　2節　人間－状況論争の経緯　72
　3節　社会－認知モデルの展開　74
　4節　人間－状況論争のその後　77
　　1．一貫性種別論　78
　　2．パーソナリティ三相説　79
　　3．生涯発達論的視点　80
　5節　状況研究の発展　82
　　1．状況分類研究　83
　　2．リバーサイドRSQ研究　85
　　3．社会心理学的な状況概念の再活性化　86
　6節　今後の研究の方向性　89

第5章　他者との関係　（浦　光博）………………………………………93
　1節　はじめに　93
　2節　基本的欲求の対象としての他者との関係　94
　　1．所属への強い欲求　94
　　2．所属欲求の普遍性　96
　3節　身体化された知覚としての他者との関係　97
　　1．「温かい－冷たい」次元の普遍性　97
　　2．社会的温かさの研究　98
　4節　自己の基盤としての他者との関係　100

    1．愛着対象としての他者　100
    2．自己のポジティビティの源泉としての他者との関係　102
  5節　**適応のための資源としての他者との関係**　103
    1．心理社会的資源の2つの機能　103
    2．他者との関係が脅威状況の評価に及ぼす影響　103
    3．他者との関係が脅威状況の制御に及ぼす影響　104
    4．心理社会的資源間の関連　106
  6節　**マクロ環境としての他者との関係**　107
    1．コミュニティの対人環境の影響　107
    2．ソーシャル・キャピタルとしての他者との関係　108
    3．社会的規範としての他者との関係　110
  7節　**おわりに**　111

第6章　グループメンバーシップ　（山口裕幸）……………… 113
  1節　**はじめに**　113
  2節　**集団の概念をめぐって：影響過程の視点を軸に**　114
    1．メンバーにとって集団とはいったい何なのか　114
    2．他のメンバーからの影響と集団からの影響との区別　115
    3．集団はメンバーの心の中に存在するのか　117
    4．集団がメンバーに及ぼす意識下の影響について　119
  3節　**集団の全体的特性をめぐって**　122
    1．メンバーの相互作用は何を作り上げるのか　122
    2．還元主義的アプローチの有効性とその限界　123
    3．集団の全体的特性に関する社会心理学的な検討をいかに行うか　125
  4節　**「個人の心」と「集団の全体的特性」をつなぐことをめざして**　126
    1．集団が持つ心理学的な全体特性の検討にもっと光を　126
    2．集団の心理学は正当性を持つか：集団錯誤の批判を超えて　127
    3．エビデンスに基づく処方的なアプローチをめざして　128

第7章　文　化　（村本由紀子）……………………………… 131
  1節　**はじめに**　131
  2節　**「心の社会・文化的起源」についての議論**　132
    1．文化の維持と変容にかかわる要因の多層性　132
    2．社会生態学的アプローチ　134
    3．社会生態学的アプローチが直面する方法論上の困難　136
  3節　**事例研究による「心と文化の動的プロセス」への接近**　137
    1．フィールドワークという方法論　137
    2．文化人類学におけるヘヤー・インディアン研究　138
    3．生態環境から社会構造へ：離島漁村の事例　139
  4節　**文化の「累進的進化」にかかわるプロセス・モデルの検証**　141
    1．社会環境と心理・行動傾向との相互規定関係　141
    2．集団主義・個人主義傾向の社会構造的基盤　142

3．多元的無知と共有信念　143
　5節　文化的視点を持つ心理学研究のこれから　145
　　1．ボトムアップとトップダウンの両輪による理論構築　145
　　2．個人を取り巻く環境の多層性への着目　146

第8章　進化的アプローチ　（沼崎　誠）……………………………………149

　1節　はじめに　149
　2節　進化のプロセス　150
　　1．進化と適応　150
　　2．血縁淘汰・性淘汰・互恵的利他　151
　　3．ヒトの進化史と進化適応環境　152
　3節　進化的アプローチ　153
　　1．進化的アプローチの研究対象：進化した心的メカニズム　153
　　2．進化した心的メカニズムを見つけるには　156
　　3．進化した心的メカニズムの観点から社会的行動に関する予測を作るには　158
　4節　研究例：偏見と差別　160
　　1．偏見や差別の分類　161
　　2．身体的安全への脅威に対処する心的メカニズムによる偏見と差別　162
　　3．身体的健康への脅威に対処する心的メカニズムによる偏見と差別　164
　　4．まとめ　166
　5節　進化的アプローチの論争点　167

第9章　「人と社会」に関する知の統合にむけて　（唐沢かおり）…………169

　1節　はじめに　169
　2節　社会的な心への視点　171
　　1．問題の所在　171
　　2．心の機能と適応的デザイン　171
　　3．社会関係の中での自己と他者　174
　3節　これからの課題とは　176
　　1．2つの課題　176
　　2．方法論の特性からの考察　176
　　3．規範的議論との連携　181
　4節　知の統合に向けて　184

引用文献　187
人名索引　213
事項索引　215
あとがき　217

序章

「人と社会」を読み解くために

1節　はじめに

　この本を手に取っていただいた方は，章立てを見て「あれ？」と思われたのではないだろうか。一見，社会心理学の教科書風の本だ。しかし，教科書でよく目にする話題，たとえば，対人認知や，態度変化，援助や攻撃，集団間関係などが見当たらない。多くの教科書は，社会心理学が対象としているこれらの社会的行動を章のタイトルとしているが，それとは少し異なる。代わりに章のタイトルとしてリストされているのが，社会的な行動を説明するモデルや理論の中に出てきそうな概念や，説明のための原理である。社会心理学にとって何か「基礎的」なことを論じている本なのだろうか，いや，それにしては，本のタイトルには（そして最終章のタイトルにも）「知の統合」などという言葉が付されており，基礎というより，その展開をめざしているようにも見えるのだけど……。

　たしかに本書は，社会心理学におなじみの，行動を取り上げてそれぞれに関する実証研究や理論，モデルについて解説することを目的として編集されたものではない。議論の対象となっているのは，社会心理学が扱うさまざまな行動に共通して，その説明上，重要な役割をもつ概念である。「説明の対象となる社会的行動」ではなく，行動の生起過程を論ずるモデルの中に登場したり，説明原理として機能したりするような諸概念である。

　平たく言えば，説明される側ではなく，「説明する側」の変数として用いられる概念，説明のよりどころとして用いられる「考え方」について議論してみましょうということになる。ただし，もちろん「説明する側の概念」も，それら自体が他の変数によって「説明される」こともあるのが，社会心理学の柔軟性の一つである。たとえば「感情」は，さまざまな社会行動を説明するモデルに登場する変数だが，他の変数によって，その生起自体が説明される立場にもある。また，

「他者との関係」についても，社会的な行動の発現の仕方を決める重要な変数であると同時に，関係が形成され維持される過程や，その規定要因を解明した研究が数多く存在する。したがって，「説明する側の概念」という表現が意味するところを，誤解のないようにきちんと明示する必要があるだろう。それは，やや硬い表現になるが，次のようなことなのである。

　社会心理学は，さまざまな行動の生起過程を説明してきたが，その説明を構築するうえで，いくつかの重要な概念に頼ってきた。ここでいう概念とは，心の機能や社会的な状況を表現するもの，社会的な行動の方向を決める要因となるもの，そして，説明原理として機能する考え方のことである。社会心理学が提出してきた知見，理論やモデルの中のコアな要素として，理論やモデルを動かす原理として，また，それらが存立する場を規定するものとして，説明の構築に不可欠な道具となってきたものたちである。本書は，それらを対象としている。それらが，いかに社会心理学にとって重要なのか，どのような説明機能をもつのか，概念としての問題や限界は何なのか，概念や原理をとおして，人と社会について何を語っているのか。こういった議論をとおして，社会心理学が得てきた知見を再構成し，俯瞰的に眺めたうえで，「統合知」として社会心理学が貢献する道を模索することを試みている。

　これは，知見を研究領域ごとに概観しながら，その成果を示すことで，社会心理学がこれまで行ってきた学術的な貢献を描き出すのとは，少し異なる。個別の研究知見の集約として研究の成果を示すのではなく，それらの背後に存在する社会心理学からのメッセージを読みとろうとする試みであるという点で，困難な作業でもある。では，なぜ，そのような「少し異なる，困難なこと」を試みるのだろうか。その意図の詳細を論ずるのが本章の目的の一つだが，この問いに対する答えを，まずは要約して示しておこう。

　社会心理学は，多様な社会的行動を研究対象とし，ミクロからマクロレベルに及ぶ重層的な変数を，その議論の中で取り上げてきた。そして，それらの変数間の関係として説明を構築することで，「社会的行動」に関する多様な知見を世に示してきた。その研究知見は，私たちの「社会的な心」がもつ特性と社会との相互作用の結果を示しているという点で，共通の基盤の上にある。その成果から，「そもそも，社会的な心の仕組みとはどのようなものなのか？」という基本的な問題に対する答えを考えるためには，知見を領域分断的に整理し，理解するのではなく，統合的な理解に近づくための試みが必要だ。これは，社会心理学が社会の現場で機能する実践的な知として，さらには，人とは，また社会とは何かというような根源的な問いへの洞察を得るための，人文的な知として生きるためにも

● 序章 「人と社会」を読み解くために

重要なことなのだ。

統合的な理解に近づく方略は諸々あるだろう。異なる領域間の知見をまとめようという試みは，これまでにも多数の展望論文などで行われてきたことでもある。それに対して，本書は，社会心理学が心のモデルを組み立てる際に用いてきた道具，つまりは，「心と社会を語るための概念」に着目し，それらの検討を行う。社会的な行動の説明に用いられてきた概念たちが何を語ってきたのか，という問題に向きあうことにより，社会心理学がもたらし得るメッセージを，より有効に読み解くための基盤となる議論の提供をめざしている。

以下，本章では，社会心理学の学問としての特徴をおさえつつ，このような問題設定の背景にある諸事情について議論していこう。

2節　重層的な領域としての社会心理学

1. 社会心理学とは

「社会心理学」はどのような学問なのだろうか。この問いは，社会心理学に携わっているものであれば，一度ならずとも考えたことがあるだろう。また，そんなとき，社会心理学者以外の視点からはどのように見えるのだろうかと，考えたりもするだろう。世間での通俗的な理解ということならば，対人関係や集団での行動の仕組みの解明，また，世論調査などにより多数の人の意見を把握することが，典型的な研究領域としてあげられるのかもしれない。もしくは，社会規範や他者からの圧力が私たちにどう影響するかを考察したり，コミュニティによる行動習慣の違いを明らかにしたりする学問だという印象を持たれているのかもしれない。

このような社会心理学に対するイメージは，「社会」という言葉が，人と人との関係，人の集まり，そこから発生する制度や習慣などを連想させることによるのだろう。社会とは，人が「ひとり」であることを越えて，他者と場を共にし，関係を持つところに生まれる。共に生きることを可能にするさまざまな規範や制度を持ち，それが私たちの日常に影響を与えている。社会心理学は，たしかに「そういう社会の中での私たちの行動や心理」を扱っているし，その歴史を振り返り，古典的な研究からの流れを見てみるなら，対人関係，規範の影響，集団の行動などを研究する学問として定義されていた局面もあったことはそのとおりだ（Wegner & Gilbert, 2000）。

もっとも，社会心理学を学んだことのある人なら，社会心理学が何を行っているのか語る際，このようにトピックをリストするのではなく，その上位にある具

体的な探究目標に言及するだろう。たとえば，社会心理学とは，人が他者の存在により，いかに影響されるのかを問題とし，そのような影響過程の中で起こる社会的な行動のメカニズムを，心の仕組みの観点から説明する学問だ，というようにである。そして，社会的な行動とは，社会的な場面，すなわち，他者の存在を前提としたような場面で起こるすべての反応を含むのだとつけ加えるだろう。

2. 重層的な領域としての社会心理学

このような答え方は，いかにも教科書的だし，授業などでも定型的に語られることだ。しかし，実際問題として，社会心理学が扱う「行動」は幅広く，その広さは，「社会心理学はこういう話題を扱っていますよ」というタイプの定義ではカバーしきれない。網羅的になろうとすれば，「こんな研究も，あんな研究もあります」と列挙したうえで，なおかつ，まだ「抜けている」話題があると叱られる羽目に陥るのではないだろうか。まして，社会心理学の守備範囲は，素朴な一般の理解の中によく見られるような，他者との関係や集団を前提としたような，いわば，典型的に「社会的」だとイメージされやすい対人行動や集団行動だけではない。推論，判断，感情など，個人の心の中での出来事が，社会心理学の核となる研究領域となってから久しく，それらが「社会的ではない」などと言われ攻撃の対象になっていたことは昔話になっている（Fiske & Taylor, 2008）。また，現在では，脳機能のような個人レベルの現象として最右翼にあるものが，いかに「社会的」であるかを語ることが，トレンドにすらなっている。脳機能が，社会の中での適応をめざして進化の中で形づくられてきたという考え方のもと，脳が個人に属するものであったとしても，その機能は，人が社会的動物であるということに強く拘束され，脳機能の中にこそ社会性を見いだすことができるというのだ（野村，2010）。もちろん，脳機能以外の社会的な行動についても，それが社会での適応の産物だという進化論的原理に基づく議論は，あちこちに見つけることができる（北村・大坪，2012）。

そして，一方では，そのような個人レベルで記述される現象の対極にある，社会問題や社会現象と呼ばれるものも，社会心理学の守備範囲となる。たとえば，環境問題，高齢社会，インターネットなどにかかわる議論には，多くの社会心理学者が参画している。さらに，「文化」という，私たちをマクロレベルで包み込む現象も，もちろん，現在の社会心理学の主要なトピックの一つである。社会行動の文化特殊性を記述することは，社会と人との関係を理解するために基本的なことであるし，個人の心的な過程が普遍的だという主張も，文化差に対する配慮があって初めて妥当なものになる。

「社会心理学は，生理的反応や個人の認知，対人関係，集団，文化など，さまざまなレベルの現象をターゲットとし，また，これらさまざまなレベルで定義される変数を独立・従属変数として取り込んできた"重層的"な領域である。」

　この一節は，2009年に立命館大学で開催された日本心理学会で，編者らが行ったシンポジウムの企画趣旨の一部であるが，社会心理学の現状をみるなら，このように特徴づけることができるだろう。フィスクとテイラー（Fiske & Taylor, 2008）が「社会的認知」の教科書の副題に「脳から文化まで」とつけたように，社会心理学は「社会における心」を議論するにあたって，ミクロレベルからマクロレベルまで，多様な変数を自在に取り込んできた重層的な領域なのだ。要は，人と社会に関連するものであれば，かなり無節操に，どんな変数でも研究の中に取り込めるということなのだが，そのおかげで，社会心理学は，さまざまな行動を相手にすることができる領域として存立するに至ったのである。

3節　重層性をめぐって

1. 研究対象の重層性

　社会心理学が「重層的」であるということの意味を，もう少し掘り下げて考えてみよう。まずは，研究の対象とする行動という視点から見るとどうだろうか。私たちが他者とともに生きていることから生まれる行動は，多種多様だが，社会心理学は，それらを幅広く対象として記述するとともに，その生起にかかわる心的メカニズムを解明してきた。その多様さは，行動がどの程度の規模のものとして定義できるかという点からも表現することができ，ミクロレベルからマクロレベルに及ぶ階層のなかに広がっている。たとえば，脳内で生起している生理的な現象，認知的，感情的な反応など，個人の内的な過程はミクロレベルの端に置かれ，中間に，個人間の影響過程や，援助，説得などの対人行動が，そして，集団としての行動やネットワーク，文化などが，マクロレベルの端に置かれるというようにである。これらの階層の重なりで，社会心理学のトピックは形成されている。
　ここで注意してほしいのは，これらは行動の複雑さを示す軸ではないということだ。ミクロレベルだから単純で，マクロレベルだから複雑というものではない。人と社会との関係を考えるにあたって，個人をミクロレベル，集団をマクロレベルとしたうえで，それらをつなぐ線，そしてその延長の線で示される軸の上での配置が可能であることを表現したものである。

2. 説明変数の重層性

　また，研究対象とされる行動が重層的であるだけではなく，行動を説明する変数についても，さまざまな階層に属するものが取り込まれていく。実験や分析時の変数の扱い方で表現すると，従属変数となるものが重層的であるだけではなく，説明する側の変数，つまり，独立変数や調整変数，媒介変数と呼ばれるものたちも，同様に階層をなした重層的な変数により構成されている。説明する側の変数は，しばしば，社会的な場面で喚起される認知や感情などの内的な心的反応であったり，状況要因の状態を定義する概念であったりする。内的な反応は，ミクロ側に近い位置を与えられるであろうし，また，状況の要因については，対人場面から，集団場面，さらには「文化」へと，状況の特性を定義する場面の規模に応じて，マクロ軸の方へと自在に展開していく。図0-1は，このような「説明する側の変数」や「説明対象となる行動」にみられる重層性を，図示したものである。

　さて，社会心理学の主要な仕事は「社会的な行動の生起過程の説明」だが，これは，通常，ある行動がいかに生じるのか，その過程を変数の関係として記述することで行われる。独立変数の関数として従属変数をとらえたうえで，独立変数の違いがいかに従属変数の違いになって現れるのか，その過程を，調整変数や媒介変数などを駆使して，書き記すのである。その際，登場する変数は，ミクロレベルからマクロレベルまで，重層性を持った階層のどこかに位置づけることができるし，また，それらが，分析や議論の俎上にのぼり，説明の過程で関連づけられるということである。

　したがって，社会心理学は，ミクロレベルからマクロレベルに及ぶ，さまざま

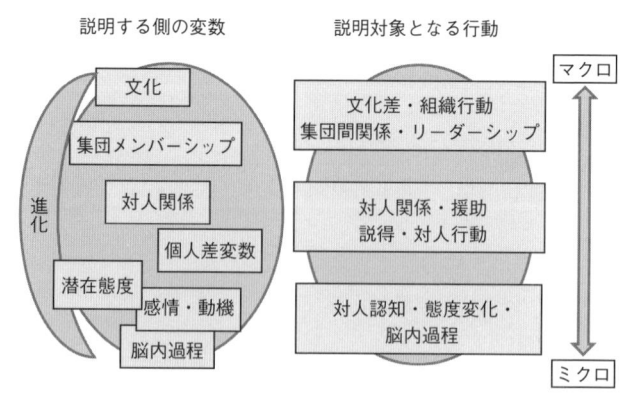

図 0-1. 社会心理学の重層性

な変数間の関係を同定し，それをもとに，社会的な行動を理解しようとしている学問だということになる。社会心理学での理論やモデルを作ることとは，すなわち，人と社会にかかわる多様な，そして重層的に存在する変数の関係づけを行うことなのだ。社会心理学は何をしているのかという問いに対する答え方の一つは，「ミクロからマクロまで，重層的に階層をなす変数の関連づけによる，社会的行動の説明」ということになるのである。

4節　社会心理学が提供する理解

1. 変数の関係としての理解の構築

　社会心理学は，異なる階層間に属する多様な変数に規定されているという意味で，重層性を持ち，社会的な行動の説明に際して，これらの変数の関連づけを行ってきたのだ。社会的な行動を説明する際に，社会心理学者が想定しているモデルは，脳内反応，認知や感情，動機，行為者の性格，価値観などに基盤を置き，他者の存在，集団への所属，文化など，さまざまな変数により影響される過程を含んでいる。行動の生起過程を説明したり，その特徴を記述したりするために用いられる変数は，同時に，また互いに関連しあって，行動を生み出す。ある時，ある場面で行われた一つの行動は，行為者の特性や内的な状態，その場面の特性，周囲からの影響，規範など多数の変数により影響されているし，その影響は高次の交互作用の結果としてもたらされる。社会心理学が対象としている行動は，本来，とても複雑な規定要因を持つものである（Ross, Lepper, & Ward, 2010）。

　もっとも，行動の生起にかかわるすべての変数が等しく重要なわけではないし，一つの研究，また特定のモデルや理論は，影響していると想定される変数を網羅的に扱うわけではない。多数の関連する変数の中で，どのようなものに焦点を当てるかは，研究者の分析視点によって異なる。「鮮やかな切り口」を見せる研究は，その行動を理解するうえで本質的と思われる説明変数をうまく選択することで，簡潔に行動の特徴を明らかにする。実際，実験で同時に扱える変数の数は限られており，それら限られた変数間の関係をうまく示すことが，研究の主要な課題となる。

　説明のなされ方の，一般論的な特徴をあげるとすれば，社会心理学も「科学」であり，説明は還元的な方向を向きやすいということだろう（McCauley, 2007）。上のレベル（よりマクロなレベル）にある行動の生起過程を，それよりも下のレベル（よりミクロなレベル）にある変数の線形的な関係で説明するということが，しばしば行われる。たとえば，対人行動の生起過程について，相互作用相手の属

性認知や，相手に対して持つ感情や動機など，個人の内部に生起する心的反応が順次生起するありさまを示すことで，モデル化するなどである。また，認知や推論過程，感情に関する文化差に関する知見を統合して，文化とは何かを語るような試みも，「還元的な説明」と表現すると語弊があるかもしれないが，マクロレベルにある変数が，いかにミクロレベルの変数により構築されるのかを扱っているという点で，「マクロをミクロで記述している」といえるだろう。

　一方で，そのような方向とは逆に，下のレベルにある心的反応が，上のレベルの状況要因や現象の中で，どのように展開するかを検討することも，社会心理学の重要な仕事である。たとえば，他者との相互作用場面や集団としてふるまう場面の特性，また，所属するコミュニティに固有の文化的特性など，「状況要因」と呼ばれるものを抽出し，その要因のもとで生じる認知や感情の性質を考えることで，社会環境が私たちの心，そして行動に与える影響を検討するといったことである。このような理論やモデルは，マクロレベルの変数がミクロレベルの変数にどう影響するかを，実証的に示すデータを基盤にして組み立てられる。その際，理論やモデル内には，マクロレベル変数である状況要因が，ミクロレベルの反応を引き起こす過程についての記述が含まれる。これは，マクロレベルの変数とミクロレベルの変数とをつなげるロジックを提供するということでもあり，それを示す議論が，行動の生起過程の説明として機能する（少なくとも良い理論やモデルにおいては，そうなっているだろう）。

　いずれの場合においても，社会心理学は，多重的な階層に属する変数間の関係づけをとおして，社会的な行動の特徴を明らかにし，その生起メカニズムをモデル化することで，説明を提供している。社会的な行動は，いうまでもなく複雑である。それらを，理解するやり方はさまざまであるし，なかには，複雑さをあるがまま受け止め，分析を排除して全体を了解的に理解するような，現象学的な手法もあり得るだろう（そして，それが有効となる問題設定があることも，もちろん否定しない）。しかし，社会心理学は，行動の生起に関与する主要な「変数」に着目し，複雑な対象をそれらの関係に還元することで「分析」する。変数間の関係を示すというアプローチをとることで，理解するという要求に応えているのである。社会的な行動の生起にかかわる変数は多種多様であるが，その中から重要なものを選択し，異なるレベルに属するもの同士を関連づける。そうすることによる行動の再構築をとおして，社会的な行動が何者かを私たちに示すというのが，社会心理学の提供する「人と社会」の理解なのである。

● 序章 「人と社会」を読み解くために

2. 知見をつなげるための通常方略

　このようなアプローチのもとで，一つひとつの研究，さらには，特定の理論やモデルが示すことができるのは，行動の断片的な一側面にすぎない。変数間の関係を分析的に，かつ厳密に解明する研究を行うためには，研究対象としている変数以外の影響を統制した実験計画を組む必要がある。そのぶん，研究が操作したり測定したりしている以外の，他の変数の関与については，得たデータから語ることは難しくなる。したがって，社会的な行動に対するより総合的な理解にたどり着こうとするなら，さまざまな研究において明らかにされていることを，つなぎ合わせていく努力が必要となる。

　それは，通常，どのように行われるのだろうか。一つには，他の研究知見との関連について，個々の論文の序論や考察部分でなされる議論があげられるだろう。たとえば，これまでの研究で明らかになっている，行動にかかわる変数をリストしたうえで，いまだ示されていない変数が関与する可能性について指摘する議論は，学術論文の序論では，典型的にみられるし，考察では，それに対応して，新しい変数の役割が解明されたことの貢献が論じられる。これらの議論の中で，複数の研究にまたがって得られた知見がまとめられ，整理されていく。また，もう一つには，知見の統合とそこから生まれる新しい視点についての指摘そのものを目的とした論文の執筆をあげることができる。展望論文とよばれるものがそれに相当する。当該の行動に関して，これまでの主要な研究を網羅的に取り上げ，それらを批判的に検討しつつ，総体から得られる結論と課題を示すのである。さらには，教科書に書かれている章なども，ある分野で明らかにされている重要な知見を体系的に解説することで，同様の役割を果たすだろう。

　さて，このような形で知見をつなげる場合，先にも述べたように，典型的なやり方は，説明の対象となる特定の行動をめぐる研究をまとめることだ。たとえば「対人認知」であれば，ハイダーやアッシュの古典的な議論から始めて，それらの影響を歴史的に追いつつ，社会的認知研究の成果を並べ，他者を理解する際の情報処理過程について明らかになったことを示していくことができるだろう（Gilbert, 1998）。もしくは，他者の「内面」を理解するという話題に焦点を当てて，哲学，発達心理学，進化心理学の知見を参照しながら，心の推論のメカニズムとその規定要因を論じていくこともできるだろう（Epley & Waytz, 2010）。いずれも，行動の背後にあるメカニズム，関与している変数などについて，実証的な知見を参照しつつ，研究の歴史を追いながら，系統的に整理することをとおして，その「全体」に近づこうとしている。限定された変数の寄与を明らかにすることを直近の目的とした個々の実証研究を集約し，俯瞰的に眺めて整理する中

から，対象となる行動がいったい何なのか，その理解を構築していくのである。

5節　社会心理学のポテンシャル

1．ピースミール性への批判

　社会心理学が目標として設定している課題が，特定の社会的な行動の生起過程それぞれの理解を進めることであるなら，上記のように各研究の知見を統合していくことは，その課題に応えることになるだろう。行動に影響する要因をあげ，それらの効果を説明するモデルや理論を評価的に検討する議論を行うことで，それぞれに対する知見が体系化されていくからである。

　しかし，このような知見の体系化を行う社会心理学に対して，出口（2012）は，「ピースミールな知」にとどまる危険性を指摘している。社会心理学は，たしかに，多様な行動を対象とし，研究を進めている。先に述べたように，射程としているものは，ミクロレベルの脳内現象にかかわることから，マクロレベルの組織や文化にかかわることまで幅広い。社会の中での人のありようや行動，人の営みから生まれる社会的現象は，どんなものでも研究に取り込めるかのようだ。そして，個々の研究領域の中では，議論の精緻化をめざした実証研究が多数行われ，どのような変数が関連するのか（またはしないのか）が明らかにされ，それに基づき理論やモデルが組み立てられていく。しかし，多様な領域での知見を集めた全体の背後には，統一的な理論やモデルがあるわけではない。社会心理学には，異なる領域にまたがる知見を統合的に説明できるような，グランドセオリーともいうべきものが見当たらない。むしろ，それぞれの領域にローカルな理論やモデルが「乱立」している状態であり，社会心理学という領域全体としては，「バラバラ感」があるという。

　たしかに，社会心理学は，グランドセオリーをめざして研究を進めてはいないし，またその結果として当然ではあるが，グランドセオリーを持たない。強いて探してみるなら，さまざまな行動を説明する際に用いられるいくつかの原則が，それに相当するという主張が可能なのかもしれない。たとえば，自分にとって望ましくない結果よりは，望ましい結果をもたらすよう行動するとか，自分が（価値のない存在ではなく）価値ある存在であると信じたいという動機を持っているとかいったことだ。これらは，社会的な行動が生起するメカニズムの中に，暗黙に前提として導入され，さまざまな要因の効果を説明するために用いられる。

　しかし，これらの中に，社会心理学が生み出した知見を統合するような「理論性」を見いだすことは難しいだろう。これらは，そもそも通俗的な人の心の動き

●序章 「人と社会」を読み解くために

や行動に対する信念（いわゆる，フォークサイコロジー）に由来するものであり，「私たちの社会的な特性」のある側面を，スナップショット的にとらえたものである。数多くの実証的データが，それを支持する結果を得ていたとしても，科学的知見をまとめるような体系性を持った理論と呼べるものからは遠いところにある。

　また，統合的な説明の構築をめざすなら，数学のようなそれ自体が一貫した論理的ルールのうえに成り立つ体系的な仕組みを利用すればよいという声もあるかもしれない。しかし，それも最適な方法であるようには思えない。認知，感情，態度，動機などの，心的機能を表現する構成概念を駆使して，行動を説明するというやり方を採用している現状のもとでは，多様な意味内容の差異を前提とした，言語表現に基づく定義と操作の上に，行動の説明を構築するほうが望ましい。たとえば，感情の操作や測定一つとっても，数多くの異なる性質のものが存在し，それぞれに固有の意味が付与されている。類似の（感情）概念であっても，「怒り」「憤り」「いらいら」の違いなどのように，微妙な意味的な差異を私たちはとらえて，それらに対して異なる反応を示す。また，質問紙法を用いた社会的なターゲットに対する態度測定においても，個々の質問文の持つ意味内容自体が問題となるのであり，それぞれの意味的差異を反映させたうえでの，モデルの構築が要求されるだろう。このような意味的差異を数理的モデルで表現するためには，それぞれの意味生産に貢献するパラメーターを導入する必要があるが，それは多数のパラメーターを導入して数値化を行うという非生産的な営みにつながり，効率のよいモデル構築に向かうようには思えない。

　たしかに，心の機能の基本的な部分，また集合内における個々のエージェントの行動のパターンなどは，ある程度数理モデルで記述することができるであろうし，実際，そのような試みも行われている。しかし，社会的な刺激に対して意味を付与する心的機能を抜きにしては，社会的行動は語れないし，意味の記述には言語表現を用いるほうが，むしろ効率よく理解を進めることができるだろう。したがって，数学的な表現を基盤にしたグランドセオリーをめざすこともまた，社会心理学が本来めざすべきところではない。

　だとするなら，グランドセオリーが社会心理学のめざすべきところであるという想定自体に無理があると考えるべきだろう。社会心理学の主要な理論は，人間の社会的行動全体を覆う理論ではなく，特定の行動領域に焦点を当てた「小規模－中規模」の理論がほとんどであるが，それは，事実を丁寧に語り，説明するにあたって，また現象を理解するにあたっての効用を高めやすい規模である（Van Lange, Kruglanski, & Higgins, 2012）。したがって，めざすべきはグランドセオ

リーではなく，類似の現象にかかわる知見をまとめていたり，ある特定のパースペクティブから諸現象を分析するような，せいぜい中規模の大きさの理論である。

　ただし，出口（2012）の指摘における「グランドセオリーを持たないこと」については許容されるとしても，「ピースミール知」として「バラバラ」であることは，やはり問題である。実際に研究に携わっている内部者の立場からすれば，領域内での統一があり「バラバラ」ではないと言いたくなるとしても，知見のまとめられ方が対象個別的であるがゆえに，バラバラに「見える」のだとしたら，そのような外部からの批判に対しては，ちゃんと向き合うべきだ。多数のローカルな理論が併存するのが社会心理学の現状であり，その現状が必然的なものであったとしても，全体像がわかりにくいというのは，知の体系としてのネガティブな評価なのであり，それを無視するのは無責任であろう。

　また，全体像がわかりにくいことの問題は，バラバラよりはまとまりがあるほうがよいのではないかという，一般論的な批判への応答というレベルの話だけではない。全体像がわかりにくいということは，具体的な問題を伴う。それは，実践的な知，および，人文的な知としての2つの意味で，社会心理学の学問としてのポテンシャルを損なう可能性があるということだ。これら2つの知の形としての意義を，社会心理学がしっかりと持つためには，「ピースミール性」や「バラバラ感」を克服するための営みを，社会心理学が内部に抱える必要がある。以下，そのことについて考えてみよう。

2. 実践的な知

　社会心理学はその出発から，現実に起こっている社会問題の解決をめざすという側面を持っていたし，研究知見を問題解決に「応用する」ことをめざした研究は，現に，数多く行われている。「よい社会」の達成に貢献する実践的な知としての役割を持っていること，また持つべきだと思われていることに，とくに異論はないだろう。竹村と吉川と藤井（2004）は，そのような役割について，社会心理学が真に社会に役立つ知となるためには，単純な「応用志向」ではなく，処方的なアプローチをとるべきだと論じている。

　処方的なアプローチとは，現場の状況に即して，社会心理学の多様な知見の中から，解決に貢献する可能性のあるものを柔軟に持ち込み，問題解決を優先させた対応を行うことである。理論やモデルがまず存在し，その応用可能性を検証するために現場にそれらを当てはめるのではない。むしろ，問題解決の現場の状況が優先し，それを分析したうえで，適切と思われる知見をさまざまな領域から参照してくることを要求するアプローチである。

●序章　「人と社会」を読み解くために

　このようなアプローチが提言される背景には，問題解決を必要とする現場の現象が単純ではなく，一つの理論やモデルが示す限定的な変数間の関係に着目するだけでは，結局のところ役に立たないという認識がある。現場は，複数の現象と関与する変数の「重層的」な構成から成り立っている。したがって，ある一つの介入操作がもたらす影響は，本来意図しなかったところにまで及ぶ可能性もあるし，複数の異なる介入操作が必要とされる場合もあるだろう。現場の理解に基づいた実践的な知の適用を果たすには，社会心理学の知を俯瞰的に見る視点が必要となるということなのだ。さまざまな領域にまたがる知見を，「バラバラ」なものとしてではなく，相互に関連した有機的な知として把握したうえで，現場のありようを統制するための最善を選択していくことが，問題解決に貢献するためには重要なことなのである。

　社会心理学の領域全体を俯瞰し，提供されている知見間の関係を有機的に把握することは，ある程度は研究者個人のトレーニングに帰することができるだろう。複数の分野にまたがる研究知見を知り，それらに共通にみられる原則や関連を見いだす力を得ることは，「社会心理学者として研鑽を重ねること」の延長上にある。それは個人の努力の問題でもある。しかし，たとえ，個人の努力が不可欠であるにしても，社会心理学という学問自体が，その内部に，多様な領域にわたる知見を関連づける志向性を持つことも，やはり重要ではないだろうか。問題解決に貢献するということは，口で言うのは簡単だけれども，実際には大変困難なことである。貢献につながる実践のためには，「バラバラ」な知見がどのように有機的につながるのか，その可能性に関する議論，さらには，つながり方自体が柔軟であり得ることを示すような議論が，多様な分野の研究者それぞれから示される必要がある。これらの議論の上に成り立った知識の体系化をめざすことで，内部にいる研究者はもとより，外部にいる人たちにとっても，理解しやすく有用な知識となるのである。実践的な知としての社会心理学は，そのような方向をめざしていくべきではないだろうか。

3. 人文的な知

　社会心理学者の多くは，単に特定の社会的な行動に影響する変数を知りたいから，研究に携わっているわけではないだろう。人や社会のあり方に対する興味関心は，より根源的で，かつ答えがあってないような問いとつながるものである。たとえば，社会的な存在としての私たちが持つ心とは何か，「研究知見が示すような心」を持つ私たちは何者なのか，他者とつながり社会を形成することは，いかなる意味で人の本質の一つなのか，さらには，心はそこにおいてどのような意

味を持ち機能しているのか，というような問いである（Ross et al., 2010）。しかし，ピースミール的である問題のもう一つは，このような「人と社会」に対する基本的な問いに向き合う際の視野を狭くしてしまうというところにある。

　ある学問が，本来何を語るべきか，または，何を語り得るのかを論ずるのは難しい。社会心理学において，個々の研究は，明確な研究目的のもとに収集されたデータに基づいて，語り得ることが定められる。それは，基本的には，研究で取り上げた変数間の関係である。実証科学として，多くの場合は数値化されたデータをもとに，社会的な場面での人の行動を記述したり，その規定要因を解明したりすることが，社会心理学にできることである。そして，上記の「基本的な問い」としてあげたものたちは，その外側にある。社会心理学が，このような問いに対する答えを語る学問だとすることは，科学としての社会心理学が，堅実に，かつ着実に主張できることや，学問の目的として設定されていることを越えているようにも思える。これらの問いは，多分に「人文」的なものであり，明確な答えを示すことができるような問いではなく，問いについて考え続けることを導く類いの問いなのかもしれない。

　しかし，人と社会を対象としている学問である以上，個々の研究知見の限界を越えて，人と社会に対する基本的な問いに対して，全体として示すべき洞察というものがあってしかるべきだろう。実際，これまでにも社会心理学は，自らそのような洞察との関連を示してきた。数多くの教科書で，社会心理学の持つ問いが，社会的な動物としての人間の本質にかかわるものであることが述べられ，社会心理学誕生のはるか以前に哲学者たちが行った人間性に関する考察との類似が指摘されてきた。また，社会心理学の研究の歴史を振り返るなかで，知見が示してきた人間観がどのように変遷してきたかという議論もなされてきた（Fiske & Taylor, 2008; Weiner, 2006）。

　社会的な存在としての人とは何者なのかを考えてきた実績は貴重なものであり，今後もその問いへの洞察を展開していく場として，社会心理学は意味を持つべきである。個々の研究領域にかかわる知見の追究を越えて，全体として「社会の中における人」について何が語られているのか，そのメッセージを抽出していくなかに，人文的な知としての社会心理学の可能性が存在する。それは，実証科学としての立場を保持しつつ，多様な社会行動を対象とし，複雑で重層的な変数の関係に取り組むところから生まれてくる。哲学や文学，歴史など，典型的に人文学であると思われている学問には見られない，ユニークな貢献を行う可能性を持つのである。

6節　本書の試み：概念の再検討の重要性

　さて，最後に，ここまでの論点をまとめたうえで，本書が何を試みようとしているのかを，改めて示そう。
　社会心理学は，多層にわたるレベルの変数をその内部に取り込む，重層的な側面を持っている。また，それは，現実に見られる社会的な行動の現場が，重層的な変数が関係し合うことによって成立していることに対応している。このような特徴は，社会心理学が，「社会的な私たちの心」を中心に，人と社会との関係に関するさまざまな問題に対して，アプローチする可能性へとつながるものである。心，そして社会にかかわるさまざまな変数を研究の対象として取り扱い，それらの間に見られる重層的な関係を検討できる場として，社会心理学が機能し得ることを示唆している。
　とはいえ，現状の社会心理学の研究の分業体制，および，知見の構築の仕方を見てみると，変数の階層構造の中で，「横割り」的に研究が行われている。たとえば，対人認知の研究であったり，説得的コミュニケーションの研究であったり，集団間関係の研究であったり，文化差研究であったり，というようにである。このような，研究領域の横割り編成は，検討の対象となる行動に対応しているという点において，知見の整理と構築が行いやすく，「専門」に特化した「最先端」研究を生むには都合がよい。また，当該の行動がどのような特徴を持っているのかを，外部に対してもわかりやすく示すには適している。
　しかし，その一方で，「重層的」に構成されているこれらを，どのように関係づけたらよいのかという課題が重要であることはこれまでにも述べたとおりである。社会心理学が研究対象としている行動は，階層的な構造のなかで，バラバラに存在するのではなく，その背後にある「私たちの心の仕組み」により生じているという共通性を持つ。社会心理学の持つ知見を，少し異なった角度から関連づけ，俯瞰する作業をとおすことにより，従来は読み取れなかった新たなメッセージが生まれてくる。このことは，実践的な知，人文的な知としての役割を果たすうえで，必要とされていることでもある。今ある知を有機的につなぐためのさまざまな試みを行いながら，その成果を発信していくことが，社会心理学に課せられたメタレベルの課題となるのである。
　本書はそのような試みの一つである。知をつないでいく作業は，知の間にネットワークを張りめぐらす作業にもたとえることができるだろう。そのネットワークの，いわば「ノード」になる役割を果たすものとして，本書は，さまざまな研究において登場する，分野横断的に重要な「概念」に着目する。具体的には，

「脳内過程」「感情・動機」「潜在態度」「パーソナリティ」「他者との関係」「グループメンバーシップ」「文化」「進化」の8つである。これらは，社会的行動の基盤となる心的過程や，モデルや理論の構成要素として導入されるべき要因，説明原理などを表現する。さまざまな社会的な行動を説明するモデルや理論の中に，領域を越えて，重要かつ不可欠なものとして取り上げられ，その役割が議論されてきたものたちである。言うなれば，社会心理学が人や社会のあり方を読み解く際の，また，研究知見としてそれを再構築する際の，道具となるものである。

　説明を構築する道具として用いられる概念は，対象となる行動が異なろうとも，心や社会の特性について，何かしら重要なことを語るからこそ，用いられてきたのだろう。では，説明概念として，説明のための原理として，それらは，どのような意味で重要なのだろうか。行動や社会現象を分析するうえで果たしてきた役割，多様な社会的行動を説明する原理として，どのような機能を持っているのだろうか。そして，私たちの心の仕組みやその社会性について何を語っているのだろうか。概念に対するこのような検討を行うことは，それをとおして見える社会的な心のあり方を明示することにつながるだろう。また，横割り的な研究知見を縦につなぐための道具としての概念を整備することをとおして，統合的な知に向かうベクトルを作り出すとともに，そのための課題を示すことにもなるだろう。

　さて，本書では，このような議論の対象となるものとして，先にあげた8つの概念を取り上げているが，これらは，いずれも，社会心理学の知見を議論する際に頻繁に出てくる「用語」であり，社会心理学者にとっては，「よく知っている」はずの事柄である。しかし，その，よく知っているはずのことに改めて向き合い，俯瞰的な視点から，それらが社会心理学にとって持つ意義を論じることは，それほど簡単なことではないだろう。編者一人では，とても果たし得ないその仕事について，本書では，各概念に関しての専門家でもあり，かつ，「社会心理学がどのような学問であるのか」についても，洞察に満ちた私見をお持ちの方々に執筆をお願いしている。執筆者の方々には，担当いただく概念について，領域縦断的に知見を俯瞰したなかから具体的に見えてくる，その役割や位置づけ，重要性，方法論的な問題を，先にあげたような問題設定に即して，幅広く議論していただく。そのうえで，概念をとおして，またそれを越えたところに見える各自がお持ちになっている「社会心理学観」についても自由に議論していただく。おそらくそれは，一つひとつが，社会心理学の多様な知見の統合に向けた試論であり，科学としての知，実践的な知，または，人文的な知として，社会心理学がどのような貢献をなし得るのかということに対して，大きな示唆を与える議論となるはずである。

第1章 脳と心

1節 はじめに

　社会的行動の理解を目的としたアプローチである「社会神経科学（social neuroscience）」が定着して久しい（Cacioppo & Berntson, 1992）。2006年には，これを冠する国際誌 Social Cognitive Affective Neuroscience, Social Neuroscience 誌が続けて誕生し，その他多くの国際特集が組まれてきた。国内においては，科学研究費の申請領域（社会神経科学）が設けられ，先立っては，書籍，学会シンポジウム等で神経科学の役割について活発な議論が交わされてきた。大変な勢いである。興味深いのは，従来，心理学者が神経科学を取り入れようと試みてきたベクトルが，近年になり双方向になってきたことである。
　その新たに加わった方向とは，神経科学の専門家が心理学の動向を追跡し，そこで得た情報を積極的に活用することを研究方針として掲げるようになってきた点にある。一方で，従来のベクトル，すなわち心理学者が行う神経科学的研究もごく一般的な方法論の一つといっても違和感のないほどに定着してきた。進化論的議論を待つまでもなく，内外環境の入出力のインタフェースである脳は，高度な心理過程の基礎をなすという点で社会心理学との相性が良いためだろう。こうして10年も経ずして社会神経科学はニッチより飛躍的に成長し，社会心理学（および神経科学）の一角を担うまでになった。
　ここで注意したいのは，社会神経科学とひとくちに言っても，研究者の専門領域，注目する変数，そのよりどころとする考え方，目的は多種多様であることである。本章は，心理学の視点に立ち，とくに社会的行動を説明するための「概念の理解」を目的とし，研究の道具としての"概念"である神経科学的アプローチの利点，限界を論じることに焦点化したい。この作業を通じて，社会心理学がもたらし得るメッセージ，その新たな可能性の糸口をつかむことができれば幸いで

ある。

　そもそも，神経科学が社会心理学にもたらす利点とはいったい何だろうか。その第一は，神経科学的知見に基づいて，理論やモデルの妥当性を検証し，その精緻化をうながすことを通じて社会的行動の理解を深めるといった点にある。そうした神経科学が，特定の概念に的を絞りこみ，その理解を深めるツールとして社会心理学を利するということは，ほぼ定着した見方といってもよいだろう。

　同時に，近年の進展からもう少し掘り下げて考えてみたい。そこにいかなる新しい可能性を見いだすことができるのだろうか。結論から述べると，複数の理論やモデルを神経科学的知見より俯瞰し，そこで共通して見いだされる概念に基づいて，特定の領域の枠組みさえも再編し得る視点を供する点にあると考えられる。本章ではこの結論を導くために，従来の類書とは多少異なる枠組みを設けて論を進める。まず，脳の部位と機能にかかわる辞書的なサーベイは行わず，上記の要点に対応する事例を取り上げ議論する。続いて，本章の後半部分においては，前半の中心となる脳にかかわる議論を遺伝的基盤にまで拡張し，とくに状況要因に応じて遺伝子発現を柔軟に調整するエピジェネティクス（epigenetics）の機構を含めた総合的議論へと踏み込みたい。

2節　社会と脳

　形成する集団のサイズが大きくなると，脳に占める新皮質の割合が増大する

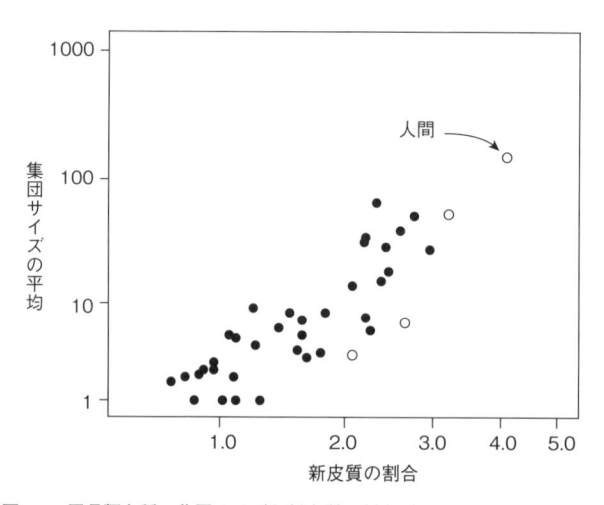

図1-1. 霊長類各種の集団サイズと新皮質の割合（Dunbar, 2008 より改変）

(図 1-1)。前頭前野を含む新皮質は,外的な光や振動,化学物質等,物理的に存在する知覚的情報へのアクセスにかかわる以上に,個体間の関係の構築に大きく寄与するためである。したがって,この前頭前野の機能は,さまざまな理論,もしくは特定の概念を検討する際の焦点となるが,同時に,私たちは,系統発生上プリミティブとされる大脳深部に対しても十分な注意を払う必要がある。大脳深部は,前頭前野との密接な神経連絡を有するためである。近年は,脳機能イメージング研究の成果より,前頭前野と大脳深部との神経連絡に基づくダイナミズムを示す知見が,社会的排斥(Eisenberger, Lieberman, & Williamson, 2003),不公平な他者・提案の受容(Nomura et al., 2010; Tabibnia et al., 2008),感情制御(Ochsner et al., 2002)等の多くの社会認知的研究において報じられている。これは,後の議論の要点となるため留意しておきたい。

1. 矛盾する知見を統合的に説明する

　感情は認知的処理に影響する。このことに疑いを抱く研究者はほとんどいないだろう。しかしながら,バウアーによる感情ネットワーク理論(Bower, 1981)が提唱される以前は,認知と感情はおおよそ個別の事象として検討されていた。この感情ネットワーク理論の登場により,認知構造におけるノードとして感情が利用可能であることが示され,以降の研究動向に大きく影響した。その過程において,対象への認知に伴う過程(注意,評価,解釈等)は,これに先立つ感情により活性化した知識構造に方向づけられること,およびそうした効果は自動的・無自覚的に生じ得ることなどが明らかとなってきた。

　こうした現象の一つとして知られるのが感情プライミングである。感情プライミングは,対象の評価が先行する刺激(プライム)の感情価と一致する方向へシフトすることとして知られ,プライムを閾下で提示しても生じ得ることから,感情が認知に先立つことの証拠とされた。そうしたエビデンスは「感情と認知のどちらが先行するか」という問いに示唆を与える一方で,ネガティブデータも多く報じられてきた。この問題に対し,筆者らは感情プライミング課題中の脳活動計測により迫った(Nomura et al., 2004)。実験では,先行刺激として,怒り表情,中性表情,あるいは顔以外の物体(電話等)のいずれかを閾下提示し,これに続けて,ターゲットとなる曖昧な表情を閾上提示した。

　このターゲット表情に対する感情カテゴリー判断(怒り・幸福・中性)をもとめた結果,行動指標でのプライミング効果は確認されなかった。つまり,怒り表情が先行提示されても,行動レベルではプライミングは生じておらず,従来のネガティブデータを支持する結果となった。ところが,脳活動のレベルにおいて

図 1-2. 怒り表情の閾下プライム条件における共分散構造分析の結果 (Nomura et al., 2004 より改変)

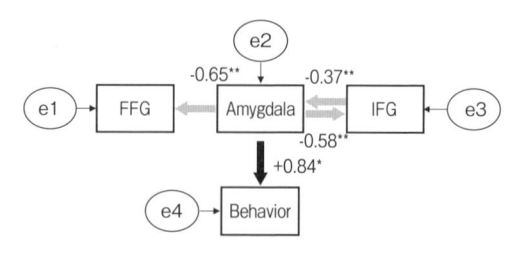

扁桃体 (Amygdala), 右前頭前野腹外側部 (IFG), 紡錘状回 (FFG), ターゲットを「怒り表情」とする判断率 (Behavior): 抑制方向を示す
($^*p < 0.05$; $^{**}p < 0.01$.)

はプライミング効果が生じていた。すなわち，怒り表情を閾下提示した場合，その他の刺激提示条件と比較して，①扁桃体 (amygdala) の右側の賦活が観察されること，②その活性値とプライミング効果とが正相関 ($r = .74$) し，なおかつそのパスが有意であること，さらには，③扁桃体の右側の前頭前野腹外側部 (VLPFC: ventrolateral prefrontal cortex) との負相関 ($r = -.70$) が確認された (図1-2)。この一連の結果は，扁桃体の活動の高い個人においては，より強力なプライミング効果が行動レベルで生じていることを意味し，その際に，刺激の精緻化処理にかかわるとされる VLPFC 活性が低下することを示すものである。また，感情的刺激へのヒューリスティック，すなわち刺激の示差性を手がかりとした直観的で素早い処理が，扁桃体活動の個人差に基づいて生ずることを示唆し，シュワルツにより提唱された感情情報機能説 (feeling-as-information) (1990) とも符合する結果である。

閾下刺激に対する賦活の確認された扁桃体は，無意識的な情報処理を実現し，外部刺激が自己にとって安全で報酬的なのか，脅威なのかについて速やかに評価し，感情行動を喚起することで知られている (LeDoux, 1996)。この実験により，少なくとも怒り表情のような感情的刺激は扁桃体において自動的に検出され，後続する認知処理に影響を及ぼし得ること，加えて，感情的刺激に対する扁桃体の活動の個人差がプライミング効果を調整するということが明らかとなった。脳活動を計測することにより，行動指標のみでは検証困難であった知見の錯綜の原因を，その脳内メカニズムの個人差とともに特定・解決できること。それが道具としての"概念"である神経科学的アプローチの利点の一つである。

2. 理論・モデルを俯瞰し，統合する

　行く先の不透明な状況に面したり，身近に死を感じるような経験をすると，ある種の自己防衛的反応が生じる。たとえば，"喪"や"棺"といった文字を知覚すると，"死"にかかわる思考（知識構造）へのアクセシビリティが高まり，その結果，内集団成員への肯定的態度が促進され，一方では外集団成員への否定的態度が促進される。こうした死の顕現化（MS: Mortality Salience）による影響は，道徳的規範の違反（順守）者，自身の所属する文化の批判（賞賛）者に対しても同様に及ぶ。その文化的世界観の防衛とよばれる反応は，脅威的な刺激（身体的痛み，試験の不合格等）をプライムしても生じないことなどから，死に特化した情報処理および防衛的反応が存在すること，すなわち存在脅威管理理論（TMT: terror management theory）における主張の根拠とされてきた（Greenberg et al., 1992; Greenberg et al., 1995）。

　その一方で，存在脅威管理理論に対立するデータも多く報じられ，両サイドからの議論が活発にかわされている。存在脅威管理理論への対立論者は，とくにMSによらずとも世界観防衛が生じることをあげ，それはMS特異的な反応ではなく，従来提唱されてきた理論（不確実性管理：uncertainty management等）により代替説明可能な効果にすぎないと主張する（Hirsh, Mar, & Peterson, 2012; McGregor et al., 2001 を参照）。こうしたなかでも最近注目されつつあるのが，神経科学的立場からの論調である（Tritt, Inzlicht, & Harmon-Jones, 2012; Proulx, Inzlicht, & Harmon-Jones, 2012）。

　そのおもだった主張は次のとおりである。序論でも述べたとおり，新皮質に含まれる前頭前野は，旧皮質，すなわち進化ベースでプリミティブとされる領域との双方向の神経連絡を有しており，そのため旧皮質の機能に影響される。したがって，人間固有とされる行動もある程度はその影響下にあり，このことについての疑念を挟む余地はないだろう。そこで，MSに伴う防衛的反応を，脅威の検出・回避という動物においても備わる心理プロセスに基づく反応として仮定し，その神経基盤を「不安システム」（brain based anxiety system）に求める（Tritt et al., 2012）。この「不安システム」とは，人間においては，大脳深部（扁桃体等）と前頭前野，前部帯状皮質等（ACC: anterior cingulate cortex）により形成される不安の生起・制御を支える脳内機構のことを指すが，興味深いことに，それは死の顕現化に伴って活動する脳領域とほぼオーバーラップするようである（Han, Qin, & Ma 2010; Quirin et al., 2012）。

　加えて，「不安システム」は，人間をはじめ動物にも広くみられるその他の行動基盤と共通することもわかる。一例をあげてみよう。慣れ親しんだ街中をのん

びりと散策する。そこで突然耳をつんざくような大きな音を聞く。すると，音のする方向が定位されるだろう。そうしてこの音が無害なものとわかれば，やがて注意は解放される。この定位反射（orienting reflex）として知られる行動は，扁桃体の外側核に投射することで知られる海馬（hippocampus）CA3領域を介して，扁桃体への抑制機構を解除し，続いて前頭前野の右側部を活性化するという神経情報伝達のカスケードにより生じるものであり，そのありようはヒトに備わる「不安システム」のそれと類似する。このことに加えて，順次生じる心理過程に照らし合わせても，期待（予測）と実際の知覚入力信号との誤差により生じる定位反射は，すなわち死のそれ（生存欲求との誤差）の構造と基本的に符合することもわかるだろう。

　高度に抽象化された"死"にかかわる思考が，人間固有のものであることに疑いはない。しかしながら，自身に迫る脅威を回避したり，曖昧な状況を解消するよう行動を方向づける動機づけは，人間以外の霊長類においてはもちろん，げっ歯類にも備わるものである。そのように考えると，"死"への反応過程を人間（とくに思春期以降）特有のものとして仮定する以前に，まずは動物にも備わるシンプルな心理・神経科学的基盤を切り口として注目し，これによる代替説明が可能であればこれを（暫定的に）採用し，議論の「出発点」とするほうが自然である。それは「オッカムの剃刀」に照らしても優れた考え方というものだろう。

3. 今後の展開に向けて

　こうした流れの中で，社会認知研究のあり方を再考するうえでの手がかりも多く示されている。その一つに，プロックス（Proulx et al., 2012）は，存在脅威管理理論をはじめ，認知的不協和理論，不確実性管理理論，社会システム正当化理論等の理論を取り上げ，それらの注目する概念の共通性として，①不一致性の検出（期待と経験とのズレ），②動機づけ（嫌悪的反応の低減），③合理化（経験，期待，信念）の3点をあげ，この共通点をもって諸理論の統一が可能であると主張する。こうした近年の動向に，心理学の理論・モデルと神経科学的知見とを縦横無尽に行き来し，その記述内容を精緻化するという運動が見て取れるだろう。

　こうした方略を実践するためのガイドラインとして，以下の3点があげられる。

①始めに，関連のありそうな複数の理論，モデルを取り上げ，そのコアとして共通する概念を抽出する。
②次に，その概念について，人間と他の種を比較し，類似する心理過程があればよりシンプルな仮説として採用する。

③さらに，その仮説にかかわる生物学的基盤の共通性が確認されればそれを記述し，主張の根拠とする。

なお，上述した論者の主張の多くが理論的考察にとどまっているため，今後の課題も多く山積しており，とくに以下の点に留意したい。まず，ごく単純な問題だが，存在脅威管理理論にかかわる論争一つをみても，脳内基盤に関するデータの蓄積が欠かせないことは明らかである。なぜならば，これまでにみてきた議論は，理論の基盤となる概念はシンプルであるという仮定のもと，個人差について十分に配慮することなく，前頭前野，大脳深部等のおおざっぱな解剖学的部位に焦点化してきたからだ（取り組みの端緒としての問題はないだろう）。しかし仮にも，前頭前野内側部のような"自己関連領域"の関与の重要性が新たに示された場合，それは動物には見られない人間固有の認知に基づく行動としてとらえるほうが適切である（MSの効果は，状況要因や自尊心・権威主義傾向等によって調整され得るため十分予測されることである）。さらに，世界観防衛の内容は文化により調整されるように（Ma-Kellams & Blascovich, 2011），言うまでもなく，マクロレベルの要因にも十分注意を払う必要もある。

3節　社会と遺伝子

1.（最右翼の）ミクロとマクロの関係：遺伝子と文化的自己観

脳の機能・構造は，環境からの入力とともに，生体内の遺伝子によって影響される。近年，ゲノム科学と連動して，認知・行動の個人内－個人間変異を記述する研究が進展している（Nomura & Nomura, 2006）。ヒトの遺伝情報は，性別を決定する2種類の性染色体（X染色体，Y染色体）と，22種類の常染色体に記録されている。この遺伝情報は，DNA（デオキシリボ核酸）を構成するアデニン（A），グアニン（G），シトシン（C），チミン（T）という4種類の塩基を基本として，ヒトを構成する細胞の核のなかには約30数億ともいわれる塩基対が構成されている。ここで注目される生物学的構成概念の一つが遺伝子多型（gene polymorphism）である。遺伝子多型とは塩基配列に関する同一種の個体間差のことであり，その相違により，身体的特徴，認知，行動をはじめとする多くの表現型（phenotype）の個人差が生じることがわかっている。

こうした遺伝子多型の分散は地域ごとに異なっており，それは風土，文化，歴史的経緯等に由来する可能性が示唆されている。その一つとして，アルコールの分解能にかかわる例をみよう。日本人は欧米人と比べてアルコールに弱く，顔面

紅潮，嘔気，動悸を呈しやすい。これは経験的にもよく知られていることである。その遺伝的基盤はたしかに異なり，日本人の約半数は，アセトアルデヒド酵素（ALDH）活性に要する遺伝子多型（ALDH-2型）（Luo et al., 2006）が欠損するとされる。この欠損タイプは，飲酒に伴って摂取されるエタノールの分解の結果生じるアセトアルデヒドが適切に分解されず，そのまま毒素として留まってしまうのである（一気飲みの強制はやはり禁物）。その一方で，極東を除く他のアジア圏および欧米圏においては，ALDH-2型の欠損は全人口のわずか0%〜13%にすぎない。こうしたALDH-2型にかかわる地理的分散の一因として，過去の制度・習慣の影響，すなわち飲料水の濾過方法が示唆されている。欧米ではアルコールによる濾過が主流であったのに対し，東アジア圏はおもに蒸留に依ったというわけだ。そうした違いにより，アルコールの分解能の要不要という適応過程が分散し，遺伝子多型の地理学的分化が生じたものと考えることができるだろう。

こうした制度の影響に加えて，文化的自己観と遺伝子の分散との関連性も知られている。たとえば，セロトニン・トランスポーター（serotonin transporter）と呼ばれるたんぱく質の遺伝子多型は，日本においてSS型63%，SL型31%，LL型6%と分散し，SS型が主流となる一方（Kumakiri et al., 1999），米国ではその分散が逆転しており，SS型は少数派である（SS型19%，SL型49%，LL型32%：Lesch et al., 1996）。興味深いことに，このSS型を有する個人の比率の高い国ほど，「相互協調的自己観」（interdependent construal of the self）が

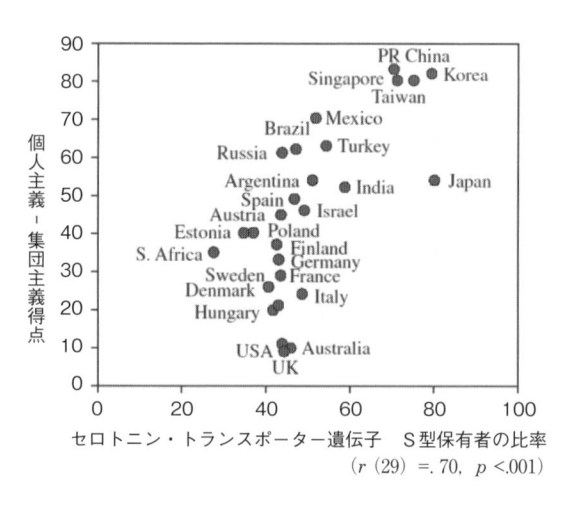

図1-3. 29か国におけるセロトニン・トランスポーター遺伝子多型と集団主義との相関分析の結果
　　　（Chiao & Blizinsky, 2010 より改変）

優位であることが示されている（Chiao & Blizinsky, 2010）（図1-3）。すでに知られているとおり「相互協調的自己観」とは，状況や周囲の人々に依存して，自他が結びつき，互いの調和を重視するよう動機づけられているとされる自己観である（Markus & Kitayama, 1991）。それが優位である日本において，同じくしてSS型がメジャーな遺伝子多型であるということは，進化適応論的視点から興味深い事実である。

　それでは，こうした自己観と遺伝子との相関性がなぜ生じたのか，あるいはいかにしてこの自己観が主流となったのだろうか。こうした問いについて，自然災害や疫病へのリスクの観点からの議論が広く交わされてきたが（Fincher et al., 2008），そこに介在するSS型の認知の特徴が行動に至るプロセスについては不明な点が多い。

　筆者らはこの問題を検討するために，セロトニン・トランスポーターの遺伝子多型（SS型およびSL型）を解析し，これを独立変数として，行動制御課題（Go/Nogo課題）を実施した。その結果，SS型を有する個人は誤反応に対して罰が下される条件（－10円／1試行）において，SL型と比較して誤反応が少なく，一方では，正反応により報酬が得られる条件（＋10円／1試行）ではSL型と同等の成績であった（Nomura, 2014, 図1-4）。このリスクの生じ得る文脈において，とりわけSS型の行動制御が優れるという特徴は，対人関係を重視（相互協同的自己観）し，社会的逸脱に対する多罰的傾向（cultural tightness,

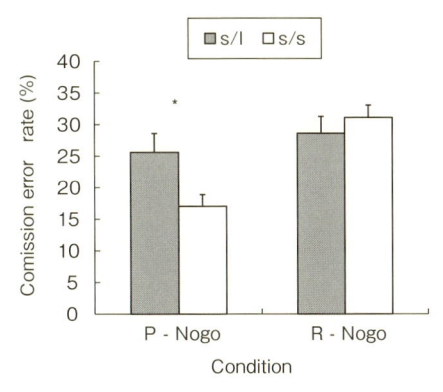

P-Nogo: 誤反応に対し罰が加わる条件
R-Nogo: 正反応に対し報酬が与えられる条件

図1-4. 衝動的エラーとセロトニン・トランスポーター遺伝子多型との関連性
　　（Nomura, 2014 より改変）

Gelfand et al., 1998) を有する日本国内において，SS 型を有する個人の適応をうながすものといえる。そうした文化的な淘汰圧のもと，SS 型は日本においてメジャーとなり，同時にそうした特性を有する集団により形成される規範，制度，伝統は，その SS 型にフィットするように維持されてきた結果，そのような関連が生れたのかもしれない。ここに遺伝的形質および社会構造・規範の双方向の作用のもと，ある程度の時間スケールで両者が共進化（culture-gene coevolution）したプロセスの一端がうかがえるだろう。

　遺伝子のようなミクロ（のそれも最右翼）のレベルから，文化というマクロレベルの変数の関連を記述することは，一見すると荒唐無稽で大胆なことである。しかしながら，上述したような進化論的視点を包括しつつ，行動指標を採り，なおかつ次節で述べるような中間表現型（脳活動等）を総合的に俯瞰・解析するうちに，実証データに基づいた新たな視座が得られるものと考えられる。

2．中間表現型としての脳

　前後するが，SS 型の神経情報伝達の特徴について確認しておきたい。神経終末よりシナプス間隙に放出されたセロトニンは後シナプス受容体に結合する一方で，遊離されたセロトニンの一部は，セロトニン・トランスポーターにより神経終末に再び取り込まれ，除去されることで神経伝達が終了する。このセロトニン・トランスポーター遺伝子のプロモーター領域に，これまでに見てきた多型が存在する。プロモーター領域とはデオキシリボ核酸（DNA: Deoxyribo Nucleic Acid）からメッセンジャー・リボ核酸（mRNA: messenger Ribonucleic Acid）への転写（後述）を制御する領域であり，特定の塩基配列から作られるタンパク質をコードする領域であるエクソン（exon）と区別される。それらの機能の詳細は割愛するが，後者はおもに発現するタンパク質に付随する機能を規定し，前者のプロモーター領域は量的な側面，すなわち発現の分量の制御にかかわる。

　SS 型を有する個人のプロモーター領域の塩基配列は相対的に短く，セロトニン・トランスポーターの発現量も少ない。こうした SS 型の塩基配列を有する個人の不安は高く，ストレスイベント（解雇，病気，親族との死別等）の経験頻度に従い，大うつ病（major depression）への脆弱性が露わになる（Caspi et al., 2003; Hariri & Holmes, 2006）。こうした知見に対し一部ネガティブデータが報じられているが，現時点においては，SS 型とネガティブな特質とを関連づける報告が主流である。この SS 型の保有者が日本国内の多くを占めることは，日本人の情動障害の罹患率の高さを予想させるものである。ところが，疫学的データ（DSM-IV による診断に基づく）の示す結果はむしろ逆のものであり，日本に

おけるそうしたリスクは，その他の地域と比して低い（Weissman et al., 1996; Kawakami et al., 2005）。その原因の一つに，SS型における情動障害は文化によりバッファーされること，すなわち集団主義傾向により媒介され，そうしたリスクが低減することがメタ分析により示されている（Chiao & Blizinsky, 2010）。

ここで新たな問いが生じる。集団主義はいかにしてSS型の情動障害のリスクの低減に寄与するのだろうか。文化緩衝仮説（culture buffer hypothesis）に立てば，集団主義そのものが情動障害のリスクに対して有効に作用し，これを減じることになる。他方，SS型は集団主義文化圏においてはメジャーであるため，マイノリティの保有者（L型保有者）と比して，取り巻く環境の都合がよいとの説明を採用することも可能だろう（culture competence hypothesis）。そこで，以下に，ミクロ（遺伝子多型）とマクロ（文化）に関する知見をふまえつつ，中間表現型である脳機能のデータに着目することにより，この問題にかかわる示唆を得たい。

すでに述べたとおり，前頭前野と大脳深部の両者は緊密に連携し，情動，思考，行動の調整過程に関与し，環境適応を導く。とくに心理・物理的な痛み（不快感）を低減する過程への関与を示す知見は多く，感情喚起スライドの提示により生じた感情の制御／プライミング効果の減弱（Nomura et al., 2004; Ohira et al., 2006; Ochsner et al., 2002），社会的被排斥に伴う心的痛みの制御（Eisenberger Lieberman, & Williamson, 2003; Yanagisawa et al., 2011）等にみられるとおりである。近年，上述したような神経システムが，死の顕現化によって生じる潜在的不安の抑制にかかわることが報じられている（Han et al., 2010; Quirin et al., 2012）。これとほぼ同時期に，行動レベルにおいては，そうした不安の抑制の結果生じる防衛反応が，文化的影響を強く受けることも示されている（Ma-Kellams & Blascovich, 2011）。マ・ケラムスとブラスコビッチ（Ma-Kellams & Blascovich, 2011）は，ヨーロッパ系アメリカ人とアジア系アメリカ人の防衛反応を比較し，前者は他者への排他的態度，後者は協調的態度が導かれることを示した。こうした知見から，文化的自己観は前頭前野の活動を介し，個人の適応に何がしかの影響を及ぼしている可能性が示唆されるだろう。

この問題に関し，柳澤ら（2012）は次のような結果を得ている。はじめに相互独立－相互協調的自己観尺度に回答した大学生30名（女性17名，平均年齢 19.85 ± 1.26）を対象に，死関連単語もしくは苦関連単語をプライムし，続いて否定的／肯定的内容のエッセイの好ましさをそれぞれ評価させた。その結果，協調優勢群は"苦"条件より"死"条件でエッセイの評価が高いことが示された。これに加えて協調優勢群は"苦"条件より"死"条件で右側VLPFCの活動量が

高く，他方，独立優勢群では左側 VLPFC の活動量が高い傾向が示された。さらに媒介モデルにより，協調優勢群において条件と他者評価の関連を右側 VLPFC 活動量が媒介することも確認された。以上の結果は，日本において優勢であろう協調優勢群において，死の顕現化後に右側 VLPFC がより強く賦活し，他者評価がポジティブシフトすることを示唆するものである。あくまでも間接的なエビデンスであることに留意する必要があるが，このことと，すでにみてきたような前頭前野にかかわる神経科学的知見を総合的に考えると，日本において優勢となる集団主義が，情動障害に対してある種のバッファーとして機能し，そのリスクを緩衝し得るというメカニズムが示唆されるだろう。

3. エピジェネテクス：社会行動の評価のための新しい変数

遺伝子はその塩基配列に応じて，脳活動をはじめ，認知，行動さらには文化の多様性にまで広く影響し得る。そうした遺伝子の発現内容は不変なのだろうか？仮に不変なのであれば，遺伝子はすべての階層に影響する根源として強力に作用し，極論すれば，あらゆる概念は遺伝子の塩基配列に還元可能ということになるだろう。従来，そうしたセントラルドグマ (central dogma) として知られる基本原則では，遺伝情報は DNA からリボ核酸（RNA: ribonucleic acid）へと転写され，続いてタンパク質に翻訳されるという一方向の流れにあるとされてきた。したがって，この"教義"においては，遺伝子の働きは不変のものと定義される。ところが，1970 年代に入り逆転写酵素（reverse transcriptase）と呼ばれるたんぱく質が発見されたことにより，RNA として存在するレトロウイルスがこの酵素を使って自身の情報を DNA に書き込み，DNA の機能を変えてしまうことが明らかとなった。遺伝子を始点とする情報伝達は逆行し得る，ということである。

加えて近年になり，同一の塩基配列であっても，その遺伝子の制御過程およびその結果生じる表現型は必ずしも同一ではないこと，すなわち「エピジェネテクス」(epigenetics) と呼ばれる機構が明らかになってきた。繰り返しになるが，塩基配列そのものの変化により，以降の情報伝達が影響される「突然変異」とは異なり，塩基配列の変化を伴わずして影響し得る点がエピジェネティクスの特徴である。社会・自然環境の影響を受け，ある遺伝子は活性化し，あるものは抑制されることにより，細胞から個体レベルに至る各階層の機能が変化し得るのである。こうした DNA の発現変化には種々の過程が介在するが，その代表的な例として以下に DNA メチル化について触れておきたい。

DNA メチル化は，塩基配列の CpG と呼ばれるところにメチル基（-CH3）が接合することにより，その部分の遺伝子が発現しなくなることを指す。こうした

分子レベルでの反応は，内因性／外因性の環境入力により生じ，遺伝子発現にかかわるスイッチを"オン・オフ"することにより，細胞，脳機能，個人の認知などの各レベルに影響する。すなわち，同じ塩基配列をもっていたとしても，それが置かれる状況要因が異なると，花の模様や色が異なったり，あるいは一卵性双生児の性格や行動，容姿の違い，さらにはさまざまな個人内変異を生み，間接的には，対人関係，集団，文化などのさまざまな表現型に影響し得るということである。

ここにきて，ミクロの最たる分子レベルの現象とマクロレベルの現象とが互いに接合し，循環をなすことがわかるだろう。すなわち，還元論という見方は無用である。ミクロとマクロは円環をなし，その情報は右にも左にもほとばしるのである。こうしたエピジェネティクスの視点は，生得性を重視する前成説（preformation）に対し，発生以降の内外環境の影響を重視する後成説に立っており，状況要因に配慮する社会心理学との相性も良いと考えらえる（野村，2010）。

以上，旧来のセントラルドグマを覆した研究動向より，とくにこのエピジェネテクスによる社会心理学への示唆的可能性が期待されるところである。余談だが，米国の神経科学会の年会（SFN: Society for Neuroscience）で特徴的な動きがある。このSFNは年に一度，およそ数万人の参加者が世界各国から結集する神経科学領域における最大規模の学会であり，心理学の専門家の参加も多い。この学会での演題内容を見ると，おおよそ過去5年のうちに，エピジェネティクスとのキーワードを掲げる演題が増加し続けてきており，その勢いは一時期の神経画像研究の進展を想起させるものがある。その一例として，国内においては大うつのマーカーとして，脳由来神経栄養因子（BDNF: Brain-derived neurotrophic factor）遺伝子へのメチル化が有効であることなども示され（Fuchikami et al., 2011），臨床応用が検討されている。具体的には，大うつ群の末梢血を採取し，ゲノムDNAにおいてメチル化率を測定したところ，BDNFの発現量にかかわる特定部位のメチル化が亢進しており，この結果から，健常群と比較してより強度のストレッサーがメチル化の原因であることが議論されている。このような，メチル化の生物学的マーカーとしての有効性を示す知見が徐々に蓄積しつつあることは，エピジェネティクスの生理学的機構にかかわるトピックが黎明期を経て，成熟しつつあることを間接的に示すものである。したがって，エピジェネティクスの機構そのものを研究対象とせずとも，個人・集団を取り巻く環境を定量化するための従属変数として，もしくはさまざまな階層に影響し得る説明変数として注視すべき概念の一つと考えることができるだろう（図1-5）。

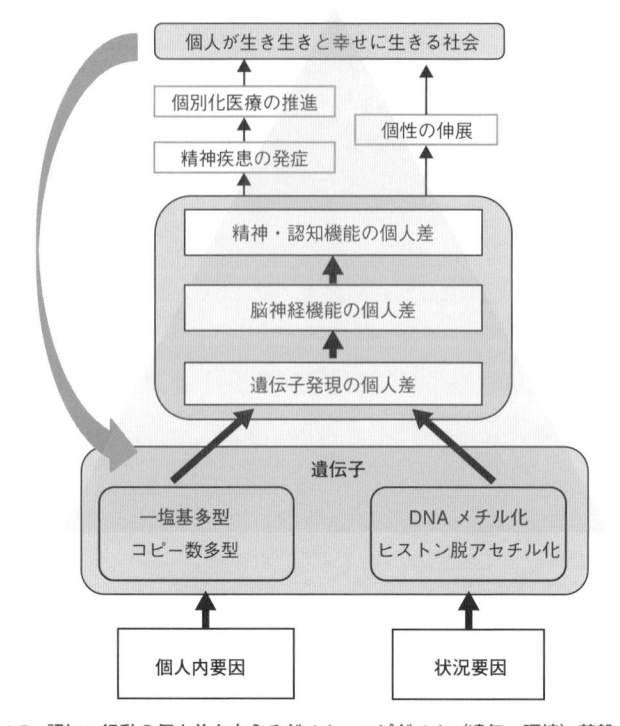

図1-5. 認知・行動の個人差を支えるゲノム・エピゲノム（遺伝-環境）基盤

4節　おわりに（提言）

　特定の認知，行動もしくは概念の脳領域等へのマッピングが神経科学領域の目的だとすれば，社会心理学の目的はその延長線上（ベクトルは複数あるだろう）にあり，互いに一線を画するものである。すなわち，心理学においては，その目的にかなった神経科学的方法の活用，得られたデータの位置づけ，解釈が望まれるが，この神経科学との"化学反応"の過程において，社会心理学なくしては得られない情報の多くを発信し得るといえる。同時に，それらの応用面に目を転じれば，両者から得られる基礎的知見は，臨床応用・薬剤の開発から，社会問題の解決，社会設計までが視野に入る点で実践知としての到達点に大きな違いはなく，心にかかわる根源的な問いについて一定の理解を与え得ることも明らかだ。そのように考えると，両者のそれぞれから発信される情報のリテラシーこそが最も重要であることがわかる。

●第1章 脳と心

　本章で見てきたように，複数の研究領域を縦横無尽に行き来し，概念を梃（てこ）として，理論やモデルの記述内容を精緻化するという運動のなかに，これまで想像していた以上に強力で，そして（誤解をおそれずに言うならば）研究の飛躍的進展のために不可欠な視点が含まれている。それは，ミクロからマクロに至る変数を，生物学的エビデンスに基づいて有機的に結びつけることを可能とする「シンギュラー・ポイント」の効用といえるだろう。本章での試みにより，その「考え方」の原理の一片を見いだすことができただろうか。多領域のアイディア・知見，方法論，さらには装置・機器類の利用を含めたソフト・ハード両面での「知の統合」に基づく社会心理学の広がりと深化，それによる，かつて描かれたことのないメッセージの創造を願ってやまない。

第2章

感情と動機

1節　はじめに

　社会心理学の理論やモデルに感情や動機は不可欠だ。それらは，私たちの社会的な判断や行動を方向づけるものとして，社会行動の規定要因を示した理論やモデルの中に取り込まれている。感情や動機は，私たちを「動かす」力を持つ何ものかであるという役割を付与されており，なぜそのような判断や行動がみられるのかを説明するための先行要因として用いられる（Fiske, 2008; Frijda & Mesquita, 1994）。

　社会心理学が感情や動機を重視して理論やモデルを構築することは，それらが常に私たちとともに存在し，社会生活の中で機能しているという事実，そしてその事実に対しての直感的な理解に支えられているという側面があるだろう。私たちは，他者に囲まれ，社会の中で起こる出来事を経験しながら生活しているが，他者や出来事によって，さまざまな感情や動機が心の中に生み出される。感情や動機は，私たちにとって主観的な経験であり，心を満たしたり，揺るがしたり，翻弄したりするものである。他者との関係がもたらす感情経験の豊かさに酔いしれたり，感情に駆られて行動したことによって他者を傷つけたり，動機間の葛藤に悩んだりすることは，誰にでも，どこにでもある日常のひとこまだ。実際，社会生活の中で，何かを見聞きしたときや，他者と交わるとき，自分を振り返るときに，心が感情や動機を持っていないという状態を想像するのは難しい。かくて，日常の体験の中で私たちが実感する感情や動機の力は，心のありようと社会との関係を考えるときに，「しろうと理論」による説明においてすら，必ず参照される「パラメーター」となる。

　このような日常における感情や動機の遍在は，社会心理学において，感情や動機を取り巻く研究の多様性と細分化へとつながる。感情については，感情の定義

に始まり，その機能，認知と感情の相互影響過程，自己意識との関係，共感と支援や怒りと攻撃など特定の感情と行動との関係，感情表出，感情の神経基盤や進化と文化差の問題などのトピックがたてられている（Davidson Scherer, & Goldsmith, 2009）。動機についても，研究の多様さは同様である。社会的動機のバリエーションや個人差，目的追求行動や自己制御過程での役割，意識的－非意識的な動機の働き，多様な社会的動機と社会行動の関係など，幅広く研究が進められている（Bargh, Gollwitzer, & Oettingen, 2010; Shah & Gardner, 2008）。また，これら，感情や動機にかかわる基礎過程の研究知見にのっとり，さまざまな社会行動のモデルが組み立てられ，感情や動機が行動を説明するパラメーターとして導入される。社会的推論，ステレオタイプ，説得，援助，攻撃，集団間葛藤など，多種多様な社会的な行動のモデルの多くが，感情や動機をその一部に組み込んでいる。

　しかし，社会的な行動の多くが感情や動機により影響されていることをよりどころとして，それらに関する知見を網羅的に見ていくだけでは，私たちにとって，感情や動機がいったいいかなるものであるのかを把握することは難しいだろう。感情や動機の重要さを考えるためには，それらが行動の規定要因として機能するという事実を羅列するよりも，むしろ，その機能が社会生活に必要なものとして存在することの意義に関する問いに向き合う必要がある。感情や動機は，他者と協同して生活するという，社会的動物としての私たちのあり方ゆえに生まれてきた心的メカニズムであり，その観点から，感情や動機のもつ機能を意味づける必要があるのだ。

　本章は，感情や動機が社会心理学の中でどのような概念として位置づけられているのか，また，心の社会性，ひいては私たち人間の特性について何を語っているのかを議論することをめざしている。社会心理学は，感情や動機をとおして，心の社会性についてどのような考察を行ってきたのだろうか。感情や動機にかかわる研究が見せる「社会的存在」としての私たちの姿は，いったいどのようなものなのだろうか。これらが本章で考える問いである。そのために，まずは，社会心理学がその研究の歴史の中で，感情や動機について行ってきたアプローチを振り返る。続いて，感情や動機の社会性を考えることをとおして，これらの概念が社会心理学にとってなぜ重要であったのかを示していく。そして，最後に，感情や動機研究から見える私たちの姿を，社会心理学が示す人間観に関する議論と重ねたうえで描く。

2節　感情と動機の位置づけ

　感情や動機は，社会心理学の中で，研究の対象としてどのように扱われてきたのだろうか。今後の議論の平面を定めるために，まずは，この問いに答える必要があるだろう。感情と動機は異なる概念であるが，感情の動機づけ機能という表現が示すように，両者とも，私たちを一定の方向に動かす内的なダイナミックスとして語られてきた。以下，その経緯について，社会心理学の研究の歴史をたどり，感情や動機をめぐる議論の輪郭を示しつつ，両者が社会心理学においてどのような位置づけにあるのかを考えていくことにする。

1．感情や動機を重視した歴史
(1) 社会心理学の基盤形成期において
　社会心理学が，感情や動機を重視するというスタンスを維持してきたことは，研究の歴史を振り返ってみれば明らかである。行動主義全盛の時代にあっても，社会心理学は動機に着目した社会的行動の説明を放棄しなかったし，感情的な要素を含む「態度」という概念を基盤として，他者認知や偏見などの研究を進めてきた。初期の行動主義は，行動の説明として内的な媒介過程が存在するという仮定を否定しており，動機もその対象として基本的には排除していた（Skinner, 1953）。かろうじて扱うことが許された動機は，動物にも見られる飢えや乾きの強弱といった生存欲求にかかわるものに限定されていた。しかし，行動主義からのそのような圧力にもかかわらず，社会心理学は，内的な過程に着目した行動の説明を重視していた。社会環境が私たちにもたらす認知・感情・動機を解明することで，対人相互作用を考察しようという志向は，社会心理学を確立し，発展させてきた先人たちの基本的な姿勢だった。

　彼らが感情や動機をいかに重視していたかは，提唱した主要な理論の中に見てとることができる。まずは，行動が人と環境の要因によって決まるという社会心理学の枠組みとなる考え方を示したレヴィンをみてみよう。彼の提唱した場の理論では，私たちの動機，価値，欲求，目標などが，ライフ・スペースと呼ばれる心的表象としての場の重要な構成要素として位置づけられていた（Lewin, 1936）。また，ローゼンバーグらは，社会心理学の基本となる概念である「態度」について，感情を態度の三成分の一つとして位置づけていたし，さらには，感情成分の変化が他の要素である認知や行動傾向を変化させるという主張に示されるように，感情を態度の中心概念を構成するものであるとも考えていた（Rosenberg & Hovland, 1960; Rosenberg, 1960）。態度については，認知的一貫性を求める動機

の影響もまた，主要なテーマであった。ハイダーは，対象に対しての好き嫌いや賛否が，認知間の一貫性を維持する方向で決められることを，バランス理論で示したし (Heider, 1958)，フェスティンガーとカールスミスは，認知的不協和理論に基づく実験において，一貫性を求める動機が，反態度的な行動後の態度変化をもたらすことを実証的に示した (Festinger & Carlsmith, 1959)。さらに，感情研究の主要なテーマである，感情経験の生起過程についても，社会心理学者たちが，そののちの研究に多大な影響を与える議論を行った。シャクターとジンガーは，感情の二要因説で，主観的感情経験の質が，生理的反応に加えて，経験者がおかれた環境の解釈により決まると主張したが，これは，感情が生理的状態のフィードバックだけではなく，環境の認知評価をも含み得る概念であることを示唆したものであった (Schachter & Singer, 1962)。一方，ザイアンスは，感情が詳細な知覚や認知過程を経ずとも生起すると主張し，モジュール化された感情のような，自動的に環境内の刺激により活性化されると考えられる感情生起過程の可能性を示した (Zajonc, 1980)。

(2) 社会的認知登場以降において

社会心理学が，感情や動機という「温かい」心の機能を，社会的存在としての私たちに不可欠のものとみていたことは，認知革命以降，社会的認知研究へと，社会心理学が広がっていったときの状況にも示されている。たしかに，社会的認知研究が盛んになった初期には，動機による説明ではなく，認知過程に焦点を当てた説明が優位になったこともある。自己奉仕的バイアス (self-serving bias) について，自己高揚動機ではなく，認知バイアスとして説明する試みがなされたことなどは，そのよい例だろう。認知バイアスによる説明とは，私たちがそもそも成功体験を失敗体験よりも期待し，また，自分の行動と成功との共変関係のほうが，失敗との共変関係よりも気がつきやすいという傾向によるというものである (Miller & Ross, 1975)。この説明は，動機の存在を仮定する必要がないので，導入する仮定が少なくてすむ理論のほうが良い理論であるという原理からすると，「優れた」説明である。また，いわゆるスキーマを用いた情報処理に関する研究においても，初期の研究は，記憶や情報の解釈などの認知過程を中心に，既存の知識構造に確証的な情報処理がなされることに着目した研究がほとんどであり，動機や感情といった要因を考慮することがなかった。次々と認知バイアスを明らかにした研究が行われ，なぜそのようなバイアスが生じるのかを，認知メカニズムの点から説明しようとする志向が強かった。

しかし，このような研究の方向性は，さほどの時を経ず内部からの反省をも

たらし，いわゆるホットな要因の導入へと研究が向かうことになった（Zajonc, 1998）。1970年代後半から1990年代にかけて，感情が情報処理に与える影響や，動機づけられた認知にかかわる研究が盛んに行われた。ムード一致効果やムードが情報処理方略に及ぼす影響に関する研究，動機と一貫するような情報処理傾向に関する研究，さらには，暗黙のステレオタイプ（implicit stereotyping）のように，自動的に生起する情報処理が動機により抑制される過程の研究などをみれば，感情や動機が，いかに詳細な情報処理過程に関するモデルの中に組み込まれているのかがわかる（Forgas, 1995; Gollwitzer, Bayer, & McCulloch, 2005; Kunda, 1990 など）。

　森（2010）が，現代の社会的認知過程の特徴を，「より温かく，より社会的に」と記述しているように，社会的「認知」過程そのものにおいても，温かい要因は不可欠なのだ。社会的認知研究は，ときに「社会性に欠けた冷たい」情報処理過程を扱っているという批判を受けてしまうことがあるが，現状の研究動向をみるなら，それは的外れだろう。社会的認知過程は，私たちの社会的な行動を支える基礎的な過程であり，そのメカニズムを解明するためには，認知と感情・動機の相互影響過程を考えることが不可欠かつ重要な課題となってから久しい。

　今日，感情や動機について議論する研究は数多い。感情や動機それ自体を対象としたものから，社会的な行動のモデル内での役割を検討するものまで，先に述べたように，社会心理学の中にさまざまな形で展開されている。また，社会心理学と他の領域，たとえば，脳神経科学や認知心理学，進化心理学，発達心理学，さらには行動経済学などとの接点においても，感情や動機に関する議論が広がりを見せている。感情や動機は，社会心理学の重要なパラメーターとして，また，社会心理学と他の領域とをつなぐ場として機能しているといえるだろう。

3節　感情と動機の社会性

　ここまで述べたように，社会心理学にとって感情と動機が重要な要因であったことは，研究の歴史の中にも示されていた。とはいえ，そこから論を進めるにあたっては，そもそも，なぜ社会心理学において感情や動機が重要であったのだろうかということこそ，問題となるだろう。感情も動機も，社会心理学以外の心理学各領域において，研究対象となっている。それにもかかわらず，社会心理学が両者にこだわる必然はどこに求められるのだろうか。

　一つのわかりやすい理由は，社会的行動を扱う理論が，その展開上，行動を発動させるダイナミックな概念を必要とするということである。ある特定の社会的

場面で可能な行動選択肢の中から，なぜ当該の行動が選ばれたのかを説明するためには，その行動が行為者の必要や目的を満たすものであったという論理づけが求められることになる。この要求を満たすためには，動機そのものや，感情の動機づけ機能に着目し，それを行動のモデルに組み入れればよい。感情や動機は，行動発現の直近の要因として，便利に用いることができるという点で，社会的な行動に至るモデルを論ずる際に，導入する必然性が高く，かつ導入しやすいものであったということである。

しかし，社会心理学という領域にとって，感情や動機が持つ意味を考えるということになれば，単に上記のような，行動の発動を説明するための概念というだけではなく，感情と動機の「社会性」についての踏み込んだ議論が必要となるだろう。感情や動機が社会の中で果たす機能がどのようなものであるのか，この問題を考えることが，両概念の社会心理学にとっての意義を明らかにすることにつながる。感情も動機も，個人内の心的機能としては，行動の調整や制御という側面に焦点が当たるが，社会性について考察するためには，「個人内の過程」として果たす機能が，どのように個人を越えて他者との関係のあり方に影響し得るのかを議論する必要がある。以下，感情と動機，それぞれについて，他者との関係性に対する含意という視点から分析していく。

1. 関係を維持するシステムとしての感情
(1) コミュニケーション機能

感情経験は，一方では，主観的な経験として，きわめて個人的なものとして語られる。「私が感じている，この感情」は，それによりもたらされる内的な変化を受け止めるのが，私自身のみであるという点において，第一義的に「私（だけ）のもの」である。「私の本当の気持ちは，他人にはわからない」という表現は，私の感情が結局のところは他者に理解不可能なことに対するあきらめを越えて，しばしば，他者との社会的なつながりに対する拒否や絶望まで含むものとなる。

しかし，その一方で，感情は，「気持ち」を他者に対して表出する行動も含む。泣く，怒鳴る，震える，などの表出行動は，その人が悲しんだり，怒ったり，怖がったりしていることを他者に伝える。このような表出により，表出者の主観的状態，さらには，環境に対する見方や態度，価値観などまでもが他者に伝えられる（Keltner & Haidt, 2001）。時には自分が望む以上に，自分の内面を露呈してしまうこともある。このような感情表出のコミュニケーション機能は，他者に何かを伝達することが，自己と他者をつなげる基本となるという点において，社

会的なものだ．したがって，個々の感情が伝えることの具体的な内容は，古くから研究者の関心を引き，代表的な感情を中心に，動物におけるその起源や文化差まで含みつつ，記述的な研究がなされてきたし，対人関係への含意や臨床場面での応用についても議論されてきた（Lewis & Haviland, 1993）。感情の社会性は，まずは，そのコミュニケーション機能という点から示すことができるのである。

(2) 感情と社会関係の構造

では，感情のコミュニケーション機能は，他者との関係のあり方と，どのようにかかわっているのだろうか。これまでの感情経験や表出，また感情解釈の研究は，他者との人間関係の緊密さや地位などの，社会関係の構造的要因と感情が密接にかかわっていることを示唆している。とりわけ，着目されてきたのが地位や親密さといった要因と，感情表出や，経験される感情の質，感情の解釈との関係である。地位については，高地位の人ほどポジティブな感情も，また怒りや軽蔑などネガティブな感情も経験することが多かったり表出したりすることが示されている（Collins, 1990; Hecht & LaFrance, 1998; Keltner et al., 1998）。表出の解釈についても，怒りを表出した人は，地位が高いと推論される一方（Tiedens, Ellsworth, & Mesquita, 2000），当惑を表出した人は服従的な立場にいると推論されやすいという関係がある（Keltner, 1995）。さらに，地位が高い人ほど，他者の感情を正しく判断しないという知見もある（Galinsky et al., 2006）。親密さについては，より親しい人の感情を，より強いものとして認知したり，正確に認知できるということや（Butler, Wilhelm, & Gross, 2006; Fridlund, 1992），感情伝染が生起しやすいことが明らかにされている（Miller, 1987）。

地位と親密さが感情表出や経験，解釈に影響するという知見は，この両者が，対人認知次元の基盤とされている社会関係の基本構造であるという点において興味深い。フィスクらは対人認知のユニバーサルな次元として，人柄の良さと有能さが従来の研究で同定されてきたことを指摘したうえで，それぞれの次元上での対人認知が，競争・協同という親密さにかかわる相互依存関係，および地位関係に基盤を置くものであることを主張している（Fiske, Cuddy, & Glick, 2007）。つまり，対人認知次元として，なぜ，人柄の良さと有能さが主要次元となるのかというと，私たちにとって，他者が自らに害をもたらすのか，それとも恩恵をもたらすのかに関する判断，さらにはそれらをもたらす行動を遂行する能力に関する判断が，適応的に重要な課題となっているからだというのである。このような主張をかんがみるなら，感情表出，感情経験，表出の解釈が，親密さと地位に影響されるという知見は，他者との関係にかかわるこれらの適応課題の中に，感情の

持つ機能が埋め込まれていることを示唆している。

このような示唆の妥当性は，感情が社会関係の構築や維持に寄与しているという知見からも支持される。感情を真似することで関係が緊密になることや（Hatfield, Cacioppo, & Rapson, 1994），友人関係が緊密になるにつれて，似たような感情反応を示すようになること（Anderson, Keltner, & John, 2003）．さらには，先述したとおり，地位が高い人が怒りや軽蔑のような他者統制を志向する感情を示しやすいことが明らかになっており，感情表出が人間関係の構築や，現存する地位関係の維持に重要な役割を果たしているのである

ところで，感情が協同・敵対，および地位に関する社会構造と連合し，それらの維持を支える機能を持つという可能性は，集団に対する感情を対象にして，より体系的に議論されている。カディらは，他集団の特性を，人柄の良さと有能さの2次元で構成される意味空間上に位置づけたうえで，集団に対する感情とそれがもたらす行動反応を示すバイアスマップ（Bias MAP）を提唱している（Cuddy, Fiske, & Glick, 2008）。それによれば，人柄がよく有能な集団には賞賛，人柄は良いが無能な集団には憐れみ，人柄は悪いが有能な集団には嫉妬，人柄が悪く無能な集団には軽蔑という感情が，対集団感情のコアとなる。また，個人間の関係と同様，人柄の良し悪しは，集団間の協同・敵対関係に，有能さは集団間の地位関係に連合している。したがって，バイアスマップ上に位置づけられたコアとなる対集団感情には，現状の関係維持をとおして，社会構造を安定させることに貢献する機能があることが示唆される。賞賛が向けられる集団は，「良い・有能な」集団として高地位を保持することが正当化される一方，軽蔑が向けられる集団は，「悪い・無能な」集団として社会的に低い地位しか与えられないことが正当化される。また，人柄が良いとされる集団に対しては，賞賛や憐みに基づき，協力行動や親和的な行動が向けられ，良好な関係がその行動を通じて維持されやすい一方，人柄が悪いとされる集団に対しては，嫉妬や軽蔑に基づき，回避的・加害的な行動が向けられ，関係の改善が遠のくという結果を生みやすくなる。

2．他者とつながるシステムとしての動機
(1) 社会的動機

動機の多くは社会的である。もちろん動機の中には，飢えや乾きなど，生存の必要を満たす生物学的欲求に基づく動機もある。しかし，社会的動物である人間は，生存のためだけではなく，社会的な必要や目的のためにも行動する。動機の階層構造について示した，有名なマズローの基本的欲求（needs）の階層をみても，上位にある自己実現，承認，愛情と所属の欲求は，社会的な性質を持つ内容

となっている (Maslow, 1954)。

社会的な動機のタクソノミーとしては，フィスクが，所属，自己高揚，信頼，理解，統制の5つを指摘している (Fiske, 2008)。私たちにとって，他者との関係を結び，社会を理解し，環境を統制し，自己を価値のあるものだと考え，世界を信頼に足るものだとみなすことが，社会生活を営むうえで必要な目標であるという。フィスクは，これらの5つの中では，所属が最も基本的な動機であると考えている。もちろん，その他の動機も，社会の中で機能的に生きるための必要を満たすものであるが，まずは「所属すること」が満たされなければならないのである。

所属の重要性は，私たちが孤立しては生きていけない存在であることを意味している。他者と関係を結ぶこと，また，家族をはじめとする集団に所属することで，生きるための必要が満たされる。それは単に物質的なものだけではなく，人間関係をとおして得られる愛情やケアも含んでいる。他者から排斥され孤立することはソーシャルサポートのネットワークからの隔離を意味し，不安やうつ，そして身体的な不健康をもたらすことが知られている (House, Landis, & Umberson, 1988; Leary, 1990)。浦は，このような排斥に伴うストレスとしての情緒反応を社会的痛みと呼んでいる (浦，2009)。実際，社会的な排斥の検知は，身体的に痛みをもたらす刺激に対する反応と同様に，自動的な処理過程のもとにあると考えられており (Eisenberger, Lieberman, & Williams, 2003)，集団に受容されていない状態が，身体が傷ついたり不調であることと同じくらい，私たちにとって危険なことで，すぐさま検知して対応すべき問題となっていることが示唆される。

(2) 自尊心と自己高揚動機

他者から受容されている状態を維持することが私たちにとって重要かつ，基本的な課題であるなら，それが達成されているかどうかをモニターするための心的システムが備わっていてもおかしくはないだろう。レアリーとバウマイスターによれば，自尊心 (self-esteem) は，まさにそのような機能を持つシステムである (Leary & Baumeister, 2000)。自尊心は，自己を価値ある存在として認める気持ちであるが，他者からの受容は，「受容される価値のある自分」を意味し，自尊心の上昇をもたらす一方，他者から受容されないことは，「他者に否定されるような，価値の低い自分」を意味し，自尊心が下降する。また，排斥を受けた場合は，自尊心低下に伴うネガティブ感情を私たちは経験するが，これが現状に対する警告反応として機能する。したがって，自尊心は，他者から受容されているか

どうかを示すバロメーターとして，また，受容状態を監視するシステムとしての機能を持つ，というのである。

　自尊心の維持・高揚をめざす自己高揚動機は，社会心理学の研究の中でも，最も頻繁に言及され，さまざまな判断バイアスや行動傾向をもたらす源泉として議論されてきたものである。自己高揚動機の発露の仕方については，文化差や個人差が指摘されてはいるが，私たちが一般的に，自己を価値あるものと考えたいという動機を持っていることについては，多くの自己研究に携わる論者の合意するところである。自尊心に他者からの受容の程度を示すバロメーターとしての機能を付与するという考え方は，自己高揚動機が，「望ましい自己の希求」という個人に閉じた欲求の反映だけではなく，他者からの受容や集団への所属という，社会的関係の上に成り立つ欲求と密接に連合しているという意味での，社会性を持つことを含意しているのである。

(3) 信頼・理解・統制

　では，フィスクが指摘した動機のその他のもの，すなわち，信頼，理解，統制は，どのように他者とつながることにかかわっているのだろうか。まず，信頼であるが，この動機は，安心してさまざまな集団に参加して活動を行うことができるよう，世界を自分にとって好意的で優しいものであるとみなしたい，というものである。これは，他者からの受容に対してポジティブな期待を抱くことだと言いかえることができるだろう。

　一方，理解や統制は，どうだろうか。これらは，社会的情報処理者としての私たちの基本目標として，しばしば議論されるものだ。ハイダーは「素朴な科学者」のたとえを用いて，科学者が諸現象を理解し統制しようとしているのと同様，私たちが社会環境，とりわけ他者を理解し統制しようとすることを論じている (Heider, 1958)。この議論が原因帰属研究を生み，さらには社会的認知研究へとつながったことは，社会心理学の歴史の展開でしばしば指摘されることだ (Fiske & Taylor, 2008; Gilbert, 1998)。理解や統制は，情報処理にかかわる諸活動へと私たちを向かわせる動機であるという意味づけが，まずは与えられてきたといえるだろう。

　しかし，認知が何のためなのか，と問うなら，その答えは，他者との相互作用のためなのである (Fiske, 1992)。他者との円滑な相互作用のためには，自らがおかれた環境や他者がどのようなものであるかを理解し，必要に応じて自己を調整したり，他者や環境を統制していくことが不可欠である。私たちは，集団に受容されるメンバーとして効力感を持って生活することを実現するために，自己制

御行動や対人・対集団行動を行うが，社会環境の理解と統制はそれを可能にする基盤である。したがって，理解や統制も，つまるところ，他者とつながるために不可欠な動機ということになるだろう。

4節　感情や動機をとおして見える私たち

　感情と動機の社会性に関する議論が示すことは，これらが，単に，行動を発現させるためのメカニズムにとどまるのではないということである。感情や動機は，人間関係の構造の中に織り込まれたものであり，他者との関係を作り，維持するための装置でもある。社会心理学にとって，感情や動機が重要な概念であり，それらに着目して研究を重ねてきた一つの大きな理由は，このようなところにあるだろう。

　さて，感情や動機の重要さが確認できたところで，次に考えるべきことは，それらに関する議論をとおして見える，私たちの姿である。社会心理学は，直接には，社会的な行動の背景にある心の仕組みの解明をめざしてきたが，それにより，社会的な存在としての人間がどのようなものなのかということも語ってきた。私たちは何者なのかという大きな問いに対して，感情や動機に関する議論はどのように寄与してきたのだろうか。感情や動機をとおして見える私たちの姿を，社会心理学が示してきた人間観とのかかわりの中で考えてみよう。

1．素朴な科学者としての人間
(1) バイアスの原因としての感情・動機
　社会心理学の歴史の中に長らく存在する人間観の一つは，私たちが社会の理解をめざすエージェントであるというものだ。その理解の仕方については，一貫性を重視する側面や（consistency seeker），動機によって処理モードをスイッチする側面（motivated tactician）など，その時代の研究の流れに応じて異なる特徴が指摘されている。とはいえ，通底するのは，科学者が研究対象を理解しようとする存在であるのと同様に，人もまた，社会を理解しようとしている存在であるという考え方である。

　このような人間観のもと，研究が明らかにしてきた知見の多くは，私たちの情報処理が，科学的な合理性，論理性から逸脱していることを示すものであり，逸脱をもたらす原因として，感情や動機が名指しされてきた。たとえば，他者に対する好意や敵意により，対人判断や行動が歪められたり，ムードと一致する判断が促進されたり，自己高揚動機ゆえに自己評価が歪んだり，集団からはずれたく

ないという動機により，本当の自分の意見とは異なる意見に同調したりなどの現象は，社会心理学の数多くの教科書に取り上げられている。「感情や動機により認知過程にバイアスが生じる」という考え方は，社会心理学の研究の中にしっかりと入り込んでおり，認知的不協和や自己奉仕的動機の影響のような古典的研究から，感情や動機の影響過程を詳細に論じた社会的認知研究に至るまでを支配している。

　もっとも，バイアスという言葉遣いは，社会心理学の外にいる人たちに対しては誤解を生むものでもある。バイアス，すなわち歪みは「望ましくなく」「是正すべき」ものであるというのが，一般的に抱かれるこの言葉の理解だろう。「理想的な人」のモデルは理性をもって世界を把握する存在であり，人は外界を正しく判断することが望ましいとされる。このような人間観のもとでは，感情や動機により判断や行動が歪む私たちというのは「問題」のある存在だと考えられてしまうかもしれない。

　しかし，社会心理学はそのようなバイアス観・人間観を持たない。バイアスは，適応的な行動をめざして形づくられた私たちの心の仕組みが必然的に生むものであり，科学的合理性とは異なる合理性をそこに見いだすことができるというのが基本的な考え方である（Gigerenzer & Brighton, 2010）。自己を価値あるものであると思いたいという動機は，精神的健康を保ち，健全な社会のメンバーとして機能するための基本である。認知的な一貫性を求めるのは，効率よく複雑な社会を理解し，行動指針を得るために必要である。環境に脅威が存在するとき，ネガティブ感情が喚起され，その結果，入念な情報処理方略が採用されるのは，問題に焦点を当てた情報処理によって環境の脅威に対処する可能性を高めるためである。これらがバイアスに対する典型的な解釈の例であり，バイアスを問題のある誤りであるとみなすのではなく，適応課題への対処から生じた結果であると位置づけている。つまり，本来は合理的な反応の副産物であると主張したり，評価の基準を科学的・論理的合理性以外のもの，たとえば認知経済的な側面に置き，その視点からの合理性を説くことになる。

(2) バイアスの合理化がもたらす問題

　このようなバイアスの合理化は，感情や動機が適応システムの一つとして心に備わった機能であるという考え方と合致する。感情は，外的環境の変化に素早く対応する行動をうながすし，動機は，必要や目的を満たす行動へと私たちを方向づける。したがって，感情や動機が判断や行動に影響することは，適応的に形成されてきた心の仕組みという観点からは，必然的な結果だと考えることができ

る。心が適応の産物であるという視点は，いまや社会心理学のさまざまな議論の中に取り入れられているし，感情や動機による適応を語るについても，もちろん格好の枠組みになるということなのである。

　ただし，適応という視点が不可欠であるのはそのとおりだとしても，その一方で，感情や動機によるバイアスを「合理化」する議論は，何が合理的であるかが恣意的であるという問題を含むことを認識しておくべきだろう。そこで提供される説明は，バイアスに対する「解釈」であり，実証的検討の可能性を越えた議論がしばしば含まれる。たしかに，既存の知識と一貫する方向での情報処理は，効率のよい理解をもたらすであろうけれども，効率の良い処理を求めた結果として，既存の知識と一貫する情報処理傾向が，進化の過程で形成されたかどうかを確認することはできない。心の進化の歴史そのものについて，動物の形態の進化の歴史のように物的証拠を用いて追っていくことは困難である。したがって，提供された解釈は，もしかすると単に「良くできたお話」の域を越えないのかもしれない。唐沢（2012）は通俗的心理学によるバイアスの合理化がもたらす問題を指摘しているが，それと同様に，通俗的な進化論的解釈という良くできた話と合致するがゆえに，現象に対する一つの解釈にすぎないことでも，「科学的知見」としてあたかも絶対的に正しい事実のように誤解されてしまう可能性もある。

　また，適応によるバイアスの「正当化」は，バイアスのもたらす問題点と合理性との境目があいまいになることにもつながる。感情や動機が，基本的には適応的な心のメカニズムであったとしても，ときとして私たちを不適応な反応に導くものでもあることは，論を待たない。それは臨床的な対応を必要とするものばかりではなく，日常生活の中でごくふつうに観察されることにも当てはまる。たとえば，怒りがもたらす攻撃的な反応は，野生環境では脅威への対応に不可欠であったかもしれないが，現代の人間関係の中では，葛藤を激化させるなどの問題を生む可能性がある（戸田，1992）。また，自己高揚動機から自分を実際以上に良く見せるような自己提示を行う人は，嫌われやすいという知見もある（Powers & Zuroff, 1988; 酒井，1996）。しかし，これら怒りからの攻撃傾向や自己高揚的な自己提示が望ましくないかどうかの判断は，結局のところ，結果次第だろう。問題をもたらさない限りにおいては適応的だが，もたらしてしまうのであれば不適応な反応として位置づけられる。したがって，後づけ的な説明概念として適応を用いることの問題について十分な認識を持ち，バイアスを素朴に合理化することには注意を払う必要がある。

2．モラルエージェントとしての人間
(1) 道徳的感情による社会秩序の維持
　素朴な科学者としての私たちは，社会的な環境の理解をめざす存在であった。しかし，私たちは理解にとどまることなく，社会環境の中に存在する他者や集団，また自分自身をも評価しようとする存在でもある。「良い－悪い」「あるべき－あるべきでない」「正当－不当」など，道徳や正義の観点からの評価に関心を持つ。他者の行動がもたらす利益や害を判断し，行動の原因を同定し，責任の判断を行い，怒りや同情，非難や賞賛を向け，罰や報酬を与えようとする。そのような私たちの姿について，ワイナーは「あたかも裁判官のようである」と表現している（Weiner, 2006）が，ここでは道徳的見地から主体的に評価を行い，他者や自己を裁く存在であるという側面をとらえて，モラルエージェントと呼ぼう。

　感情や動機は，道徳や正義を軸とした評価においても重要な役割を果たすことが，これまでの研究の中で論じられている。とりわけ進化論的な立場からの議論は，私たちの心の仕組み自体が，道徳や正義を志向するように形づくられており，それらに関する判断が，直感や感情のレベルで機能していると主張している。道徳哲学における義務論や功利主義，また心理学においてはコールバーグ（Kohlberg, 1969）の道徳発達の理論など，道徳を理性の働きとみなす過去の議論に対して，1980～90年代以降，さまざまな領域にまたがった研究が，道徳的判断における直感や感情の優位性と進化的基盤の存在を明らかにしてきた。前頭葉での感情統合が道徳的判断や行動に重要であるというダマシオ（Damasio, 1994）の主張や，チンパンジーの感情反応に人間の道徳のエッセンスがみられるというドゥヴァール（de Waal, 1996）の研究などは，その一例である。

　ハイト（Haidt, 2001）は，社会心理学のみならず，認知科学，哲学や文化人類学などにまたがる学際的な領域として道徳的判断というテーマを位置づけたうえで，道徳的直感の優位性を主張する。道徳的直感とは，好き嫌い，良い悪いなどの評価的感情がその前提の過程を意識することなく生起することをさす。このような直感に導かれた道徳的判断や思考は，進化の過程で形成されてきたものであり，個人の適応を高めたり，社会の維持や安定に貢献する行為を支えるとされる。

　実際，道徳的感情と呼ばれるものは，その経験と表出によって，社会秩序の維持へと私たちを方向づける機能を持つ。たとえば，罪悪感や後悔は，自己懲罰的に機能することで道徳的に望ましくないとされる行動を抑制するし，他者の非道徳的行動に接したときに経験する怒りや憤りは，それ自体が他者に対する罰として向けられるとともに，そのような行動を是正する行動を動機づける（Baumeister, Stillwell, & Hetherton, 1994）。また，これら道徳的感情は，私たち

が他者との間に取り持つ互恵的関係の維持にも貢献するものとして，進化してきたと考えられる。人は，他者とともに集団生活を営む存在であり，社会的関係の中でさまざまな資源を交換しながら生きる必要があった。この社会生活における適応課題の中でも，とりわけ他者との関係における互恵性が，道徳的感情の進化に重要な役割を果たし，感情を社会的なものにしているというのだ（Trivers, 1971）。たとえば他者の窮状に対して生じる同情は，他者への利他的行動を促進する。また自ら不当な行動を行ったときには罪悪感や後悔が生じ，他者への償いが促進される。感謝は，自分が受けた利他的行動に対する反応として生じるが，それは相手への返報を促進するとともに，その表出が他者に報酬価を持つことで再度の利他的行動をうながす。人が社会の中で生きていくためには，他者からの支援が必須であり，互いに助け，助けられという互恵的な関係を維持することが，生存には有利であるが，これらの感情により，互恵的利他的行動が維持されるのである。

(2) 公正世界維持動機とシステム正当化

以上のように，感情は，互恵性を維持する行動を動機づける機能を持つといえるが，よりマクロなレベルでの公平性の維持も，社会的な動機として私たちの判断や行動に影響することが主張されている。社会システムにはさまざまな理由による不平等，格差があるが，私たちの多くは，自己の社会的地位にかかわらず，社会経済的システムを受け入れ，この世界が不公平のない「正当な世界である」という信念を維持しようとしている（Jost & Banaji, 1994; Jost & Hunyady, 2002; Lerner, 1980 など）。公正世界の維持動機や，社会的公正についての研究は，被害者非難（victim blame）や被害者差別（derogation）のプロセスによって私たちが正当世界信念（belief in a just world）を保つ方法を強調してきた。つまり，不利な立場にある人々に対して，ネガティブな特性を付与することで，彼らの被っている不利益を正当化し，システム自体への非難を回避するというのである（Furnham & Gunter, 1984）。

ジョストは，私たちには社会システムを良いもの，公正で，正当で望ましいものと見ようとする動機があるとし，現在の地位状況を正当化・合理化しようとする一般的な心理的傾向の存在を主張している。彼の提唱するシステム正当化理論（system justification theory）は，とりわけ，集団間の地位格差に着目しており，集団ステレオタイプ化が社会システムを正当化・合理化する機能を持つと考える。劣位な集団に対してネガティブなステレオタイプを付与することは，不平等を正当化・合理化することを可能にし，現状の社会システムに対する支持を維持する

役割を果たすとされる (Jost & Banaji, 1994; Jost & Van Der Toorn, 2012)。ハインズとジョスト (Haines & Jost, 2000) は, 2つの集団が存在する実験場面で, 恣意的に (しかも不当に) 強い権力を一方の集団に与える操作を行い, 両集団メンバーの反応を検討することで, 不平等の正当化が行われることを実証している。どちらの集団メンバーも, 強い権力を与えられた集団メンバーのほうが, 弱い権力を与えられた集団メンバーよりも, 知的で信頼できると評定し, さらに, 権力差の理由を, 実際よりも正当かつ恣意的でないものであると記憶していたのだ。

また, 集団に対して相補的ステレオタイプを適用することも, 現状の社会システムの是認につながる。相補的ステレオタイプとは, 高地位集団・低地位集団それぞれが独自の強みと弱みを持っていると描写することであるが, これにより, 「すべてを持っている集団はいない」ということが伝わる。その結果, 低地位の集団メンバーの中においても, 現状の集団間の位置づけはバランスがとれているという感覚を増し, システムが公正であるか, または少なくとも我慢できないほど不公正ではないと思わせることができる。たとえば, 女性は, 男性に比べて社会的地位が低いとされているが, 協同性という女性の良い側面と考えられている特性を提示し, 相補的ステレオタイプを活性化すると, 女性の実験参加者の間においても, 現在の社会システムを正当であると考える程度が高くなるのである (Jost & Kay, 2005)。

5節　調整メカニズムとしての感情や動機：結びにかえて

ここまで論じてきた感情や動機の重要な特徴を改めて示すと, 次の2点になるだろう。一つは, 感情や動機は, 私たちが他者とつながり, 互恵的な相互作用を持つこと, また, そのことをとおして安定した社会の維持を志向するように仕向けるという点で, 社会性を支えるシステムだということである。もう一つは, そのような社会性を支えている, 環境理解のための情報処理メカニズムと, 理解と道徳や正義といった基本的な価値の維持において, 感情や動機が重要な機能を果たしているということである。そして, これらの特徴に関する議論は, 感情や動機が, 社会環境に適応的なふるまいを支える心的メカニズムであるという視点に支えられてきた。

もっともこのような適応の視点からの議論は, 感情や動機にユニークなものではない。われわれの祖先がさまざまな生存上の課題に直面してきた際, 各状況で生存に有利な反応を導く内的なメカニズムが進化の過程で形成されてきたことを前提にした議論は, 社会心理学のさまざまな領域で行われている。私たちの心の

● 第2章　感情と動機

仕組みの特徴を論ずるにあたって,「いかに」ではなく「なぜ」という問いに応答する枠組みとして,適応や進化という概念は,幅広く用いられているのである（平石,2000）。したがって,感情や動機が社会の中で適応的にふるまうという課題のためのシステムであることの指摘にとどまるのではなく,感情や動機が,どのような特徴を持った適応メカニズムであるのかということを,本章を結ぶにあたって,明らかにする必要があるだろう。

1. 感情や動機の調整機能

　この問題については,コスミデスとツゥビーによる次のような議論が示唆を与えるだろう。私たちの心は,食料の獲得,危険の回避,配偶者の選択などの,さまざまな適応上の課題を解決するために,課題固有に機能するプログラムを備えている。各プログラムは,環境内の特定の刺激によって作動し,一定の反応へと私たちを導くが,なかには,互いに葛藤するものも存在する。したがって,調整メカニズムとしての,より高次のシステムが必要となる。また,環境内の特定の刺激から固定的に作動するものだけではなく,状況に応じて適切な目標を設定したり,最適な行動の選択をしたりするシステムも必要となる。彼らによると感情は,まさにこのような柔軟性を持った適応プログラムなのである。その機能は,知覚,環境評価,注意配分,さらには,動機づけ機能の一部である目標追求や行動の調整などを,統合的に作動させるものだとされている（Cosmides & Tooby, 2000）。

　また,感情が引き起こす反応は固定的ではない。感情は動機づけ機能を持つが,それが具体的にどのような行動として発現するかは,多様な可能性がある。たとえば,怒りは攻撃への準備状態を形成するが,それが具体的にどのような攻撃行動につながるか,また,攻撃が抑制されるのかは,他の状況認知とそれから生起する感情−動機システムにより調整される。報復を予期して不安を感じたことから攻撃が抑制されることもあるだろう。環境の認知とそれが喚起する感情は,一方向の影響過程として定められているのではなく,反復的な相互影響過程を経てある状態へと収れんするものであり,そのなかで感情経験が意味づけられ,その動機づけ機能により行動が制御される（Lewis, 1996）。

　一方,動機に焦点を当てた研究においても,その機能を,目標追求行動とそれに伴う自己調節という観点から検討することが現在の課題となっている（Bargh et al., 2010; Forgas, Williams, & Laham, 2004）。研究の歴史を見れば,目標追求行動は,おもに自己調節研究として進められてきた。重要な研究課題として具体的に議論されていることは,目標の内容や構造の決定要因,文脈情報の影響,目標の設定やコミットメント,さらには達成促進にかかわる自己調整方略などに及

んでいた (Carver & Scheier, 1998)。近年，これらの研究知見の展開として，競合する目標や複数の達成方略が存在するときの調整方略や，自己調節の自動性というテーマが重視されている。調整方略については，競合する目標から主目標を守るための注意や感情生起にかかわる環境の統制メカニズムや，目標のシールディングに影響する要因などが明らかにされつつある (Kuhl & Beckmann, 1994; Khul, 2000)。これらの研究は，私たちの行動について，なぜ他のものではなくその行動を選択したのか（または選択しなかったのか），また，その行動を継続したり，頻繁に行ったり，中止したりするのはどのようなメカニズムによるのかを解明しようとしているという点で，動機という概念の根本にかかわるものである。

2. 社会心理学における感情・動機への視点

　感情や動機は，ある行動を発現させるメカニズムとして，社会心理学の中で重要な位置を与えられてきたことはすでに述べた。しかし，それらは単純な行動発動のメカニズムにとどまるのではなく，状況の認知に対応した行動発現の統制も含めた調整システムとしても機能しているのである。感情や動機というシステムが適切に機能していることによって，私たちは環境に適応している状態を維持し，必要な行動を作動させ，自己を外界に対しての調節していくことが可能となる。また，そのメカニズムはかなりの部分が非意識的過程により支配されており，適応のための仕組みとして進化的な基盤を持つことを示唆している。

　感情や動機に対するこのような視点は，私たちの社会的な心のあり方を実証的に追究してきた社会心理学の立ち位置を端的に示している。哲学や文学で感情や動機が考察の対象となる時，しばしばそれらが，理性と対立する理不尽な存在であるという側面が着目されてきた。しかし，社会心理学における感情や動機は，何らかの目的や目標を持って行動するという私たちの日常を円滑に進めるための心的なメカニズムとしての合理性，適応性に焦点が当たる。私たちの行動は，意識的であれ，非意識的であれ，自己の内部や外界に何らかの変化をもたらすが，感情や動機は，生体として私たちが持つ目的をめざした行動を生み出し，調整するものである。そしてそれは，個人の目的を達成することと同時に，私たちを他者とつなげ，社会の秩序を維持する心的基盤としても機能している。感情や動機が，このように個人と社会をつないでいるさまを明らかにすることが，社会心理学の重要な貢献であり，また，社会心理学にとって感情や動機がはずせない研究テーマとなるゆえんも，ここに見いだせるのである。

第3章

潜在態度

1節　はじめに

　本章では近年発展著しい潜在態度について取り上げる。潜在態度研究は潜在連合テスト（IAT）で代表されるような潜在測定の技法を用いて測定された態度の検討を行うものであるが，爆発的に研究が増加している一方，測定結果が先走っている感があり，理論的検討が後追いしている状況である。

　また，これだけ研究が盛んになっている状況をどう理解するか，そして潜在態度研究を社会心理学という学問領域のなかでどのように位置づけるかをもっと論ずるべきときにきているものと思われる。ある意味で単なる測定技法にすぎないものが流行するという問題，また，流行であるから，それに積極的に乗る者，距離をとる者たちがいて，距離をとる者のなかには「何か胡散臭いもの」といった見方もあるように思われる。

　「潜在」という語のニュアンスにはかつて偽データによって物議を醸した宣伝分野での「サブリミナル」とつながる連想が働くだろうし，また近年，ある種のプライミング研究での再現性の低さの議論も現れたばかりで，データの扱い方と再現性については活発な議論がなされつつある（Simmons, Nelson, & Simonsohn, 2011）。IATの効果量は大きく頑健であるので，行動プライミングや身体的認知のある種の研究ほど不安定なものではないのが幸いで，この再現可能性の議論は本章ではとくに取り上げないが，当然研究を行う限り確信の高く持てる研究成果を共有していく必要がある。このような配慮からもIATと比べて評価プライミングの信頼性が劣る点については本稿で触れてあるし，可能な議論を行っている。

　本章では，まずその測定が流行しているIATについての説明を最初に行い，そのうえで漠然と用いられている「潜在」という概念について検討を加え，潜在

態度の何が潜在であるのか議論し，IATの測定上の問題についても指摘したうえで，引き続いて他の潜在態度測定技法として評価プライミング，AMPを取り上げる。その後，これらの潜在性，自動性と絡む二過程モデルの議論を行い，続いてより広い文脈から人間観の変化とその意義，そして再びスケールはやや小さくなるが社会心理学領野に最も大きな影響を及ぼした「活性化」概念を振り返り，最後に制度の問題を論じたい。

自動性革命とも呼ばれる人間の科学的な非意識過程の発見という大きな学問的出来事を柱にして，その意義をきちんと考えてみることが本章の課題となっている。

2節　潜在連合テスト

社会心理学の領域内で「潜在態度」という言葉，概念がさかんに語られるようになったのは，グリーンワルドら（Greenwald, McGhee, & Schwartz, 1998）が示した潜在連合テスト（IAT：Implicit Association Test）以来のことである。それまでにも態度を間接的，ないしは潜在的に測定する方法は提起されてきたが，それは本章の後の節で扱うとして，現在たいへんな勢いで研究が増加しているIATについての説明から始めることにする。

ノジックらによれば，潜在態度研究では，IATを用いた研究が最も多く，2010年の引用のおよそ50％，潜在的測定を紹介した20本の論文の引用の40％以上を占めていた（Nosek, Hawkins, & Frazier, 2011）。ちなみに，5節に示す評価プライミングは20％程度であった。

そこでまず，IATについての議論を行うが，それに先立って測定の手順を示す。態度対象をAとすればIATではその対立概念，反Aあるいは非Aというカテゴリーが必要であり，このAvs反Aの態度対象を「カテゴリー」と呼んでおく。さらにもう一つ別の次元，Xvs反Xが必要とされ，便宜上これを「属性」と呼んでおく。たとえば，Avs反Aを「花vs虫」とし，Xvs反Xを「ポジティブvsネガティブ」とすれば（Greenwald et al., 1998），表3-1のように5ブロックないしは7ブロックが行われ，まず，パソコン・ディスプレイの中央に現れる単語を花か虫に分類する。分類は左右のキーに割り当てられていて，たとえば花なら左のキー，虫なら右のキーを押す。次に，第2ブロックでは属性の「ポジティブvsネガティブ」を行う。現れる単語をポジティブかネガティブかにやはり左右のキーを用いて分類する。次のブロックでは，これまでの分類を合わせた混合セッションになり，現れる単語が，花あるいはポジティブ語であれば左，虫あ

表 3-1. IAT の課題構成

IAT の課題構成（5 ブロック版）			
ブロック	試行数	左のキー	右のキー
1	20	花	虫
2	20	ポジティブ	ネガティブ
3	40	花＋ポジティブ	虫＋ネガティブ
4	20	虫	花
5	40	虫＋ポジティブ	花＋ネガティブ

IAT の課題構成（7 ブロック版）			
ブロック	試行数	左のキー	右のキー
1	20	花	虫
2	20	ポジティブ	ネガティブ
3	20	花＋ポジティブ	虫＋ネガティブ
4	40	花＋ポジティブ	虫＋ネガティブ
5	20	虫	花
6	20	虫＋ポジティブ	花＋ネガティブ
7	40	虫＋ポジティブ	花＋ネガティブ

るいはネガティブ語であれば右のキーを押す。ちなみに不正解のときには画面に「×」などが現れ，IAT のなかで何を正解と設定しているかは仮に実験参加者がにわかに理解できなかったとしても学習されるようになっている。7 ブロック式ではこの混合セッションを 2 度行うが，その次にはカテゴリーの左右を交替させたブロックが行われる。第 1 ブロックの左右逆バージョンとなり，キーの割り当てが逆になったことを練習する。そして，その次にこのカテゴリーの左右分類が最初とは逆転したバージョンの混合セッションを行う。7 ブロック式ではこれを 2 度行う。ここで測定されているのは，混合ブロックにおいて画面に単語が現れてからキー押しがなされるまでの反応時間である。7 ブロック式によって 2 度行えば，左右分類はよく学習されるので分類を間違えることは減少して，より正確に反応時間を測定することができる。

　花とポジティブ語，虫とネガティブ語を組み合わせた場合を一致ブロックと呼び（通常ステレオタイプ的なイメージに一致するほうの組み合わせを便宜上「一致ブロック」と呼ぶが，そのような態度を実験参加者が示すことを測定者側が価値として推奨しているのではないことは当然である），花とネガティブ語，虫とポジティブ語の組み合わせブロックを不一致ブロックと称する。そして，両ブロ

ックにおける正解回答の平均反応時間の差をステレオタイプないしは偏見の指標とし，その個人差がまさに潜在態度の個人差に該当するものと考えるのである。ちなみに，反応のばらつきを統制したD値が推奨されており，それは（1）式で表される。

(1) D＝（不一致ブロックの反応時間の平均値 － 一致ブロックの反応時間の平均値）／（4つのブロック全試行のSD）

グリーンワルドらはこの測定手法を白人vs黒人，自己vs他者などを態度対象として用いることで偏見やステレオタイプ，潜在自尊心の測定を行った。そして，現在IATのウェブサイト(注)に見られるように，ジェンダー・ステレオタイプ，高齢者偏見，体型の偏見，同性愛偏見など多くの偏見，ステレオタイプの測定に利用されている。潜在測定が偏見，ステレオタイプの測定にさかんに利用されている理由は，単純な質問による自己報告的回答（潜在測定と対比させて顕在測定と呼ぶようになった。「黒人が嫌いですか？」のような質問）では社会的望ましさによるバイアスが働きやすいので，そのような意識的な懸念や態度の自己呈示的調整を取り除くために役立つからである。

黒人偏見などIATで測定された潜在態度は非言語的行動と相関を示したり，実験参加者の人種によって差が見られたりすることで，徐々に測定の妥当性が示され，測定することをねらった態度の測定として，その方向性に違わない測定がなされていることは現在かなり確実になってきており，何らかのレベルの態度が測定されていること自体は疑いない（Nosek, Greenwald, & Banaji, 2007; Nosek, Hawkins, & Frazier, 2012）。

さらに，近年状況変数によって変動することも知られるようになってきており，測定されている態度が必ずしも強い固定的な性質をもつものではないこともわかってきた（Nosek et al., 2012）。

また，ステレオタイプを測定しているのか偏見を測定しているのか測定者は明確に意識してテストを構成しなければならない。Webサイトにあるようなジェンダー・ステレオタイプでは，「女性vs男性」と「科学vs人文」を組み合わせることによって，学問とジェンダーの伝統的に結びつけられたイメージを俎上に載せている。この場合，「属性」と呼んだ次元が学問の「科学vs人文」となっているが，このように属性がステレオタイプ的なイメージに結びつくものを用意し

注：https://implicit.harvard.edu/implicit/japan/
　　（参考：http://www.projectimplicit.net/index.html）

た場合では，そのようなステレオタイプ的イメージを強く抱いているかどうかがD値に反映され，ステレオタイプの強さが測定されることになる。

それに対して，潜在自尊心の測定にみられるように，とくにステレオタイプとかかわりなしに一般的なポジティブ語，ネガティブ語（「戦争」・「平和」など）を用いれば，ポジティブかネガティブかというイメージ的な評価レベルでの一致－不一致が測定されることになるので，より感情的な反応を測定していると考えることができる。このような測定を偏見の測定とみなす。よりはっきりと感情的要素を問題にしたいときには，「嬉しい」「腹立たしい」などの感情語を属性として配置することによって「感情IAT」を構成することができる。

このように属性側の単語の工夫によってさまざまな測定が可能であり，「評価」レベルのIATと「欲求」レベルのIATを分けて測定する試みなども見られる（Palfai & Ostafin, 2003; 山中・山・余語，2011）。

3節　何が測定されているのか：モデルを求めて

1.　反応差の基盤について

IATで測定されているものを示す論理基盤についての探究はあまり活発であるといえないが（Nosek et al., 2011），記憶内での概念の結びつきに根拠が求められている（Greenwald et al., 1998）。概念的な知識は記憶表象とみなすことができるが，意味ネットワーク・モデルなどを想定すると概念同士がリンクで強く結びついている場合には一致ブロックで反応を速く行うことができると考えられる。「連合」のテストと言われるゆえんだろう。意味ネットワークのような表象モデルを考えず，並列分散モデルを想定したとしてもある概念表象に対応する分散表象の状態と一方の分散表象の状態の類似性が高いほどスムースな移行ができるので，一致して同じ左右に分類するほうがスムースにできるということは説明可能である。するとIATで測定されている反応時間とは，両概念の類似的な近さを反映したものということになる。

しかし，偏見のIATでは先に述べたようにステレオタイプ的結びつきの強い概念を用いて測定をするわけではないので，「同性愛」－「戦争」という語が概念的に直接近しく結びついているとは考えにくい。評価という感情的要素に着目するとバウアー（Bower, 1981, 1991）の呈示した感情ネットワーク・モデルを援用することが可能であるかもしれない。その場合，多くの知識や記憶が評価感情のポジティブ，ネガティブといった側面で束ねられて体制化されていると考えなければならない。しかし，現在，評価的に感情価のある刺激を呈示した場合，感

情反応の脳神経的基盤となっている扁桃体などが活性化されているとの報告がみられ（Morris, Ohman, & Dolan, 1998; Hongyan et al., 2010），従来の知識モデルで扱われていたような前頭前野や新皮質における認知的な概念間の結びつきですませる見方では明らかに限界がある。知識や連合といっても，脳内のさらに広い範囲におけるさまざまな機能を担う部位間の連合が基盤になっていると考えざるを得ない。たとえば，ギャンブル課題を用いた報酬課題の研究では，報酬にかかわる神経回路に腹側線条体の一部である側坐核が関与していることが報告されているが（Delgado et al., 2000），こういった脳部位を含む神経ネットワークとして考えていかねばならないだろう。さらに，報酬が経験された際にはドーパミンニューロンなどが活性化し，神経伝達物質の変化を生じるように，部位間の連合関係だけでなく，神経伝達物質やホルモンの濃度の状態，感情にかかわる表情筋の活性化や交感神経系の賦活など末梢反応にまで至る身体全体の反応も視野に入れて考えることができる（Keltner & Lerner, 2010）。このような身体内でのダイナミックな態勢というものの一致性が，評価の一致性を構成する基盤として働いているだろうことは容易に想像される。

　しかし，それを身体内の活性化状態という短期的な状態にとどめた解釈で概念間の類似性を見るだけでは，IATの実際の作業のなかでポジティブ刺激，ネガティブ刺激がランダムに次々と現れる状態を十分うまく説明できないだろう。

　デ・ハウアー（De Houwer, 2009）は，反応傾向の一致性に注目して議論を行っている。私見を加えれば，上記の身体的な状態まで含んだポジティブ，ネガティブな反応体制を，課題のなかでは右あるいは左という空間的な位置に対応させることで集約してしまう手続きが働くといえるのではないだろうか。つまり，ドーパミンが増加したり，線条体が活性化したり，ポジティブ評価が惹起するような態勢にあるときには左のキーを押す態勢が賦活するというような集約的結びつきが形成される。要するに左のキーを押すという反応傾向との結びつきがつくられるわけである。すると感情価が揃って左反応あるいは右反応となる場合のほうが反応が容易であり，左に分類されるべき単語群の一方はポジティブなカテゴリーで，もう一方はネガティブなカテゴリーになってしまうと左右の反応傾向が競合するのでスムースな反応を示しにくくなる。デ・ハウアーはこれを一致性（compatibility）という概念で呼んでいる。2つの反応傾向の競合次第で反応が難しかったり，スムースであったりしてしまうのだと考えられる。

　このように左右のキー押しという動作まで含めた観点で，一致－不一致という組み合わせ状態のもたらす反応の円滑さをとらえてみたほうが，現状のさまざまな知見と整合的に理解できるのではないかと思われる。

逆にこのような広い身体的反応基盤に支えられていると考えれば，概念的には結びつきの弱い一般的なポジティブ語とネガティブ語によって態度対象への感情反応 – 偏見が測定できるということがそれほど不思議でもなく，根拠が与えられたものとみなすことができるだろう。感情的な反応はいわば生理的反応ともいえるわけであるから，偏見的に嫌悪する対象について個々人がどれほど強い嫌悪的反応を引き起こすかの指標として妥当なものと考えられよう。

2. 対立項の問題

一方で IAT の測定には大きな欠点が一つ指摘できる。A vs 反 A という対立項を用意して一致ブロックと不一致ブロックでの反応差を指標としているので，態度対象とポジティブあるいはネガティブな結びつきが強いのか，対立項である反 A と何らかの評価反応の結びつきが強いのか不明になってしまう点である。たとえば，黒人偏見であれば，黒人をネガティブに見るのか，白人をポジティブに見るのか，主としてどちらがより大きな原因となって反応時間差を作り出しているかは不明である。

潜在自尊心を測定しても単語の構成によっては，自己をポジティブとみているから反応時間差が生じるのか，自己をそれほどネガティブではないととらえているから反応時間差が生じるのか，似ているようで心的プロセスとしては重要な違いがあり，行動上も重要な差をもたらすかもしれない。

これを乗り越える工夫としては，GNAT（Go/No-go Association Task; Nosek & Banaji, 2001）や BIAT（Brief IAT; Sriram & Greenwald, 2009），STIAT（Single Target IAT; Karpinski & Steinman, 2006）があり，また後述する AMP などまったく異なる潜在測定手法に基づく試みがなされている。

3. カテゴリーの問題

そして上記の対立項の問題とも関係する問題として，IAT はカテゴリーと属性の連合的組合せに基づいて測定を行っているので，この手続きがカテゴリーを強調する結果を生じやすいという指摘がある（Olson & Fazio, 2003）。個々の事例に遭遇する場合にはそれほど偏見を表さない人であっても，このテストを受けるときにはカテゴリーを意識させ，強調したなかで測定が行われる，つまりカテゴリー化する方向を誘導したうえで測定が行われている点である。たとえば，黒人女性に遭遇して「女性」であるということのほうが先に立つような意識を持ちやすい人であっても黒人 – 白人 IAT では，人種によって対象を分類することが強制されているため，人種カテゴリーに基づいた思考・感情プロセスを働かせざ

るを得ない。ふだん人種カテゴリーの活性化を抑制するタイプの方略を用いている人にとっては，自身の自然な状況を反映しないことになる。

4節　何が潜在なのか

　研究で取り上げる概念の名称が，きちんとした定義上必ずしも正しくない場合もある。とくにすでに使用されている概念が拡張，応用されて広がっていく場合には，もとの現象と隔たっていく場合がある。そして心的構成概念は明らかには見えないもの，定義の容易でないものを取り上げるので研究者によって指し示しているものが異なるといったことさえ生じ，しばらく研究が進んでから，整理を行うような議論が始まったりすることもある。

　本章に関係する「潜在」という語について何が正しい定義なのか定めるのは難しいが，認知心理学領域ではすでに潜在記憶，潜在学習といった概念が用いられていた。これらにおいての「潜在」とは当事者が気づかないということであった。

　顕在記憶ではもう覚えていないのに以前接触したことの効果が確認できる。本人は意識していないのにいつの間にか遂行の向上がみられたり，何かを身につけたり，何らかのルールに従った行為をとっているといったものである（Reber, 1967）。このような用語の用い方にならえば，「潜在態度」とは意識して身につけた覚えはないのにいつの間にか有していた態度ということになるが，社会心理学での定義は必ずしもそういったものではない。

　この点を追求していくと，認知心理学と社会心理学でいかに問題の置き方やテーマの設定の仕方，ものの考え方が異なっているかという議論に入っていってしまうが，深入りせずに簡単に触れておくと，社会心理学が取り上げる多くの現象ではそもそも行為者本人にどう自覚，意識されているかという問題には重きが置かれておらず（規範の形成，援助行動，服従など著名な実験を考えればすぐわかることである），本人の意識とは無関係の法則樹立に焦点が当てられていた。したがって，「態度」という概念もそれが「いかに形成されてきたか」については重点が置かれず，むしろ態度が行動にいかに影響するかということのほうが重要であった。最初から「態度」は意識して形成していたかもしれないし，あるいはそれほど意識されず形成されているものもあった。どちらもあってよかったのである。

　したがって，今さら態度の形成されてきた経緯が自覚的であるか潜在過程によるものかといった点はあまり論点になっていない。ガウロンスキー（Gawronski et al., 2006）は，態度形成の源，態度の内容，効果それぞれに対する自覚につい

ての議論を行っているが，態度形成の源への無自覚については潜在態度でも顕在態度でも同様だと論じている。潜在態度の「潜在」とは「測定の意図や目的」が被測定者にあまり気がつかれていない，無自覚であるといった測定方法の「潜在」であって，そのような意味では「潜在測定」された「態度」が「潜在態度」といえるのだろう。

ところが，測定プロセスが潜在的であるかどうかは，それほど明瞭なことではなく，現在 IAT 以外の技法で測定されている潜在態度ではまさに潜在的な測定による態度といえるが，IAT においては実験参加者にも「何が起こっているのか」「何に注目しているのか」「自身のどのような反応が問題なのか」がテストを受けながら薄々わかってしまう。幸いなことに，わかったところで初心者には IAT での反応はほぼ「統制不可能」であり，その意味でバージ（Bargh, 1994）のいう「自動性」の要件には一部かなっているということはできる。

自分自身でどのような潜在態度を持っているのかわからないではないかと考える向きもあるかもしれないが，この点もまったく無自覚が保証できるものではない。社会的望ましさの影響で顕在態度と違いがみられる潜在態度では，内心，自身の態度はわかっているかもしれない。むしろ顕在態度の表出を意図的に歪ませている場合があるかもしれない。現在，さまざまな研究領域で IAT が用いられているが，消費者行動など顕在態度と潜在態度に正の相関が観察されることも珍しくない。顕在態度と潜在態度が一致していれば，自分自身の潜在態度に気づいていないといえるのかどうか不明である。このような研究では本当に潜在態度は単に潜在測定手法を用いて測ったというだけの態度にすぎない。

こういった点で潜在態度という概念は名称と研究の活発さが先んじているが，実際どのようなプロセスが働いているのか，また測定対象のくくり方，カテゴリーが正しいものであるのか，今後積極的に探究していく必要があるだろう。そして，そのためにも IAT とそれ以外の逐次プライミング（sequential priming）による測定などを比較，検討していくことが求められる。

5節　評価プライミング

反応時間による態度の潜在測定が始まったのは IAT が最初のものではない。ファジオら（Fazio et al., 1995）が逐次プライミングの技法と原理を用いて測定したのが最初であった。ファジオらは，黒人関連語を第1呈示とし，第2呈示でポジティブ語あるいはネガティブ語を呈示して実験参加者は第2呈示語がポジティブであるかネガティブであるかを左右のキー押しで回答する。黒人に対してネ

ガティブな態度を有する者ほどネガティブな評価態勢が準備されるので，ネガティブ語に対するネガティブ分類反応がよりいっそう素早くできるという考えに基づいて，この反応時間の差を黒人偏見の指標とした。

ファジオは当初この手法を"Bona Fide Pipeline（真実のパイプライン）"（嘘検知器であるという生理的測定のコードをつながれて，「嘘をついてもわかってしまうので仕方がないから本当のことを言おう」と実験参加者に思わせる「偽りのパイプライン」という手法があるが，評価プライミングでは偽りを用いなくてもそのまま真実が伝わるルートを構成したと言える）に擬したので，逐次プライミングによる潜在測定によって本来の「正直な」態度が測定できると考えていたようである。さまざまな技法やプライミングにかかわる現象が研究されるようになり，この手法は「評価プライミング（Evaluative Priming: EP）」と呼ばれるようになった。

元来のプライミング効果では，単語間の意味的連関が重要であり，近しい連合関係によって認知的な準備態勢が用意されて反応を促進する現象がとらえられていた。それに比べると，ここで測定に利用されている連合関係は必ずしも意味的な結びつきが強いものではなく，評価的にポジティブ−ネガティブが一致しているということに基づいており，IATにおける先述の議論と同様，ポジティブ−ネガティブ反応態勢の一致が反応時間測定の基礎になっているものと考えられる。

IATの分類作業は意識的，顕在的な作業であり，感情価を有する2種類のカテゴリーを不一致な組み合わせで分類することは戸惑いやエラー，逡巡を生み出し大きく反応時間に影響する。それに比べて評価プライミングでは意識的に分類するのは第2呈示語だけであり，第1呈示語による潜在的な評価態勢の賦活が事前に用意されているわけであるが，それが十分な強さを持つかどうか，安定しない点がある。たとえば，「バスケットボール」などの語はいくつか集まれば総体として黒人イメージを賦活するものであり，IATの意識的分類では，白人−黒人の対立軸を顕在的に明確に与えているため「人種」というカテゴリーが否応なしに活性化されるが，評価プライミングにおいては第1呈示語について何のカテゴリー分類も行わないので，単一の「バスケットボール」の単語呈示は，「バスケットボールを観戦すること」が好きなNBAファンにとっては単に「ポジティブな」刺激であるかもしれない。

デバイン（Devine, 1989）が特性評価への影響を示した黒人プライミングでは，呈示語の80％を占める黒人関連語によって総体的に各語の合わせ技によって黒人概念の接近可能性を高め，それによって刺激人物の敵意性評定を高めたといった結果であり，黒人関連語のそれぞれの語の持つ個々の反応時間への影響を問題

にしているわけではなかった。

　評価プライミングでは黒人の顔写真のような画像も用いられるようになったが，安定して同様な威力を持つ刺激を揃えるのでなければ（その点で顔写真はまだよいケースであると思われる），いくつかの単語の集合で実験を行う場合，反応時間への影響は不揃いになり，結果として不安定さを持つことになるのは否めない傾向である。

　これはたいした理由もない研究上の慣習なのであろうが，逐次プライミングを行う際には，測定対象の関連語という単語刺激を用意することが多く，次に取り上げるAMPでは画像を用いた刺激がより積極的に使用されている。

6節　AMP

　AMP（Affect Misattribution Procedure: 感情誤帰属手続き）の基本的仕組みも一種の評価プライミングであり，第1呈示される態度関連刺激（態度対象）に対して形成されるポジティブ－ネガティブな準備態勢が第2呈示刺激へのポジティブ－ネガティブ反応に乗り移ることを利用している。第2呈示刺激をポジティブ－ネガティブに評価する根拠や基盤が薄弱であるので，第1呈示によって喚起されている感情価がそのまま用いられることが多くなる（Payne et al., 2005）。第2呈示は感情価として中立であるものを用いるので，意味のない記号（外国文字）や画像が用いられ，そのため言語的な処理過程が働かず，イメージ的な反応を引き出しがちである。評価プライミングのように第2呈示語についての意味処理を経由しないので雑音となってしまうような不要な妨害プロセスが生じないぶん，より素直に第1呈示によってもたらされた感情価をそのまま第2呈示への反応に乗せてしまうことが可能である。一連のプロセスを警戒的に慎重に行うような反応態度を持たずにあまり考えないで素直に応じる実験参加者であれば，きわめて明瞭にねらったとおりの測定結果が得られるものであるが，実際にはこのような検査に対する構えの個人差に左右される点があり，全員にうまくこのような誤帰属プロセスを引き起こして，ねらいどおりの測定値が得られるわけではなさそうである。

　まだ十分なデータがある状況ではないが，AMPはIATよりも測定の信頼性が低い傾向がある。しかしながら，わが国においても及川と及川と青林（2009）や樋口ら（2012）など整合的な知見を提出し得ているデータも示されつつある。第2刺激に対する反応として，good－bad, pleasant－unpleasant, 快－不快, 好ましい－好ましくない, 好き－嫌い, よい－悪いなど，さまざまな分類表現に

よって異なった結果が現れるのか，そのような点についても共同で知見を集積し，日本語でAMPを行う場合の標準形式を確立することが望まれる。

7節　二過程モデル

　いずれにしても評価プライミングやAMPで測定が期待されているのは自動的なプロセスであり，そこに意識的自覚や測定を歪ませるような慎重な態度が入り込んで統制的プロセスが働くとうまく測定ができない。そのため，IATもそうであるが，「素早い」反応を（間違わない程度に）求める。AMPの場合は「間違い」がないので，とにかく素早く，直観的に回答することを奨励する。

　社会心理学の二過程モデルとして直観・ヒューリスティックス—熟慮，カテゴリー—個別の印象形成，態度領域においてもガウロンスキーとボーデンハウゼン（Gawronski & Bodenhausen, 2006）の熟考モデル，ファジオ（Fazio, 1990）のMODEモデルなどがあり，システム1とシステム2のように近年まとめられるような議論もなされている（Kahneman, 2011; Stanovich & West, 2000）。とりわけ1990年代からさまざまな研究領域で生じた二過程に着目するモデル群の増加，発展という研究機運と並行して（Chaiken & Trope, 1999），社会的プライミング研究の発展，潜在測定の成立という流れをより広い研究文脈のなかで見いだすことができる。

　このような自動性や直観的情報処理，非意識過程を重視するモデルが増加した背景には合理的人間像の限界という問題が横たわっていた。きちんと意識し，熟慮し，正しい判断を行うという人間の理性を信頼したモデルが困難に突き当たり，トゥヴァスキーとカーネマンが示したようなヒューリスティックスやバイアスをはらんだ判断や意思決定が人においてはなされていることが1970年代をとおして明らかにされ（Tversky & Kahneman, 1974; Kahneman, Slovic, & Tversky, 1982），それは社会心理学の分野においても帰属のバイアスの探究に引き続き，社会的認知分野がさまざまな歪みやバイアスを指摘していくなかでいっそうはっきりしてきた（Wyer & Srull, 1984）。また，感情の適応的な機能が見直される過程で，熟慮的な認知処理だけで人の判断や思考が成り立っているのでない，そういったありようやプロセスを描いていこうという機運が社会心理学や認知心理学の一部に流れていたということがある（Forgas, 2001; 戸田，1992, 2007）。

　近年，何よりも合理的人間観に基づいて発展してきた経済学の領域において，カーネマンらの業績を積極的に取り入れていくことから行動経済学が興り，感情的な要素も注目されるようになった（多田，2003; 友野，2006）。

自動的人間観は次節でも述べるように，進化的アプローチの席巻とともに勢いを増している。ヒトを他の動物と最も隔てる重要な人間の特徴と思われた理性，合理性といった性質の役割に修正を施し，新たな人間像が求められている。非意識過程や自動性の強調は必ずしも人間に他の動物とまったく等しいものという地位を与えるものではなく，人間なりの自動的モジュールにどういったものがあり，いかにそれが適応的に働いたりしているかの探究に向かい，それと同時に，システム1（直観的な思考方略）を修正するシステム2（熟慮的な思考方略）の役割（それも進化の賜である），そのインタラクションへと研究が向かいつつある。

　チャイキンとトロープ（1999）の書籍でもわかるように二過程モデルへの注目，数多くのモデルの呈示という点では社会心理学領域のほうが活発であったわけであるが，今や認知心理学領域においても思考・意思決定などの研究領野を中心にして熱い注目が浴びせられている状況となった。社会心理学領域における本章で取り上げた「潜在態度」はまだ認知心理学からはそれほど注目されるに至っていないが，2013年の日本認知科学会刊行の雑誌「認知科学」において高次非意識過程の特集が編まれるなど関心は拡大しつつある。潜在態度の研究にさらに論理基盤を補強し，適切なモデル化をなしていくことによって，認知領域とのコラボレーションはより活発化していくのではないかと考えられる。

　以上のごとく，非意識過程への関心は合理的人間観の修正といった各領域で並行して生じている流れの一翼を担うものであるが，心理学，人間の研究，そしてその研究成果と人間観にとってどのような大きな貢献があったのか，潜在過程の認識を進めることの意義に焦点を当てて改めて次に議論してみたい。

8節　人間観の革命

　まず，人間の研究のスタンスとして，潜在過程というものを意識することはそもそもきわめて重要な意味を持つ。科学的にある対象物を研究する際，地質や岩石，微生物，人工物を研究するならば「研究対象が何を考えているか」が問われることはない。物質は物理的，化学的法則に従い，そこに意思を仮定する必要もない。私たちに近い哺乳動物を研究する場合も，根本的にその生き物が「何を考え，何を意図して，その行動をとっているか」問わずとも，その行動の結果，効果によって行動の意味を外からの視点で把握することは可能であるし，その法則が成立してきたのはその生物の意思が原因ではなく，進化的プロセスこそが法則の形成という秩序の成立経緯を科学的に説明している。

　しかし，心理学領域が科学的研究の視点を曇らせる一つの原因は（研究目的や

研究領域にもよるが)，人間自身が皆，意識を持ち，考えてしまい，往々にしてすべての行動を意図して選択しているものと思いがちだからである（研究対象が「そんなつもりでない」と異を唱えることも人間以外ではありえない)。"私"の時間を主観的に生きているのはすべて意識的主観に基づく主観的経験であり，そのため人は「私＝私の主観」と考えてしまいがちである。それ以外の"私"，非意識的な"私"があることに比較的無頓着なのではないだろうか。

　したがって，心理学という科学に触れる際にまず正しく衝撃を受けるべき点は「人は必ずしも思ったことに基づいて行動しているわけではない」という単純であるが，直観に反した大法則に接した時であり，それは真面目に考えれば人間観の大きな転換を与えているはずである。

　心理学の専門家以外の者が心理学を学ぶ最大の価値は「人間の行動は思ったよりも複雑で，自分自身直観的に内省しただけでわかるようなものではない。だから科学的研究が必要なのだ」ということを知ることではないだろうか。

　人は自分自身が人間であるがゆえに「人間のことは素人でもある程度わかっている。なぜなら，私が人間であるから」，もっと極端には「心理学など学ぶ必要がない。そこで語られていることはきっと自分がすでにわかっていることであって，せいぜいそれを専門用語を用いてわざわざ難しく語っているにすぎない」という誤った理解のまま大人として社会に出ていくことが多いかもしれないのである。素人のもっている人間行動に関する理論をファーンハム（Furnham, 1988）は素人理論と呼んだ。

　もっとも脳プロセスや生理的プロセスを自分でわかっているとは人は思っていない。その心理学的意味は，第1章で語られているが，素人はしばしば脳過程は医学研究であって，それも「心理学に含まれる」「心理学と強い結びつきがある」とは思っていなかったりするようである。

　いずれにしても，脳過程や生理過程を人が意識できているとは思っていないし，知覚現象については知覚が意識できないプロセスに支えられている点はすぐに理解される。しかし，判断や意思決定などの「思考」の絡みそうな高次プロセスに「非意識過程」が関与しているとは通常考えられていない。しかしながら，人の複雑な行動を扱う社会心理学にとってはまさにその点こそがその人間観の重要なポイントであるといえる。

　元来，社会心理学の研究が「本人がいかように理解，意識しているか」には頓着していない点は，4節「何が潜在なのか」において触れたとおりである。援助行動の責任拡散効果も，服従実験，規範の自動形成，印象形成の初頭効果，恋愛の吊り橋効果などもすべて，実験を受けた本人に尋ねればまったく異なる説明を

● 第3章　潜在態度

行うし，往々にして人は「状況の影響」を過小評価するものである。異なる実験条件と比べて，いかなる要因によって行為者の行動選択が影響されているか実験者に見えているようには人はまったく自覚していない。これこそが，伝統的な社会心理学の人間観であった。コンビニの取りやすい棚，商品の数，そのようなことに日々影響を受けて消費者行動も無自覚の要素を含めて説明される（Iyengar, 2010）。

しかし，実はこれらは「単にしっかり気づいていないだけ」とも理解される。つまり，説明を受け，「なるほど，そういうことはありますよ」といったん気づいてしまえば十分その場で意識可能であろう。それは非意識－潜在というよりも「無頓着」というものであり，たまたま「十分注意を払っていなかった」事柄として理解される。つまり，プロセスそのものがまったく意識不可能ということはなく，気づけば傍観者効果も印象形成も他者からの影響過程も「考える」ことはできるからである。

しかしながらそこに落とし穴がある。これらの「頑張れば意識できる」と思われる事柄は大概が近接原因であって，進化的な観点からみた究極原因（第8章参照）に人は気づいたり，また必ずしも同意したりするわけではない。影響過程が仲間はずれや社会的排斥による社会的死を免れるためであるとか，吊り橋実験の男性実験参加者が第二種のエラー，すなわち配偶関係が可能かもしれない相手を見逃してしまう損失を怖れて，女性実験者と接触する機会の獲得に向かうという配偶者選択戦略の性差をはらんだ行動として生じやすくなっているのだという事情も，必ずしも意識されているわけではない。

しかし，これとてもかなり慣れてくると「さもありなん」という意識で自身の行動を見つめられるようになるかもしれない。

もっと重要であるのは，人は自身のなかにアクセスできない潜在過程が大きく横たわっている「事実」をきちんと把握することであり，そのプロセスにアクセスするには特別な手立てが必要ということである。近年はようやく一般にもこのような視点が広まりつつあり，読みやすい一般図書においても（たとえば，Vedantam, 2010／渡会（訳），2011）これらの研究事情が印象的に説明されるようになってきた。

行動主義がとらえた人間の学習過程も，意識を扱うことなしに研究がなされてきたため，人間本人がどのように学習過程を理解しているかを問う必要はなかった。その法則の成立に人の意識は関与せず，多くの現象はいわば非意識過程に基づく法則によって成り立っていた。

しかし，研究史として最も衝撃であったのは「記憶」という素人にとっては意

識して行われると思われがちな心的現象において明確に科学的無意識，非意識過程が想定され，発見されたことではないだろうか。それは記憶のモデルという形で始まった。初期の記憶研究は，「意識して覚え，意識して想起する」，そのような記憶現象を取り扱っていた。「記憶する」のは意識的作業であったし，「想起する」のも意図的，意識的作業であった。そこに偶発学習－偶発再生のパラダイムが入ったことは重要な記憶研究の進展であった。実際，私たちの日常記憶を考えてみると，昨日の食事，小学校時代の担任の先生の名前など意図的に記憶を維持しているわけでもないし，記銘時に覚えようとして覚えたものでもなかったりする。友人との会話，昨日あったこと，これらは自然に記憶されているものであり，このような情報の維持がなされるシステム全体が記憶システムと呼ばれる人間の高度な機能であり，そのように維持されている「記憶」は意図的に想起する対象としてよりも，意図せずに「利用」されることのほうが多い。昨日の友人とのやりとりが記憶されているため，今日のやりとりはその基盤のうえに理解が成立する。新たな情報の入力に際して，過去の記憶が理解を支えるスキーマとして働くが，解釈のために記憶を意図的に使おうとして使っているわけでない。このような利用，活用される記憶観を私たちが手にしたとき，記憶の実際的な働きは広大な「無意識的作業」のうえに成り立っているというイメージを有することができた。昨日の記憶は意図すれば再生することもできる。記憶の無意識的要素をさらに明確にするのに影響が大きかったのは，タルビングによるエピソード記憶と意味記憶の概念的分離であった（Tulving, 1972）。

　多くの記憶モデルは意味記憶を取り扱い，すべての知識は記憶であるという理解のもとに人の知識構造のあり方を探究するなかで，IATの項でも触れた意味ネットワークモデルなどが生まれてきた。それらは，具体的な発話やエピソードをネットワーク的にモデル化することも可能であったが，一つの重要なテーマは「辞書的な知識がいったいどのように人のなかに体制化されているか」という課題であった。このような人の持つ辞書の仕組みをモデル化していく過程で，意味の近い概念どうしが強く連結しあっているというイメージや「活性化」という概念，知識どうしの連結であるリンクを伝わって活性化が拡散するといったモデルの有用性が認識されていき，リンクという非意識的構造（ないし機能），活性化拡散といった明確に非意識的に働き得るプロセスを心理学研究者たちは視野に入れることができた。そして今やこれらの連結－連合的仕組みが先述のごとく多くの潜在態度の測定の論理を支えているのである。それは連合というたとえであっても並列分散表象という表現であっても，同様に非意識的に働く仕組みをはらんでいるものであった。

改めて，ここで呈示された人間観を考えれば，人の認識や反応は自覚的な意図，意志をもって行われるとは限らず，人の反応を規定する広大な無自覚的，非意識的メカニズムが横たわっていて，人間のメカニズムの全体的説明のためにはまさにこの視点は不可欠だということをはっきりさせたということであろう。

9節　活性化

全体的な人間観として非意識的に働くさまざまなヒトのなかにあるメカニズムを認識することは重要であるが，社会心理学全体に与えた理論的影響をより特定的，例示的に考察すれば，具体的な最大の貢献は「活性化」という概念にあるのではないかと考えられる。

態度の潜在測定を始めたファジオらは実はそれに先だって活性化に伴う現象に注目していた（Fazio & Williams, 1986）。初期の社会的プライミングの研究時から認知的なプライミング効果と区別するうえにおいても接近可能性という概念がよく用いられていた。単語の認知というレベルを越えて，たとえば印象形成の分野では与えられた刺激人物のプロフィールからその人物の印象を回答させるのに尺度を用いて評定を得ていた。その人物の敵意性がどの程度か，友好性がどの程度かといった評定には活性化の程度が反映し，活性化値が高いということがその特性によくあてはまっている適合性の高さを判断する基盤となり得ると議論されていた（Higgins, Bargh, & Lombardi, 1985; Wyer & Carlston, 1979）。このように解釈や評定に利用される基盤となる活性化の高まった状態を接近可能性の高い状態と呼び，印象形成のプライミング効果も接近可能性効果と呼ばれていた。

1970～80年代頃の海外の態度研究は必ずしも活況ではなく，「態度が行動を予測するか」という問題で揺れていた。研究者が期待するほど事前に測定していた人々の「態度」が実際の行動と十分に結びつかなかったからであった。態度調査を行っても人々はしばしば当該の態度について普段よく考えていなかったり，尋ねられて初めてそこで適当に態度を構成したりするので，そういった調査からは人々のより確実なしっかりした態度が測定できていないという指摘がなされてきた。そのため態度の強度や確信度などが別に測定されるような工夫がなされてきていた。

このような研究文脈のなかでファジオらは「普段からよく当該の論点について考えていてしっかりした明確な態度が形成されている場合には，その態度の接近可能性が高いはずであり，接近可能性の高い態度ならば行動を十分予測するはずである」と考えた（Fazio & Williams, 1986）。ファジオらは実験で接近可能性の

高い態度を見きわめ（反応時間が速い），その場合には行動との一貫性が高いことを投票行動などにおいて見いだしたのである。

このように接近可能性の高い内的情報は用いられやすく，現実の行動のなかに反映されるという発想はさまざまな理論的問題を解決していく手がかりとして働いた。たとえば集団間行動や援助行動，社会的比較，自己概念などさまざまな領域において，現在「活性化」している情報が参照されるという考え方から準拠する集団や規範，比較他者の選択や自己の諸側面など状況に伴って柔軟に変化していく現象の底において共通に働く原理として「活性化」というアイデアはきわめて有用なとらえ方であった。現在では多くの領域で活性化概念は自然に用いられており，その出自が認知研究であったという特段の自覚もなしに浸透しているという推移を示しているわけである。

10節　自動的人間観の発展

進化的人間観が浸透し，さまざまなモジュールが認識され，また遺伝子がいかに高度な行動セット，個体間インタラクションさえも規定し得るかが見いだされていくにしたがって，認識されるヒトの自動的情報処理も高度化していった。

評価プライミングとAMPは一種の感情プライミングでもあるので「自動的なプロセスであれば気分一致効果がもたらされる」という仮定を基盤に形成されていた。つまり，「自動的に呈示された刺激と同じ感情価が引き起こされて，それがしばらく持続する」という考え方が測定の論理基盤として働いていたわけである。

しかし，近年はこれもさらなる展開を見せており，それが同時に人間観の発展をももたらしていると考えられる。自動的に同じ感情価が惹起されるのであれば，「おいしそうな食べ物」の画像を呈示すればポジティブ感情が生じるはずであり，これは進化的にも正当化される。ところがしばしば先進国の健康事情では，カロリーの摂り過ぎは高脂血症などの生活習慣病を惹き起こす悪因とされておりダイエット流行りである（文化的な問題や病理的な問題があるが本稿の領域としてはそれは脇に置いておく）。

ダイエットに成功し，望ましい体重や体脂肪率を維持している人（油断すると太りやすい体質の人）では，元来そうでなかったかもしれない高カロリー食品に対するネガティブ評価が定着している（山中ら，2012）。つまり，元来はポジティブな刺激を呈示されても現在は自動的にネガティブな反応が出力されるわけで，これをトロープとフィッシュバックは「対抗的自己統制」と呼ん

だ（Trope & Fishbach, 2000）。このような現象はバージらによって非意識的統制（nonconscious control）と呼ばれている（Bargh, 2005; Hassin, 2005）。さらに，グレーザーとキールストローム（Glaser & Kihlstrom, 2005）は，自動的修正（automatic correction）や非意識的意思（unconscious volition）といった概念を呈示している。

一時期の二過程モデルから見るとこれは驚くべき概念であるが，ヒトが遺伝子情報に基づいてさまざまな行動を制御していることから考えれば，ある種の自己制御が非意識的，自動的に組み込まれていることさえ当然のことと思われる。しかし，ダイエットのケースは後天的に学習や経験によってもそのような自動的統制が組み込み可能，習慣づけ可能であることを示したのである。

感情回復も健康維持において有用なプロセスであるが，青林（2011）はネガティブ刺激を呈示直後にこのような感情制御が得意な人ではポジティブ刺激への反応が素早くなるような自動的な感情制御について紹介している。自動的プロセスは二過程モデルではヒューリスティック処理やあまり考えない簡易的な処理とセットで考えられてきたこともあり，一種のエラーとして社会心理学ではとらえがちであった。

しかし，「slow=smart」「fast=stupid」ということではなく，fast な smart さがもともとヒトにはインストールされていて，優秀な直観者という人間像が新たに出現している。これはエラーの適応価といった意思決定や行動経済学における流れ，進化的適応価への着目といった流れと並行して進んでいる動きである。必ずしもエラーではない確信犯的な人間機構のなかで，どのような自動プロセスが組み込まれていて，潜在的人間観がどのように今後展開していくのかは，注目すべき学問事象であると考えられる。態度の領域においても潜在態度と顕在態度の理論的関係や，顕在的刺激や顕在的経験の影響が潜在態度へといかに浸透していくかなど，解決をめざさなければならないテーマは眼前に多く横たわっている。これらを解いていくことは，人間の非意識プロセスの解明に寄与する一つの「切り通し」を目の当たりにしているということである。

そして最後にもう一点，よりマクロ的な事項にかかわる制度の問題と自動性との関係についてひとこと言及する。

11節　制度の議論

社会的環境を整えるといった課題においても責任ある政治家や審議会メンバーでさえ，人々の心がけを問題にすることがある。しかし，このような自動的人間

観からわかるのは，人々の意識的な心構えを云々してもそれは狭い範囲の行動にしか関与しないこと，そして「ルール違反」は必ずしも意図的行動ではなく自動的行動の頻発から溢れかえってくることを知ることが重要である。制度の設計は人が自動的に動くこと，自動的に動く際にどういった手がかりが重要であるかなど広い視野から構想しないと，私たちはいつまで経っても不毛な「心がけ論」から一歩も前進できないのをよく知るべきである。

　同時にまた非意識過程をコントロール側が意識するということは倫理的問題を生じさせる。人々の間でのていねいな合意のもとに何らかの制度や外的な状態が設定されて，何らかのルールに従った行動が生じやすく調整するという手続きを取っていかないと，「知らないままに動かされる」状況を多数生み出し，それは好ましいこととは考えられない。消費者行動においても倫理的には心理学は「売りつける科学」ではなく「知らない間に欺されて売りつけられるのを防ぐ科学」であったほうが望ましい（Boush, Friestad, & Wright, 2009/ 安藤・今井（監訳），2011）。科学的成果の悪用は長い歴史を有し，その問題と向き合うことは不可避であろう。問題のある社会現象とどう取り組んで解決策を見いだすか，成果の出しっ放しだけでなく研究者の側も倫理的問題とどのように取り組むか今後そういった態度も問われるようになってくるものと考えられる。

　最後に，潜在態度が最もよく研究対象としてきたステレオタイプ，偏見について言及すれば，潜在測定は被測定者の偏見的態度を暴く目的で行われるわけではない。社会心理学的観点から見れば個人差の測定自体は大きな目的ではなく，したがって偏見を持つ者を断罪するためのものではまったくない。むしろ，偏見を規定する外的な要因を見いだし，いかなる要因が偏見を低減するかを正確に知るためのツールとして，そもそもより正確な（自己呈示的懸念のない）測定が行わなければならないという要請から開発され用いられているものである。したがって，その社会的貢献は偏見低減の要因を積極的に探究することにあり，偏見以外のテーマにおいても潜在測定されたものの変動を説明する要因の探究が重要である。幸い，潜在測定された偏見は状況要因に敏感であることが知られ，潜在測定が反映している脳内の認知－感情システムは短期的な変動を被るシステムであるらしい。そういった点で潜在態度は状況要因，社会要因を反映する「心の中の社会」といった側面を示している。しかし，偏見の低減というテーマで考えれば実験場面における変化がどの程度持続可能なものかの確かめも重要であるし，変動と同時に偏見を低止まりさせる要因の探究も大切であろう。潜在測定が単に目新しい方法の流行に終わらずに，真に学術的かつ実践的に重要な成果を示すには，粘り強い持続的な探究が必要とされるだろう。

第4章 パーソナリティと状況

1節 はじめに

　社会心理学の基本的課題は，パーソナリティ・社会・文化を有機的・統一的に把握することにより人間性を追究することにある（安倍，1956; 大橋，2002）。けれども，現実には，そのような統合的な視点を取り入れた具体的な研究例はきわめて限られており，パーソナリティ・社会・文化のいずれかの領域に焦点をあわせ，多重的・双方向的な影響過程よりも，一方向的な影響過程に目を向けた研究が大半を占めてきたのも事実であろう。個人の認知を中心とする一般的な法則性が明らかにされたとしても，それに基づいて行われる行動の意味は，歴史や時代，社会・文化を含む状況的文脈によって変化する。すなわち，人間の行動の理解には，個人内過程とともに状況的要因の影響や，両者の力動的な相互作用に視点を置いた継時的検討が重要な意味をもつと考えられる。

　社会心理学の基本的な研究パラダイムは，おおむね社会・文化→個人という方向性を示してきた。とりわけ，1950年代までの社会心理学の伝統的な研究の多くは，社会的な状況が個人の行動に与える影響の大きさを主たる関心としてきた。たとえば，社会心理学の父と呼ばれるレヴィン（Kurt Lewin）の提唱した集団力学やその影響を受けて行われた研究の多くは，集団の社会的な力が個人の生活空間に与える影響性を主たる研究の対象としてきた。また当時の社会心理学研究では，イェール学派を中心に，人の行動の個人差を説明する概念として，「態度」という考え方を基盤とした研究が主流を占めていたが，この考えもオールポート（Allport, 1937/ 詫摩（他訳），1982）の定義にみられるように，特定の対象や状況に対する個人の反応傾向を示すものであり，そこで扱われる個人差は状況的・社会的文脈を限定したうえでの相違とみなし得るものであった。

　これに対し，個人差を研究の中核とするパーソナリティ心理学には，「パーソ

ナリティ」を，①個人のユニークさを反映したもの，②持続的で安定したもの，③個人の内にあり行動を決定するもの，と考える共通の基盤があった（Krahé, 1992／堀毛（編訳），1996）。言いかえれば，パーソナリティとは，個人の行動に，独自性とともに，状況や時間を越えた一貫性をもたらすものとして位置づけられており，多くのパーソナリティ心理学では，個人の特徴によって，さまざまな状況での行動が規定されるという，個人→状況（社会）という研究パラダイムが用いられてきた。

こうしたアプローチの相違をより先鋭化させたのが，いわゆる「人間−状況論争（person-situation debate）」と呼ばれる一連の論議である。本章では，1）人間−状況論争の経緯の要約，2）社会−認知モデルの展開，3）人間−状況論争のその後（1990年代以降の展開），4）状況研究の発展，という4節を設け，最新の論議をふまえたうえで，「統合知」としての人格−社会心理学の課題について検討を行いたい。

2節　人間−状況論争の経緯

人間−状況論争の経緯に関しては，わが国でもすでに複数のレビューが行われてきた（安藤，1981; 大淵・堀毛，1996; 堀毛，1989; Krahé, 1992/堀毛（編訳），1996; 佐藤・渡辺，1992; 若林，1993）。また，最近出版されたいくつかの著作でも詳細な解説がなされているので（榎本・安藤・堀毛，2009; Mischel, Shoda, & Ayduk, 2007/黒沢・原島（訳），2010; 髙橋・山形・星野，2011; 若林，2009; 渡辺，2010），ここでは新たな知見を含めた概略の説明にとどめる。

この論争（人間−状況論争と呼ばれる）の論点は，主として以下の4点であるとされる。

①行動予測の有用性への疑問（特性指標と行動指標の相関は.30〜.40程度にすぎない）。
②特性の内的実在性への疑問（特性の安定性は見る側の意味的類似性の認知による）。
③状況変数の重視（行動の安定性の原因は状況にある）。
④行動の通状況的一貫性への疑問。

最近の考え方として，①については，.30〜.40という相関は，予測的にみて，必ずしも低い数値ではないとする主張が展開されている。たとえば，ファンダーら（Funder, 2009; Funder et al., 2012）は，.40という相関は分散の16％しか説明できていないとする解釈のもとにこれまで論議が続けられてきたが，一方で

● 第4章　パーソナリティと状況

「効果サイズ（effectsize）」指標を用いると，.40 という相関は，中央値で分割した2項分布に基づく効果サイズでみれば 70 対 30 の関連を示しており，予測的にみて十分な意味をもつ値となると論じている。また，②に関しては，安藤（2000, 2011）が，遺伝子が人間の心にも影響を及ぼしているという「遺伝マインド」という観点から，行動遺伝学的な考え方の解説とともに意欲的な論考を発表しその重要性を指摘しているし，③については後述するように多様な状況研究が展開されている（第5節参照）。

一方で，論争の中核となった問題は，先の④，すなわち行動の通状況的一貫性を巡る問題であったといえよう（Roberts, 2009）。この問題は，「一貫性のパラドックス」，すなわち個人内に他者や自分の行動がさまざまな状況を通じて一貫性をもつという信念がある一方で，組織的なデータに基づく研究では，こうした信念を支持する結果が得られない（Krahé, 1992/堀毛（編訳），1996）という現象として知られてきた。ロバーツ（2009）は，パーソナリティについて特性論以外の説明が必要とされてきた最大の理由が，この通状況的一貫性の欠如にあると指摘し，そこから基本的に3つの立場が生じてきたと解説している。

①特性概念の代わりに，代替概念となる目標，動機，自己などの概念で個人差を説明しようとするアプローチ。

②特性の継時的な安定性を強調し，他の説明要因に比べ因果的な優先性があることを強調するアプローチ。

③どちらの考え方も妥当であるが，行動の説明のレベルに相違があると考えるアプローチ。

①の立場については，「認知感情システムモデル（CAPS: cognitive-affective system model）」（Mischel & Shoda, 1995）と呼ばれる考え方が提唱され注目を集めている（第3節参照）。また，②の立場としては，「ビッグファイブ（Big Five）研究：主要5因子論）」，行動遺伝学，神経生理学，進化心理学等がタイアップし，特性の実在性を求めた研究が展開されている。さらに，③の立場としては，マックアダムスとパルス（McAdams & Pals, 2006）による新ビッグ・ファイブ（New Big Five）の考え方がその代表として取り上げられている。

この他，第4の立場として，人と状況の力動的な相互作用を強調する「新・相互作用論」（Magnusson & Endler, 1977）の考え方も重要と考えられよう。これは，人のもつ認知的な変数や状況の認知的な意味づけ，状況の選択の仕方，行動の背景にある文脈的要因などを，行動の規定因として重視する立場である（堀毛, 2002）。ただし，相互作用要因の説明力の大きさは，対象とする行動の違いによって異なるとする指摘もあり（Bowers, 1973），相互作用の重要性は理解で

きても，行動実態の研究に結びつかないという難点もあって，別の観点からの説明が必要と考えられるようになっていったことも事実であろう。さらに，一貫性の種類に関する議論や調整変数（ある特定の変数によって効果が生じる場合と生じない場合が切り分けられること）に関する議論も論争の成果の一つと考えられる。前者に関しては，ある特性をもつ傾向の高い人々は，低い人々に比べどのような状況でも一貫して特性に関連する行動を示すという「絶対的一貫性」の考え方と，その提示は状況に応じて変化するが相対的な順位づけは変化しないという「相対的一貫性」の考え方に加え，状況に応じて順位の変動もみられるが変化のパターンには一貫性があるとする「首尾一貫性」，さらに個人内での変化の安定性を問題にするべきとする「独自的一貫性」などの考え方が主張されている。

　人間－状況論争は，明確な結論を得ないままにいったん終息したとされているが，実際にはその論議は現在に至るまで継続されており（第4節参照），パーソナリティ関係の国際学会等では，毎回関連するセッションが設けられ，ホットな議論が続けられている。

3節　社会－認知モデルの展開

　自己確証理論の提唱者として知られるスワンとサイル（Swann & Seyle, 2005）は，*Journal of Personality and Social Psychology*誌の研究内容を分析し，1968年から1980年にかけて，個人差研究が急速に減少し，実験的な研究手法をとる研究が増加していると指摘し，これはミシェルの批判がもたらした影響と考えざるを得ないと論じている。一方で，そうした傾向は1980年代に入るともとのレベルに戻り，1987年以降はむしろ68年以前より個人差研究が増加していること，いわば個人差研究のリバウンドがみられることも指摘されている。

　こうしたなか，ミッシェルとショウダは，相互作用論的視点を取り込みながら，認知感情システム（CAPS）モデルと呼ばれる新たなパーソナリティ・モデルを提唱し（Mischel & Shoda, 1995），近年最も影響力のある立場（Mayer & Carlsmith, 1997）として注目を集めている。その特徴を以下に示す。

①パーソナリティは機能的に異なる一連の相互に関連するサブ・システム（認知，感情，動機等）から構成される。
②これらのサブ・システムは全体としてコヒアラント（統合的）なシステムを構成する。
③サブ・システムを構成する変数は個人ごとに If-Then というプロダクションに基づく領域特定的，文脈依存的な性質をもつ。

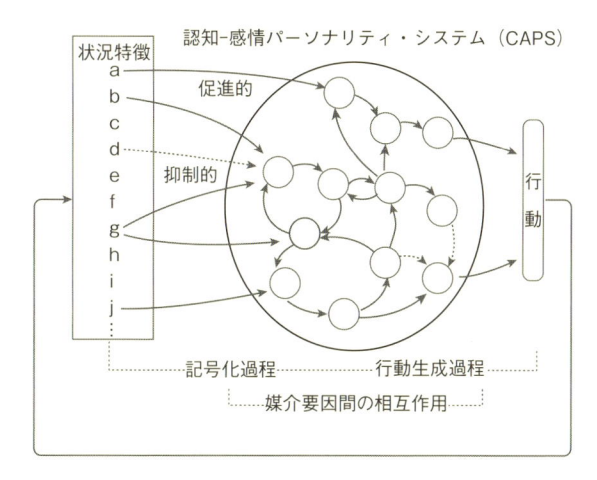

図4-1. 認知−感情システム（CAPS）理論によるパーソナリティの考え方のモデル（榎本ら，2009）

④通状況的・領域的にみれば，そこには個人を特徴づけるユニークな状況−行動のパターン（行動指紋と呼ばれる）が存在する。

すなわち，行動指紋を見いだし，説明することが研究の主要な目的となる。サブ・システム間の関係は，ニューロモデルを基盤とした活性化拡散モデル（コネクショニズム）によって説明されている。つまり，複数の処理ユニット（CAUs: Cognitive Affective Units）が同時並列分散処理を行い，各処理過程から処理結果がコネクトしているユニットに伝達（促進的−抑制的）され，伝達されたユニットは結果にウエイトをかけて処理を継続し，新たな処理結果を次のユニットに伝達し，最終的に行動（制御）ユニットの処理結果として行動が生起すると考える（図4-1）。したがって，このモデルでは，パーソナリティの個人差を，認知−感情ユニットの常同的アクセシビリティや利用可能性（アベイラビリティ）の個人的相違や，認知−感情ユニットの結びつきのユニークさに求めるのである。そうした相違は，表現型としての状況−行動のパターンのユニークさ，すなわち行動指紋として把握されることになる。

セルボーンとショウダ（Cervone & Shoda, 1999）は，このモデルの基盤に，ミッシェルの考え方，バンデューラ（Bandura, A.）の社会的学習理論とともに，社会的認知に関する研究があると指摘しており，社会心理学的なパーソナリティ・モデルとして，自己過程等の研究においても適用性の高いモデルであると主張している。

この考え方を実証した具体的な研究成果としては，ショウダら（Shoda et al.,

1994）による 6 週間にわたるサマーキャンプでの子どもの行動観察に基づく行動指紋研究や，ショウダとリターナン（Shoda & LeeTiernan, 2002）による模擬状況実験に基づく行動指紋研究（堀毛，2005），またセルボーンによる KAPA モデル（Knowledge-and-Appraisal Personality Architecture Model）の考え方（Cervone, 2004）などがよく知られており（堀毛・高橋，2007），近年関連する研究成果も急速に増えつつある。

　これらの考え方はきわめて興味深いが，CAUs の構成要素や，状況の種類（行動指紋の X 軸，Ifs），行動の結果（行動指紋の Y 軸，Thens）のいずれについても，これらをきちんと類型化し論議しようとする試みは不足している（Swann & Seyle, 2005）。たとえば If-Then 関係には，「もし○○さんが××するなら，私は△△するだろう」という関係スキーマも含まれていると考えられる（Baldwin & Dandeneau, 2005）。こうした指摘に従えば，対人関係状況における行動指紋に焦点をあわせた研究も可能になると思われるが，この領域でも十分な検討は行われてこなかった。そうしたなかで，フルニエら（Fournier, Moskowitz, & Zuroff, 2008）は，対人関係領域に関心を絞り，これまでしばしば取り上げられてきた 2 次元（支配－服従，協調－対立）を状況の種類として設定し行動指紋の検討を行っている。この研究では，20 日間にわたり毎日少なくとも 5 分以上継続された社会的相互関係について，行動内容や状況・役割に関する評価を行うことが求められた。結果的に 113 名の被験者から，平均 132 個の評定結果が収集された。その内容は，以下のとおりである。

　①行動評定：自分の行った行動が，支配，服従，協調，対立という 4 つのカテゴリーにあてはまるかどうか，1 日に 3 項目ずつ 12 項目のフォーム（4 つのパターンを作成し 4 日ごとに繰り返す）で評定を求め，その結果について，参加者ごとの独自性（ipsatized）スコアを算出した。これは個人の全般的な行動遂行傾向に比べ特定の領域での行動傾向が高くなる場合に高い数値を示すように設定されていた。

　②状況評定：他者の行った行動が，横軸を支配－服従，縦軸を協調－対立とする 11 × 11 の格子のどの位置にふさわしいか評定を求めた。得点が中点となる 6 より上か下かによって，他者の行動を協調－支配（AD），協調－服従（AS），対立－支配（QD），対立－服従（QS）と感じたかに分類した。

　これらの関係性の検討から，フルニエらは，以下のように結論づけている。

　①状況評定と行動評定の間には相補的な関係があり，たとえば他者が服従的であると認知すれば行動は支配的になるといった関係性が成立する。

②状況の標準的な影響性を除外した独自性スコアで分析しても，安定した性格傾向に帰因される一定の個人間分散と，個人の状況に対する反応の特質とみなすことのできる一定の個人内分散，すなわち行動指紋に該当する変動が検出される。

これらの研究結果は，自他の評価には自己や関係スキーマと状況についての知識・信念が重要な影響を与えており，そこには「行動指紋」として明確な傾向性があることを示していよう。ただ，研究の数は増加しつつあるとはいえ限定されたものであり，現状では，個人差の多様性を総合的に描き出すには至っていないように思われる。

4節　人間－状況論争のその後

　先に示したように，人間－状況論争に関しては，1990年代以降もそれをテーマとした研究や論議が引き続き活発に行われている。たとえば，*European Journal of Personality* 誌の1999年の特集号では，メヒェレンとデ・ラード (Mechelen & De Raad, 1999) が，「パーソナリティと状況」という特集を組み，パーソナリティ研究の関心が，統合的な枠組みの構築に向かっていると論じたうえで，その実現に向けて「状況」をどう把握するかの論議が改めて重視されていると主張している（状況に関する論議については次の第5節で論じることにする）。また，*Journal of Reserach in Personality* 誌の2009年の特集号では，ミシェルの"Personality and Assessment"の出版から40年を記念して，人間－状況論争に言及した数多くの論文やエッセイが掲載されている。冒頭の紹介で，編者のドネランら (Donnellan, Lucas, & Fleeson, 2009) は，ミシェルの著書や論争のインパクトについてより広範に論じるとともに，特集において，人および状況要因がどのように統合され，行動に関する包括的な説明がなされるかという問題に焦点を当てたと論じ，人間－状況論争のもたらした研究上の意義を改めて強調している。このように人間－状況論争はいまだにホットな課題として研究者の関心を集めている。

　本節では，こうした統合的視点の構築に向けた論考として位置づけ得る研究のいくつかを紹介する。先述した相互作用論の見解や，効果サイズに関する論議，行動遺伝学の考え方，さらにはケンリックら (1988) によるまとめもその一つとして位置づけられるが，ここでは通状況的一貫性に関する論点を中心に，解決への筋道を提唱しているとされる考え方をまとめてみよう。

1. 一貫性種別論

　フリーソン (Fleeson, 2001) は，経験サンプリング法を用い，13日間にわたり1日5回（正午から3時間ごと），回答までの1時間に何を行いどのような感情を抱いていたか，Big Five の 5 因子各 4 項目，感情状態を測定する尺度である PANAS から選択した陽性感情 4 項目・陰性感情 4 項目により 7 段階で当てはまりを記録させた。このデータについて，まずそれぞれの特性・感情の個人内分散を検討したところ，その値はそれぞれの特性・感情の全分散の値に近いほど大きかった。つまり，どの特性・感情についても，個々人の行動は測定されたそれぞれの時点で大きく異なること，言いかえれば時間的状況により行動には大きな相違が見られるという状況論的主張の正しさが明らかにされた。一方で，ランダムに選択した特定の 2 つの時点間の相関はほぼ無相関だったが，ランダムに選択した半数の時点の平均評定と，残り半数の時点の平均評定の関連を検討したところ，両者の間には個人間で高い相関がみられた。つまり，特性・感情としてデータを集積すれば，特性論の主張するようなレベルの一貫性がみられることも示された。フリーソン (Fleeson, 2004) は，こうした研究を基盤に，それぞれの時点での行動の予測には状況的要因の影響が大きく，特性による予測はあまり意味をもたないが，個人の特定の行動傾向を集積的に理解する場合には，特性的な理解が有用となること，すなわち，状況論も特性論も，どちらも正しく有用性をもち，予測の個別性・全般性によって使い分けるべきとする結論に達している。さらに，フリーソンとノフトル (Fleeson & Noftle, 2008, 2009) では，2 つのアプローチを統合する視点として，一貫性の種別に着目している。フリーソンらは，これまでパーソナリティの一貫性として扱われてきた概念を整理したうえで，3 つの次元を基盤とする整理を試みている。3 つの次元とは，

①パーソナリティ以外の行動の規定因として何を想定するか（状況，時間，行動内容）。
②行動の類似性の基盤としてどのような一貫性を想定するか（絶対的，相対的，独自的）。
③どのような行動に注目するか（単一，集積，条件つき，パターン）。

である（図4-2参照）。
　フリーソンらは，これを一貫性のスーパーマトリックスと呼称している。通状況的一貫性として論じられてきた問題は，(1) 単一の行動について，(2) 絶対的もしくは相対的な一貫性が，(3) 状況を通じてみられるかどうかという論議だとされる（図中 a）。これに対し，(1) 行動パターンの一貫性が，(2) 個人内で，(3) 時間を超えてみられるかという論議（図中 b）や，(1) 行動内容に，(3) あ

● 第4章 パーソナリティと状況

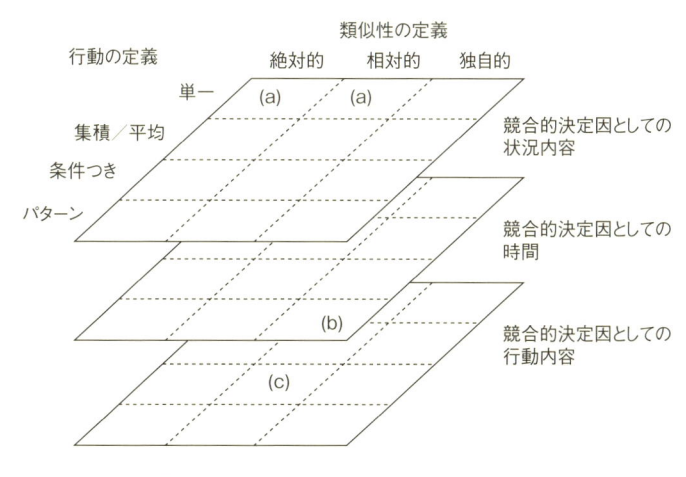

図 4-2. 一貫性のスーパーマトリックス (Fleeson & Noftle, 2008)

る条件が存在する場合のみ, (2) 相対的な一貫性がみられるかといった論議を想定することが可能で（図中 c），これらの論議を区別して整理し，空白部分について研究を進めることが，パーソナリティ研究や社会心理学研究にとって重要な意味をもつことが示唆されている。

2. パーソナリティ三相説

　ファンダー（Funder, 2006, 2009）は，人と状況によって行動が決定されるという従来の考え方とともに，状況と行動により人の特徴が決定されたり，人と行動により状況の特徴が決定されることもあるとする，パーソナリティ三相説（personality triad）を提唱している。たとえば，ファンダー（2009）は，ミシェルの業績を評価しながら，先述した効果サイズの議論や，自己評定法に依拠している研究の現状を批判したうえで，社会−認知論的な考え方を取り入れながら，グローバルな特性より状況と連動した特徴を単位とし，個人内変動に注目した行動指紋のような安定したパターンに関する研究を進めるべきであると論じている。同時に，そうした視点をもつ研究は，個人内変動と誤差分散との区別や，パターンの安定性につながるプロセス的な理解，日常生活におけるその重要性・意義等と関連づけて説明がなされる必要があるとも論じている。そのうえで，これらの問題点を凌駕する考え方として，三相説が紹介されている。著名なレヴィンの公式でいえば，B=f (P, E) という従来の研究の観点とともに，P=f (B, S) という観点（先述した行動指紋のような個人内過程への注目），および S=f (B, P) と

する観点(特定の状況の中で人がどのように行動するか)を同時に検討することが重要とする主張である。ここでBは人間の行動, Pは感情・動機・性格などの個々人の特徴, Sは社会的状況を意味する。レヴィンはE(環境)という概念を用いているが, ファンダーはS(状況)という, より日常性の高い概念を用いていることも注目に値する。後者はベムとファンダー(Bem & Funder, 1978)による「型マッチング(template matching)」の考え方に依拠している。ファンダーらはこうした考え方に沿って実証的な研究を行うために, カリフォルニア成人Q分類技法(CAQ)を用いた研究を展開している。Q分類技法とは, ブロック(Block, 1961, 改訂版は 2008)により提唱された技法で, パーソナリティに関連する 100 の記述の自分(もしくはターゲット人物)へのあてはまりの良さを, 9 段階, かつ正規分布になるように分類させる技法である。ファンダーら(Funder, Furr & Colvin, 2000)は, この技法をもとに「リバーサイド行動Q技法(RBQ)」や「リバーサイド状況Q技法(RSQ)」を開発している。これらの関連を詳細に検討することにより, ある特徴をもつ人々がどのような行動をとるか(P → B), どのような状況でどのような行動がとられるか(S → B), 人の特徴によってどのような状況が好まれたり創造されたりするか(P → S)等の具体的な様相が明らかになると主張されている(5節参照)。

3. 生涯発達論的視点

ロバーツとポメランツ(Roberts & Pomerantz, 2004)は, パーソナリティの発達という側面から人間-状況論争に関する次の5つの問題点を取り上げ, 生涯を通じた人間-状況の統合的な観点の研究の仕方について提唱している。

①対象者の年齢による影響が整理されていない。
②継時的な研究による時間的要因の影響や発達的変化についても整理がみられない。
③研究対象とする一貫性や変化の内容が異なる(相対的一貫性であったり, 個人内一貫性であったりする)。
④分析のレベルに注目する必要がある(行動や思考・感情は, 自尊心や特性など高レベルの概念に比べ変化しやすい)。
⑤一貫性や変化の基盤にある過程に注目すべきである。

とくに④に関連し, ロバーツらは人への関心レベルと状況への関心のレベルを組み合わせた観点の整理が可能であることを示している。人への関心レベルは, 狭レベル(思考・感情・行動), 中間レベル(情動経験), 広レベル(特性)の 3 レベルから, 状況への関心レベルは, 狭レベル(近接状況), 中間レベル

●第4章　パーソナリティと状況

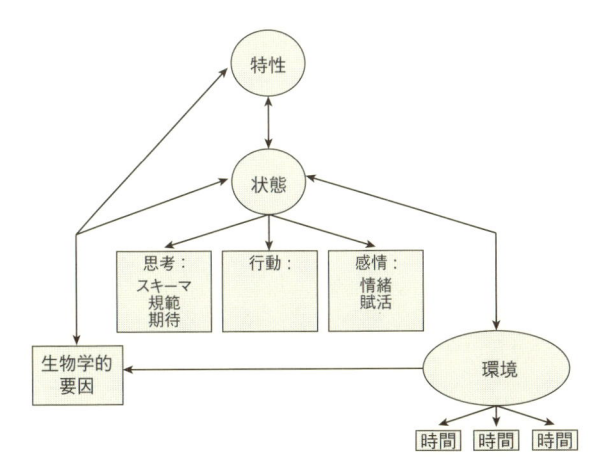

図 4-3. 社会遺伝子モデル (Roberts, 2009)

（組織風土），広レベル（文化）という同じく3つのレベルから把握できるとされる。これらの組み合わせとして，たとえば，先述したミッシェルらの行動指紋の考え方は，人：狭レベルと状況：狭レベルの研究として，また，人：狭レベルと状況：広レベルの組み合わせとしては，ニスベットらの思考スタイルに及ぼす文化の影響性研究（Nisbett et al., 2001）が，人：広レベルと状況：狭レベルの研究としては，特性変化に関する短期的な介入研究（Adams, Robertson, & Cooper, 1966）が，そして，人：広レベルと，状況：広レベルの例としては，文化を通じた Big Five の因子構造研究（McCrae & Costa, 1997）が例として取り上げられている。こうした指摘は，これまで筆者が「適応範囲の理論（堀毛，1996）」として必要性を論じてきた主張に合致する提案であり，きわめて興味深い。

　さらに，ロバーツとジャクソン（Roberts & Jackson, 2008）やロバーツ（Roberts, 2009）では，社会遺伝子モデルと呼ばれるパーソナリティの考え方が提唱されている。この考え方はパーソナリティと生物学的要因をつなぐモデルとされ，図4-3に示すような図式によって説明されている。まず，モデルの中核には「状態（state）」レベルが位置づけられており，それは思考（スキーマ，信念，常同的コンストラクト等），感情・気分，行動など社会-認知的な構成要素から成ると仮定されている。特性は，安定した持続的な「状態」のパターン（プロフィール）として理解される。特性はまた将来における「状態」の原因として機能する。環境的な影響は「状態」を変化させ非一貫性を顕現させるが，特性やその変化には影響をもたらさない。けれども，長期にわたる環境の変化は「状態」の

変化を通じてボトム・アップ的に特性の変化をもたらす。こうした変化はパーソナリティの「発達」として位置づけられており、このモデルの特徴の一つとなっている。こうした長期的な変化は、一方では神経解剖学的な遺伝子発現に影響を与え、それによって特性を変化させる。ロバーツ（2009）は、パーソナリティをこのような形で理解することによって、社会‐認知的な理解（状態の理解）と特性論的な理解を統合することが可能になると主張している。

　ここでは論争の解決に向けた3つの考え方を紹介したが、これらのモデルには共通する特徴がある。それは人か状況かという論議ではなく、人も状況もと考える姿勢である。言いかえれば、特性論と状況論の統合を図ろうとする意図がどの考え方にもうかがえる。同時にそれは、パーソナリティ心理学のみならず社会心理学的な視点、とりわけミシェルらの社会‐認知的な立場を取り入れようとする方向性として理解することができる。フリーソンの場合には、一貫性の種別にパターンや個人内分散を扱う独自性が取り込まれていること、ファンダーの場合にはP=f (B, S) やS=f (B, P) という考え方に、そしてロバーツの場合には「状態」の説明の中に、こうした社会‐認知的な立場の取り込みが見られる。つまり、これらの視点は、パーソナリティ心理学と社会心理学の「統合知」をもたらそうとする意欲に富んだアプローチとみなすことができ、パーソナリティ心理学のみならず、社会心理学的視点からも妥当性を検討する必要のあるモデルと考えられる。

5節　状況研究の発展

　こうした統合的な視点の構築を進める過程で避けて通れない問題が「状況」という概念をどう把握するかという問題である。この点に関しては、レヴィンの「生活空間」の考え方、マレーの「圧力」概念、エンジェルの「生活領域」など、論争以前から、さまざまな把握の仕方が提唱されてきた（堀毛、1998）。ミシェルの状況主義が提唱された後も、新相互作用論の妥当性をめぐる論議を中心に状況についての組織的研究が必要とする指摘が繰り返されてきたし（Cantor & Kihlstrom, 1987）、先述したCAPSモデルについても、状況の包括的分類が発展するまでは十全なモデルとして機能できないとする指摘がなされている（Swann & Seyle, 2005）。

　状況をめぐる論議における視点の相違を整理した論考として、アーガイルら（Argyle, Furnham, & Graham, 1981）は、状況研究に関する6つの立場（次元的、要素的、過程的、環境的、生態学的、役割‐規則的）を取り上げ、その相違につ

いて詳細に論議している。しかし，現在に至っても，研究者の間で合意された状況の概念的定義や理解の枠組みは定まらないままに推移している。たとえば，パーソナリティ研究で著名なデ・ラード（De Raad, 2005）は，「相互作用論の論議の中でも状況の重要性は指摘されてきたが，系統的な理解には至っていない。質問紙でも状況的な特徴の統合的表象は整理できていない」と指摘している。また，ファンダー（Funder, 2008）も，先述した RSQ の開発にあたり，「これまでの研究で扱われてきた状況的変数は，そのほとんどがその場その場（ad hoc）的に，研究ごとに定められてきた」と論じている。さらに社会心理学でも，SPSP（Society for Personality and Social Psychology）会長のライス（Reis, 2008）が，就任講演の中で，「状況とは何かという明確な合意された定義や分類，系統的に比較する手立てや影響の仕方の検討は未開発なままである」と指摘しており，研究は混迷を深めている。ここでは，前節にならって，統合知への筋道となる可能性のある，「状況」に関する3つの論議について紹介する。

1. 状況分類研究

「状況」について検討をすすめるためにまず行うべきことは，研究の共通の枠組となる状況の分類の仕方を確立することであるとする指摘が，論争の当初から繰り返されてきた。テン・バージとデ・ラード（Ten Berge & De Raad, 1999, 2001, 2002）は，こうした要請に応え，状況分類を行った研究を整理しているが，同時にこれらの研究の問題点として，
　①特性情報との結びつきが検討されていないこと，
　②状況として取り上げられている領域が包括的でないこと，
を指摘している。①関しては，テン・バージら（2001）自身が，特性と状況を結合させた分類枠が必要との考え方を提示し，分類研究を行っている。具体的には特性と関連する状況や行動に関する自由記述から抽出された132の状況について，44組の特性の組み合わせで評定を求め解析した結果，状況については，(1) 困難（入院，挫折等），(2) 娯楽（飲酒，パーティ等），(3) 運営（討論，説得等），(4) 葛藤（攻撃，非難等），(5) 日常（睡眠，夕食等）という，5つに分類されることが明らかにされた。特性との関連については，ビッグ・ファイブおよびウィギンズ（Wiggins, 1980）の円環モデルをもとに，外向性は娯楽や日常状況と，協調性・誠実性は運営状況と，情緒安定性は困難・日常状況と関連すること，また，たとえば協調性の判断は，娯楽状況のように行動として表出されやすい状況ではなく，それ以外の状況で判別されやすいことなどが明らかにされている。さらにデ・ラード（2005）は，それぞれの状況でうまく対応できるか，状況×特

表4-1. ヴァン・ヘックによる状況分類（Forgas & Van Heck, 1992; 堀毛, 1996）

状況のラベル	状況の具体例
① 対人的葛藤	恐喝，殺人，攻撃，妨害，告発，批判など
② 共同作業，意見等の交換	講義，テスト，面接，仕事，討論，交渉，セラピー，電話のやりとりなど
③ 親密な対人関係	結婚，求愛，交際，妊娠，離婚，死別など
④ レクレーション	パーティ，食事，観劇，記念式典など
⑤ 旅行	ドライブ，旅行，見送り，出迎えなど
⑥ 儀礼	葬式，宗教的儀式など
⑦ スポーツ	競技，対抗試合，レースなど
⑧ 不行跡	酒宴，賭事，性的不行跡など
⑨ 奉仕	看護，賄い，家事など
⑩ 取引	催し物，展示，交易など

注：状況の具体例は一部分のみ掲載。

性の組み合わせが自分に当てはまるかという視点からも分類を行い，構造的にほぼ同じ分類結果を得ている（堀毛，2009）。

また，②に関しては，最も包括的な枠組みとしてヴァン・ヘック（Van Heck, 1984）の状況分類が取り上げられている。この枠組みは，ビッグ・ファイブ研究と同様に，基本辞書仮説，すなわち日常生活の中で重要な機能をもつ概念はすべて言語化され辞書に収められている，とする考え方を基盤に，状況表現用語を抽出し類似性に基づいて分類したものである。結果として，表4-1に示されるように，状況が10のカテゴリーに分けられることが示された。わが国でも筆者（堀毛，2000; Horike, 2001）が，同様の手続きにより場面や関係性の分類を行い，ヴァン・ヘックの分類とある程度共通する枠組みが得られることを報告している。この研究では，分類の視点として，環境（自然条件・人工物等），場面，関係性，文脈・歴史性を区別したうえで，現実の「状況」は，それらの要素に関する認知が同時並列的に処理されたものとして構成されるという考え方が主張されている。ただし，前後関係などの「文脈」に関しては辞書的研究ではカバーしきれず，アプローチとして限界があることも指摘されている。

さらに，ソシエールら（Saucier, Bel-Bahar, & Fernandez, 2007）も，自己の特性を変容させるものとして「状況」を設定し，77名の参加者の自由記述を分析した結果，場所（仕事，学校，家庭など），関係（友人，孤独，家族など），行為・位置（多忙，金欠，勉強，睡眠など），受動的な経験過程（疲労，怒り，幸福，自信など）という4つのカテゴリーを抽出している。前2者は，筆者の分類

表 4-2. RSQ の 1 項目（#18: ユーモアを表出する機会をアフォードする）と
RBQ の相関（正・負の相関の高いもの）(Wagerman, 2008 より一部抜粋)

	RBQ の項目	相関値
（正の相関）		
9	頻繁に笑う	0.55
10	頻繁に微笑む	0.50
18	よく話す	0.47
34	顔・声・姿勢に現す	0.47
39	楽しく過ごす	0.45
6	リラックス・心地よさを感じる	0.43
46	陽気になる	0.43
（負の相関）		
37	他人と距離をとる	-0.44
43	他人を非難する	-0.34
4	状況をコントロールしようとする	-0.31
8	保守的・非表出的になる	-0.31
33	こわがったりびくびくしたりする	-0.29

とも重複する視点だが，後者に関しては「状況」として把握すべきか否か，行為との混同を避けることも含め，議論が必要であるように思われる。また，この論文でも状況の複雑性や流動性が指摘され，単一の用語で表現するには限界があること，複合的な領域記載が妥当な場合もあること，そして異なる研究技法が必要とされるであろうことなど，筆者の見解とほぼ同様の指摘がなされている。

2. リバーサイド RSQ 研究

ファンダー（Funder, 2008）は，先述したパーソナリティの三相説に基づいて，リバーサイド状況 Q 技法（RSQ）を提唱している。この研究は文化比較も含め現在進行中で，項目内容も少しずつ変化しているが，ワーガーマン（Wagerman, 2008）には ver.2.0 の全 81 項目が紹介されている。ワーガーマンによれば，RSQ の開発は 2 つの原則に基づいて行われている。まず第 1 に，状況のレベルとしてマクロ－ミクロの間にあるメソ・レベル（中範囲）の状況に着目すること。これは，「葬式」「議論」など，他者との相互作用の中で容易に理解でき，行動の予測も行いやすいレベルであるとされる。第 2 に，パーソナリティや行動と直接つながりをもち，かつ可能な限り包括的な表現を用いることである。そのために，すでにパーソナリティ評定尺度として十分な妥当性を有するとされるカリフォルニ

ア成人Q分類技法（CAQ）が基盤として用いられている。たとえば，CAQには，「批判的・懐疑的で容易に心を動かさない」という項目があるが，これを参考にRSQでは「批判や疑惑を表明する機会をもたらす（アフォードする）」状況という項目が設定されている。

RSQ初期のver.1.2（99項目）を用いた研究には81名の学生が参加した。参加者は，まず昨日の午前10時，午後2時，あるいは午後10時のいずれかの時点に割り振られ，その時何をしていたかできるだけ正確に記載するよう求められた。次に，性格を測定するビッグ・ファイブや感情状態を測定するPANASの評定，そして記載時の行動のあてはまりを検討することを想起しながら，「リバーサイド行動Q技法（RBQ）」への回答が求められた。最後にRSQが施行され，参加者はRSQの各項目について，それぞれの状況が自分の記載した状況にどの程度あてはまるか判断するよう求められた。あてはまりの判断は9段階で，項目に示された状況が記載した状況と「きわめて明確に合致する」場合には9に，「きわめて明確に合致しない」場合には1に分類されるが，その分布は正規分布になるよう指示がなされた。すなわち，1や9の評価は5つの項目しか許容されず，5（関連がない，合致するかわからない）段階には17の項目が分類された。結果からポジティブ感情やネガティブ感情と結びつきやすい状況が存在すること，行動と状況の間には一定の対応関係が存在することなどが示されている（表4-2）。ワーガーマンとファンダー（Wagerman & Funder, 2009）は，こうした状況・行動・性格の関連性を綿密に検討することにより，状況の分類や性格との結びつきをより包括的に理解することが可能になると主張している。こうした分類やパーソナリティ・行動との関連性がどのような研究成果に結びついていくか，まだ未知数な部分もあるが，文化比較なども含めた統合的な視野の構築に寄与できる可能性は高いと思われる。一方で，参加者の負荷が高いこと，解析が困難であることなどの問題点も存在し，今後に課題を残している。

3. 社会心理学的な状況概念の再活性化

一方，社会心理学でも，状況研究の重要性が改めて指摘され始めている。たとえば，ライス（Reis, 2008）は，SPSPの会長就任講演で，「社会心理学における「社会」という概念が，多くの研究者によって「状況」と関連づけて定義されながら，状況とは何かという定義や分類は不明確なままに推移し，状況間の比較の手立てや行動への影響の仕方についても曖昧なままにしてきた（Reis, 2008, p.312）」と論じている。たしかに，アーガイルら（Argyle et al., 1981）やフォーガス（Forgas, 1979）など，社会心理学領域での状況研究は一時期盛んに行われ

たものの（堀毛，1989），その後目立った試みが行われないまま，これまで推移してきたことも事実であろう。ライスは，状況や文脈を社会心理学の中核概念としてとらえ，その理解に向けた関与を再活性化すべきと論じ，研究を進めるうえで以下の4点を原理とすべきとしている。

①客観的な特徴に焦点づけた状況の概念的分析を行うこと。
②状況の最も影響力の大きな側面として対人的な領域を位置づけること。
③対人的領域の研究は関係的文脈の効果を中心に進めるべきこと。
④状況の概念化により社会心理学の行動科学・社会科学での位置づけをより受容・同定しやすいものにすること。

このうち，第1点に関しては，現実に存在する状況と，個人により解釈された状況についてそれぞれ定義を明確にし，分化された体系を構築すべきであるとしている。この問題に関してはすでに本節の1．「状況分類研究」で示したようにいくつかの試みが行われているが，こうした分類を研究者間で共有し，それに基づいた知見を蓄積していくことが将来にわたって必要となろう。

第2点に関しては，ケリーら（Kelley et al., 2003）の相互依存モデルに基づく対人関係地図（an atlas of interpersonal situation）の考え方の重要性が指摘されている。この研究では，相互作用状況の典型例として21のパターンが「状況」として取り上げられている。それぞれの状況は，「成果（outcome）」という観点から相互の依存性や影響性を表したもので，二者間で相互作用が繰り返された結果が，意味的象徴として成立する「状況」として整理されている。たとえば，第1のパターンとして取り上げられている「独立（independence）」パターン（図4-4（1））では，A B 二者間の相互作用において，Aの反応選択はAの成果を左右するが，Bの成果には何の影響も与えない。こうした関係状況の場合，それぞれが自分の好きな選択肢を選び，パートナーへの依存は低く，相互の満足感は高まらない。これに対し，第2のパターンとして取り上げられている「相互

	a1	a2
b1	+8 +10	0 +10
b2	+8 0	0 0

(1)

	a1	a2
b1	+10 +5	+10 0
b2	+8 +5	0 0

(2)

図 4-4. 対人関係地図の例（Kelley et al., 2003）

統制（Mutual partner control）」パターン（図4-4（2））では，Aがa1を選択すればBは成果が得られるが，b1を選択すればBの成果は0になり，Bの成果はAしだいとなる。図のパターンでは同様のことがBの選択によるAの成果にもあてはまるが，成果としてはAによるBへの影響性が大きいので，Aのほうが関係性において強い権力や影響力を有することになる。

さらに，ホルムズとキャメロン（Holmes & Cameron, 2005）は，21のパターンが大きく以下の6つにまとまると考えている。(1) 独立：相互の満足感に関連，(2) 相互統制：相互の影響力に関連，(3) 成果の一致：協調-競争に関連，(4) 統制性：主張性や交渉に関連，(5) 時間的展望：目の前の結果を求めるか，将来の結果を求めるかで，信頼感に関連，(6) 結果の不確実性：情報の多寡に関連し，開放性や楽観性に関連，である。こうした分類は，状況や対人関係の次元として抽出されてきた認知次元とも整合し（Deutsch, 1982），状況や文脈をダイナミックに把握し得る手法として意義深い提案であろうと思われる。

また第3点に関しては，状況と行動を媒介するものとして，関係的文脈が認知-感情システムの機能に基本的な影響を与えることが指摘されている。この例としてライスは，社会心理学的現象の効果が親密さによって変化することを，セルフ・サービング・バイアスや自己関連効果などさまざまな現象を取り上げて解説している。

さらに第4点にかかわる新たな研究の方向性としては，スミスとセミン（Smith & Semin, 2004, 2007）による「文脈的社会的認知（situated social cognition）」の考え方が参考になるとされている。ライスはこの考え方を，以下の4つを中核とする考え方としてまとめている。

(1) 社会的認知は適応的行動の統制のために存在し，進化的背景の中で，他者との相互作用を制御・調整する役割を担ってきた。
(2) 社会的認知は人間の神経-身体的構造物として具現化される。すなわち，認知過程は外界との相互作用を制御する生物行動システムと不可分なものである。
(3) 社会的認知は，主体とその環境の力動的な継続的・双方向的相互作用過程から生じたものである。
(4) 社会的認知は，個人の認知を越えて，さまざまな社会的結合手段を通じ，社会的環境においてアクセス可能な情報を利用する。

平易に言い換えれば，この考え方は，個人の認知的プロセスの研究を中心としてきた社会的認知研究においても，状況によってアフォードされる動機や目的，自己制御や，状況に遭遇した際の個人の反応の仕方を検討することが重要な意味

を持つとする立場であり，社会的認知研究においても状況に関する理論の検討が進められねばならないとする指摘と考えられよう。

さらに，最近，ボンド（Bond, 2013）は，社会心理学にとっての「状況」について，その場面に参与している行為者の数やそこで演じている役割によって定義すべきであるとする主張を展開し，レヴィンの古典的な公式（B=f（P, S））を，P=f（P, P［S］, O［S］, CO［S］）と書き換えるべきと論じている（ボンドは本来のレヴィンの公式に用いられているE（環境）の代わりにS（状況）を使用しているが，そのことに関する説明はなされていない）。P［S］は，特定のあるいは一般的状況において社会や地位が提供するものに関する認知者の期待（主観的状況期待）を示す。しかし，一方で状況は，そうした期待とは独立に，認知者の行動をアフォードする力を有する。その一つは，O［S］（状況の客観的なアフォーダンス）で，それぞれの状況で人々の行動の集積によって，あるいは客観的な記述によって理解されるような「その場面ではこう行動すべき」という規範的なアフォーダンスの強さに関する個人の認識を意味する。ミシェルの言葉を借りれば，「強い状況（皆が同じように行動する拘束度の高い状況）」と「弱い状況（行動に個人差が反映される拘束度の弱い状況）」の違いを示すことになる（Mischel, 1977）。さらにCO［S］は，合意の程度を意味し，他者がその行為をどう判断するか（たとえばみんなが良い・悪いと判断するか）に関する個人の認識を意味する。ボンドはO［S］やCO［S］項を含めることによって，文化的な規範の相違を状況的要因として明確に取り込むことを意図しており，今後の実証的研究の展開が期待されるが，相互作用の複雑さへの対応や測度の問題など，検討すべき課題も多く残されているように思われる。

このように「状況」を科学的に理解・把握しようとする試みは，最近でも精力的に行われているが，現在のところ残念ながら研究者間で合意を得るような総合的な枠組みの構築には至っていない。

6節　今後の研究の方向性

先に論じたように，人間の行動の理解には，個人内過程とともに状況的要因の影響や，両者の力動的な相互作用に視点を置いた継時的検討が重要な意味をもつと考えられる。本章では，こうした人と状況の相互作用を把握するさまざまな視点について紹介してきたが，人格 – 社会心理学の「統合知」として位置づけるには，いずれも不足が感じられる。

統合的な視点を構築するためには，まず個別の研究を適切に位置づけ，相互の

関連性を明示し得るような枠組みを構築することが必要であろう。すべての社会心理学・パーソナリティ心理学領域の課題について，こうした枠組みを構築し得るかどうか定かではないが，まずは，個々の課題領域（特定の状況）の中で検討を進めることが必要であろう。枠組みの軸としては，ロバーツ（Roberts, 2009）の指摘するように，人の内的要因を把握・記述するレベルと，状況要因を把握・記述するレベルという2次元が必要となろう。そのなかで，知見の統合を図ったり，欠落の補完を行ったりする試みが，研究者にとって重要な意義をもつことになろう。そして，こうした試みを多領域的に俯瞰することにより，フリーソンとノフトル（Fleeson & Noftle, 2008）の指摘するような一貫性の様相との関連が明確化し，人と状況の相互作用を総合的に検討する考え方の構築につながるものと考える。そのための第一歩は，個々の領域で「状況」という問題をどう取り扱うか，真摯な議論を行い共通理解につながる枠組みを構築することのように思われる。もちろん，こうした試みは，個々の研究者の力量を越えるもので，研究者同士の緊密な連携のもとに論議を続けることが必要であろう。この点に関し，ここで紹介したような欧米を中心とするさまざまな論考の意欲的な進展に対し，本邦での現状に物足りなさを感じるのは，筆者だけであろうか。

　さらにこうした枠組みに，時間軸や文脈的変化を把握し得る視点を加え，歴史的変遷や文脈的変化をカバーし得る枠組みとすることも重要な課題となろう。先に論じたように，「状況」を把握する重要な視点は，時間や前後関係による変化をとらえることにある。近年の研究動向をみると，「文脈（context）」という概念への注目は高まりつつあると思われるが，それを科学的に解析するツールの開発はまだ不十分で，今後の課題として位置づけられよう。こうした課題がクリアされてはじめて，「統合知」への視点が開けてくるものと考える。

　ウェブスター（Webster, 2009）は，Google Scholar を用いて「人間－状況論争（debate）」と「人と状況の相互作用（interaction）」というキーワードが，1978年から2007年までの30年間にわたりどの程度使用されているか検索した結果から，ヒット数がしだいに増加していること，また2000年代以降は論争という表現よりも相互作用という表現が多用される傾向にあることを示し，これらの結果を，論争を乗り越えて社会心理学とパーソナリティ心理学の統合を図ろうとする動向が強くなってきたためと解釈している。この指摘が正しいかどうかは，今後検討を続ける必要があるが，いずれにしても本稿で取り上げたいくつかの問題について真摯に討議し，研究者間で統合的な視点を築くことが，社会心理学やパーソナリティ心理学の「統合知」を構築するうえで重要な課題となろう。さらに，バス（Buss, 2009）は，「人と状況の相互作用」について，進化心理学的視

点からの検討が有効であると主張している。進化心理学的にみれば,「状況」は進化の歴史の中で直面してきた適応問題として,時間軸として明確な意味をもって位置づけられる。一方で,パーソナリティは,そうした問題を解決する際の戦略の相違とみなすことができる。バスは,人と状況の相互作用は,それぞれの適応問題について,どのような選択,喚起,操作過程が影響を与え,それを解決するために個人がどのような戦略を用いるか,という2つの側面から理解し得ると指摘しているが,こうした視点を取り入れながら,「統合知」を検討していくことも重要と考えられよう。

　もちろん,人間-状況論争は時間の浪費であるとする批判もある。たとえばホーガン（Hogan, 2009）は,状況主義的研究に対し,状況概念の混乱,一般的法則化の困難性,データ集積によらない研究の非科学性などを指摘し,非実在的な問題を論じた不毛な研究であると指摘し,論争が継続されてきたのは,20世紀初頭から続く研究上のイデオロギーの対立や,若手研究者の論文執筆の必要性によるものと論じている。また同時に,人間の行うことは環境に依存しているという社会心理学の基本的な主張が混乱をもたらす一因になっているとも主張している。こうした指摘は,全般的にみればやや特異な見解でもあろうが,背景に社会心理学研究に対するパーソナリティ研究者の基本的な不信が存在する可能性もある。けれども社会心理学とパーソナリティ心理学は,一つの雑誌の中に位置づけられるように互いに不可分な領域であり,人と状況との相互作用を中心に,人格-社会心理学として統合的な視点の構築をめざしていくべきであろう。

第5章 他者との関係

1節　はじめに

　他者との関係とはいったい何なのだろうか。この問いに答えることが本章の課題なのだが，これは社会心理学者にとってかなりチャレンジングな課題である。なぜならば，社会心理学では他者との関係が所与の環境条件としてとらえられてきたからである。そのような所与のものとしての他者との関係そのものを取り上げてそれは何かを問うということを，これまでの社会心理学ではあまり行ってこなかったように思える。

　そもそも，社会心理学者の多くは「他者とは何か」さえ真剣に問おうとはしない。これを問おうとすれば，その前に自己とは何かを問わねばならず，これらを問い始めると，自他問題という哲学的課題に行き当たる。ジェームズ（James, 1892）は，自己を「見る自己」"I" と「見られる自己」"me" とに分類し，心理学の研究対象は「見られる自己」であって，「見る自己」は哲学の対象であるとすることによって，この厄介な自他問題を回避した。しかし，自己とは何かを問わない限りその答えは見いだせない。そして自己とは何かがわからなければ，「自己とは異なる誰か」としての「他者」とは何かはわからない。ましてや，自己と他者との関係とは何か，はわかるはずがない。

　しかし，問いがある以上，答えてみたい。そう思ってしまうのは，研究者としての習い性かもしれない。とは言え，正面からぶつかっていっても玉砕することは目に見えている。そもそも，これまで社会心理学が正面から取り上げようとしてこなかった問いに答えようとするのだから，社会心理学領域で得られてきた知見のみを題材としていてもおそらくは実りある議論にはならない。したがって，本章では時に社会心理学以外の領域で得られた知見に言及する。もとより，何が社会心理学で何がそうではないのかにこだわるつもりはない。領域へのこだわり

は，しばしばわかることへの障害になると考えるからである。

以下ではまず，社会心理学において所与のものとされてきた他者との関係が失われた場合，人はどうふるまうのかについての研究知見をもとに，人にとって他者との関係がいかなる意味を持つものなのかを考える。次いで，社会心理学における古くて新しいテーマである"warm-cold"効果についての近年の研究知見を紹介する。これら2つの節によって，他者との関係が個人としての安定性の基盤的な条件である可能性を指摘する。

続く4節では，愛着対象としての他者との関係と，自己のポジティビティの源泉としての他者との関係についての知見をもとに，他者との関係が自己の安定に対して具体的にどのような機能を果たすのかを考察する。5節では，他者との関係を心理社会的資源としてとらえ，脅威状況におけるその機能について検討する。さらに，他者との関係とそれ以外の心理社会的資源との関連性について考察することを通じて，人にとっての環境条件としての他者との関係の特質を明らかにする。6節では，5節までの議論をもとに，マクロ環境としての他者との関係について総合的な考察を試みる。

2節　基本的欲求の対象としての他者との関係

1. 所属への強い欲求

2000年代に入って急激に増大した社会的排斥研究は，他者との関係が失われることが人にさまざまなダメージを与えることを明らかにしてきた。なぜ他者との関係の喪失が人にとってダメージとなるのかという問いへの一つの答えは，それらが人の所属欲求を脅かすからだというものである。所属欲求とは，他者と良好な関係を築こうとしたり，何らかの関係性や集団に所属しようとしたりすることへの欲求であり，これは人間の基本的な欲求の一つであると考えられている（Leary & Baumeister, 2000）。

このことについて，レアリーとバウマイスター（2000）は次のように説明する。ヒトがこれまで適応してきた過程を進化的な視点から見てみると，それは配偶者と結ばれ，子どもを産み，育て，守り，その子どもが自立的に生活し，配偶者を見つけることができるようになることである。これら一連の出来事のどれ一つをとってみても，一人で生きることは大きな不利益をもたらす。逆に，集団で生活することによって，ものごとをうまく進めるための知識を仲間と共有することができる。また，配偶者を得るためには何よりも他者との間の親密さが必要である。そして，こうした社会的なつながりがあってこそ，子どもを愛しみ育てることが

できる。これらの理由から，進化的な選択は人と人とのつながりを形づくり維持するという基本的な動機づけをもたらす方向へと働いたと考えられる。

マクダナルドとレアリー（MacDonald & Leary, 2005）のレビュー論文は，他者との関係を欠くことに関連する生理的な反応が人の身体的な痛みに関連する生理的反応と類似していることを明らかにした。彼らはこのことについて「社会的な動物は，社会的排斥を回避しない個体を罰し，排斥のサインへの素早い反応を動機づけるようなシステムを必要とした。進化の歴史においてそのようなシステムが発達したとき，その時点で存在していた身体的痛みのメカニズムがその基盤となった」と説明し，排斥によって生じる情緒的な反応を「社会的痛み（social pain）」と呼んだ。

社会的痛みについての典型的な研究例が，アイゼンバーガーら（Eisenberger, Lieberman, & Williams, 2003; Eisenberger & Lieberman, 2004）によるものである。彼女らは，他者から排斥された場合の人の脳の反応が身体的な痛みを経験しているときの脳の反応に類似していることを明らかにしている。具体的には，前部帯状回背側部（dorsal Anterior Cingulate Cortex; 以下，dACC）と右腹外側前頭前野（right ventrolateral prefrontal cortex; 以下，rVLPFC）が排斥による心の痛みと身体的な痛みに共通して賦活する部位であることが示されたのである。また，排斥による主観的なディストレスとdACCの賦活の程度との間には正相関，rVLPFCの賦活の程度との間には負相関がそれぞれ認められた。このことから，アイゼンバーガーらは，dACCは排斥されたことのネガティブなインパクトの評価と関連する脳部位であり，rVLPFCはそのネガティブなインパクトの制御と関連する脳部位であると推測している。

この研究結果は，社会的痛みが身体的痛みと共通の生理的基盤を持つ可能性を強く示唆するものである。ドゥウォールら（DeWall et al., 2010）は，もしこれら2つが同じ生理的基盤を共有するのであれば，身体的痛みへの感受性を低下させる解熱鎮痛剤の服用が社会的痛みを抑制する効果を持つだろうと予測した。日記式の質問紙調査とサイバーボール課題を用いたfMRI実験の結果は，アセトアミノフェンの服用が人の主観的な傷つき感とサイバーボール課題（パソコンのネットワークを通じてのキャッチボール課題）で排斥されたときのdACCの賦活を抑制することを示していた。さらにギュンター・ムーアら（Gunther Moor, Crone, & Van der Molen, 2010）はACCが副交感神経の一種である心臓迷走神経のコントロールと関連することに着目し，拒絶が心拍数を変動させるだろうと予測し，実験によってこの予測を支持する結果を見いだしている。

2. 所属欲求の普遍性

　以上のように，他者との関係を欠くことによる心の痛みは身体的痛みや生理的な変調と同様の生理的基盤を持つことが示唆されてきた。とすれば，人にはこの痛みから逃れたりそれを未然に防いだりする基本的な欲求，すなわち所属欲求が備わってきたであろうと考えることは，あながち無理な推論ではない。もしこの所属欲求が人にとって基本的なものであるとする推論が妥当であるなら，それは他の基本的欲求と同様に飽和を生じさせる可能性がある（Baumeister & Leary, 1995）。つまり，所属欲求が満たされた個人はそれ以上の他者との関係や集団への所属を望まなくなるかもしれない。ドゥウォールら（DeWall, Baumeister, & Vohs, 2008）はこの可能性について一連の実験で検討している。実験1では，パーソナリティテストの結果を偽フィードバックによって，自身が将来孤独に過ごす可能性が高いと信じさせられた参加者と，逆に将来対人関係に恵まれて過ごす可能性が高いと信じさせられた参加者の双方に自己制御の必要な課題を行わせ，課題成績を比較した。分析の結果は，将来孤独に過ごす可能性が高いと知らされた参加者は，対人関係に関連すると知らされた条件で課題成績が良かったのに対して，将来対人関係に恵まれる可能性が高いと知らされた参加者はむしろ，その条件での課題成績が低かったのである。

　またウェイツァとエプリー（Waytz & Epley, 2012）は，非人間化（dehumanization）を題材として所属欲求の飽和の効果を検証した。非人間化とは，他者に人間的な高度な認知能力があると思わず，あたかも動物か物のように感じることを指す（Gray, Gray, & Wegner, 2007; Haslam, 2006）。実験の結果は，自分と親しい他者との交流を思い浮かべた参加者は，親しくない他者のことを思い浮かべた参加者や一人でいる場面を思い浮かべた参加者よりも強い非人間化を生じさせることを示していた。また，親しい友人と実験課題に取り組んだ参加者は見知らぬ他者と取り組んだ参加者よりも，テロリストを非人間化する傾向が強く，またテロリストに非人道的な罰を与えることへの許容度が高いことも示されていた。

　加えて，他者に対して拒否的な構えを持つとされる人々でさえ，他者との関係を求める欲求とは無縁でないことも示されている。カルヴァロとガブリエル（Carvallo & Gabriel, 2006）は，拒否－回避型の愛着スタイルを持つ人のポジティブ・フィードバックに対する反応を検討した。拒否－回避型の愛着スタイルの持ち主は，他者との親密な関係を築き，維持することへの関心が低い（Bartholomew, 1990; Fraley, Davis, & Shaver, 1998）。このようなスタイルを持つ者は，他者からの評価に無関心であり（Bartholomew & Horowitz, 1991），他者からのポジティブなフィードバックに対してはむしろ反発しがちである

(Brennan & Bosson, 1998)。カルヴァロとガブリエル（2006）は，もし所属欲求が人にとって基本的なものであるとすれば，このような愛着スタイルを持つ人であっても，他者からのポジティブなフィードバックに対してポジティブな反応を示すだろうと予測した。実験の結果はこの予測を支持するものであった。拒否－回避型の参加者は，仲間から相互作用したい相手として選ばれたと知らされる条件において，それを知らされなかった条件と比較して，よりポジティブな感情を持ち，状態自尊心も高かったのである。また，将来対人関係上で成功しやすいパーソナリティを持つと知らされた場合には，拒否－回避型の参加者はそうではない参加者よりも高いポジティブ感情を示した。これらの結果は，拒否－回避型の愛着スタイルを持つ人でさえ（あるいは，そのような人のほうが），他者との関係を取り結ぶことに強く動機づけられていることを示しており，所属欲求が基本的な欲求であるという主張の妥当性を裏づけるものであるといえる。

以上のように，所属欲求は満たされれば飽和し，拒否－回避型の愛着スタイルを持つものにもその影響が認められる。また，この欲求の背景には身体的な痛みについての生理的基盤と共通の基盤の存在がうかがわれる。これらのことは，この欲求が人の基本的な欲求として普遍性を持つものであることを示唆する。

これと関連して，マクダナルドとレアリー（2005）は社会的痛みについての考察の中で，多くの言語に共通して対人関係の崩壊に対する人の反応が「痛み」に関連する言葉で表現されることを指摘している。彼らはこのこともまた，身体的痛みと社会的痛みが普遍的な共通性を持つことを示唆するものであると主張している。実はこのような言語表現上の普遍性は，他者との関係の別の側面でも認められている。それは，「温かい」と「冷たい」という表現に関連するものである。次にこの点について見ていくことにしよう。

3節　身体化された知覚としての他者との関係

1.　「温かい－冷たい」次元の普遍性

アッシュ（Asch, 1946）による実験以来，「温かい－冷たい」次元が他者との関係の構築や対人認知の過程で決定的に重要な役割を演じることは，社会心理学研究における中心的な命題の一つである（Fiske, Cuddy, & Glicke, 2007）。私たちは温かい人との関係を望み，冷たい人との関係を避けようとするのである。

しかし，そもそもそれはなぜなのだろうか。なぜ私たちは人の親和性を表現するために，生理的な温度を表す言葉を使うのだろうか。これは日本語表現における「言葉のあや」というような性質のものではない。日本語で人を表現する際の

「温かい」は、英語では"warm"、フランス語では"doux"（対男性名詞、対女性名詞の場合は"deuce"）、中国語では「温柔」である。そしてこれらはいずれも生理的な「あたたかさ」を同時に意味する。他の言語でも同様に人の親和性が生理的な温度を表す言葉で表現されている。これらのことから導かれる一つの推論は、これが身体化された知覚（embodied perception）なのかもしれないというものである。つまり、私たちは「温かい人」と形容される他者と出会うと、体性感覚としてあたたかさを感じ、「冷たい人」と形容される他者と出会うと冷たさを感じる。だから、多くの言語に共通して、「温かい－冷たい」という温度を表現する言葉で人としての穏やかさの程度を表現するようになった可能性がある。

2. 社会的温かさの研究

実際、近年の研究はこのような社会的な温かさ－冷たさと生理的なあたたかさ－冷たさとの関連についてさまざまな知見を提供している。たとえば、イジャーマンとセミン（IJzerman & Semin, 2010）による実験では、サクラとの物理的な距離の近さ－遠さが実験参加者による部屋の温度の見積もりに影響することが示されている。サクラの近くに座った参加者のほうが部屋の温度を高く見積もったのである。また、サクラとの心理的な距離の近さも同じ効果を持つことも示された。サクラと自分が良く似ていると知らされた参加者は、あまり似ていないと知らされた参加者よりもやはり室内の温度を高く見積もったのである。物理的な近接が親密性の一つの表れであること（Hall, 1966）や自他の類似性が対人魅力や親和性を高める（Byrne, 1971）ことを考え合わせるならば、これらの知見は、他者との心理的な近さが体性感覚としてのあたたかさを生じさせていることを示しているといえる。

社会的排斥が体性感覚としての温度を下げることも示されている。ゾンとレオナルデリ（Zhong & Leonardelli, 2008）は、社会的に排斥された状況を思い出した参加者、そしてサイバーボール課題で他のプレーヤーからボールを投げてもらえなかった参加者が、部屋の温度を低く見積もることを明らかにしている。さらには、排斥が実際に人の皮膚温を下げることも示されている（IJzerman et al., 2012）。

これらの研究は、社会的な温かさが周囲の温度の見積もり、あるいは実際の皮膚温に影響することを示している。これに対して、逆の影響過程、すなわち、生理的なあたたかさ－冷たさが、社会的な温かさ－冷たさに影響することも見いだされている。ウィリアムスとバージ（Williams & Bargh, 2008）は、アッシュ（1946）の実験パラダイムに準じた実験を行った（実験1）。この実験では、対

象人物の特性について記された文章（アッシュのオリジナルのものとは異なり，「温かい－冷たい」は記されていない）を読んだ後，その人物についての印象を評定するよう求められた。ただし，この評定の直前に，参加者はサクラから頼まれて温かい（あるいは冷たい）コーヒーの入ったコップをほんの短い間持たされたのである。印象評定のための質問は10項目からなり，半分は「温かい－冷たい」次元に関連するものであり，半分はこの次元とは無関連であった。分析の結果，温かいコーヒーを持たされた参加者は冷たいコーヒーを持たされた参加者と比較して，対象人物をより温かい人であると評定していた。ただし，「温かい－冷たい」次元とは無関連な特性については条件間に差は認められなかった。さらに実験2では，手で感じる温かさが実際の他者に対する向社会的な行動を促進することも示された。

またイジャーマンとセミン（IJzerman & Semin, 2009）は，①温かい飲み物を持たされた参加者は冷たい飲み物を持たされた参加者よりも，また，暖かい部屋にいる参加者は暖かくない部屋にいる参加者よりも，実験者との一体性（IOS尺度（Aron, Aron, & Smollan, 1992）によって測定される）を高く見積もり，②暖かい部屋にいる参加者は暖かくない部屋にいる参加者よりも，知覚焦点課題（Kimchi & Palmer, 1982に基づくもの）において関係性により強く焦点づけられるようになることを示した。イジャーマンとセミン（2009）によれば，これらの結果はいずれも，生理的に感じるあたたかさが他者との心理・社会的な距離を近づける効果を持つことを示しているという。

これらの研究知見に基づけば，生理的なあたたかさは社会的な温かさに代わり得るものである可能性が指摘できる。具体的には，社会的な冷たさを感じると人は社会的な温かさを求めようとするが，それは生理的なあたたかさによっても補われ得る可能性である。このような代替可能性について，バージとシュレヴ（Bargh & Shalev, 2012）は日常生活における体性感覚としてのあたたかさと社会的な温かさとの関係を検討した。研究1ではUCLA孤独感尺度の得点が高い人ほど入浴やシャワーの回数が多いことが見いだされ，研究2では，生理的な冷たさが孤独感得点を高めることが示された。さらに研究3では，過去の被排斥経験を想起した場合に人は他者との親密性を強く求め，また気分を改善するような活動を行いたいと思うようになるが，想起のあとに温かいものを持たされた場合には，これらの欲求が高まらなくなることが示された。

以上のように，人が体性感覚として感じるあたたかさ－冷たさと社会的な温かさ－冷たさとの間には密接な関係が認められる。それはなぜなのだろうか。この問いに対しては，愛着理論からの説明が有効かもしれない。ハーロウ（Harlow,

1958）の愛着行動の実験で明らかになったことは，他の個体から引き離された子ザルは哺乳器のある針金の代理母よりも，柔らかくてあたたかな布製の代理母と多くの時間を過ごすことであった。このような子ザルの愛着行動は暖かさを求める欲求の充足と密接に関連することが指摘されている（遠藤，2005）。また，このようなつながりが進化の過程で形成されてきたとの主張もある（Bowlby, 1969）。

　このような社会的な温かさに関して，神経科学的な観点からの研究も行われている。それらの研究では島皮質（insular cortex）の関連が指摘されている（Williams & Bargh, 2008; Inagaki & Eisenberger, 2013）。この脳部位は人の情動のプラットフォームとして機能し（Damasio et al., 2000），また温度感覚に関連する（Brooks et al., 2002; Craig et al., 2000）とともに，他者に対する信頼や共感（Bartels & Zeki, 2000; Meyer-Lindenberg, 2008），あるいは排斥のインパクト評価（Eisenberger et al., 2003; Kawamoto et al., 2012; Onoda et al., 2009; Onoda et al., 2010）とも関連する。さらに，カンら（Kang et al., 2011）は生理的なあたたかさ－冷たさが信頼行動に影響すること，そして島皮質の活性がこの影響過程を媒介している可能性があることを報告している。

　これらの神経相関に関する諸知見から，信頼できる他者との安定した関係の構築が人に体性感覚としての温かさを覚えさせ，それが情緒的な安定につながるという一連の過程の存在が示唆される。逆に，そのような他者との関係を欠くことは人に冷たさを覚えさせ，それが情緒的な安定を損なうことになるだろう。また，前節で触れた社会的痛み研究の知見は，他者との関係を欠くことが人に心理的な痛みをもたらし，その制御のために処理資源が投入されることを示唆している。このような制御資源は有限であり，継続的な投入はそれを枯渇させる（Baumeister et al., 1998; Muraven & Baumeister, 2000; Muraven, Tice, & Baumeister, 1998）。このことは，結果として人の認知と情動を不安定なものにするだろう。つまり，他者との安定的な関係の有無は個人としての安定性を左右する可能性が指摘できる。次節では，その具体的な様相についてみていくことにする。

4節　自己の基盤としての他者との関係

1. 愛着対象としての他者

　愛着理論をめぐる研究は，幼少期における主たる養育者（多くの場合，母親）との安定的な関係の重要性を主張する（Bowlby, 1969）。子どもは，自ら行動す

● 第5章　他者との関係

るなかで何らかの脅威を感じたときには「避難場所」として養育者のもとに逃げ帰り，また自らの環境を探索するための「安全基地」としても養育者との関係を利用する。愛着理論では，養育者との関係がこれら2つの場所としての機能を果たすならば，子どもはしだいに環境の中で自立し，安定的で積極的な適応行動をとるようになると主張する（愛着理論の詳細を述べたものとして，数井・遠藤，2005）。

　さらにこの愛着関係の特質が，人の成長とともに親密な他者との関係に移行すると主張するのが成人愛着理論である（安藤・遠藤，2005; Mikulincer & Shaver, 2003）。この理論では，幼い頃の養育者との関係が果たす機能と同様の機能を，青年期や成人期においては親密な他者との関係が果たすようになると主張する。フィーニー（Feeney, 2004）は恋愛関係にあるカップルを対象とした実験によってこのことを確認している。この実験ではカップルの会話行動がコード化され，それと相手の行動への認識との関連が分析された。分析の結果は，自身のパートナーを安定的な避難場所と評価している参加者ほど，自らの目標に向けての探索機会を多く認識し，自己効力感が高く，目標達成の可能性が高いと評価することを示している。さらには，これらの評価が実際の探索行動を規定していることも見いだされている。またフィーニー（Feeney, 2007）は，恋愛パートナーに対する依存性が適切に満たされることによって人の独立的な行動が促進されることも明らかにしている。

　親密な他者との関係が存在論的脅威の緩衝装置として機能することを示す研究もある（存在論的脅威についての社会心理学的研究を詳しく紹介したものとして，脇本，2012）。ミクリンサーら（Mikulincer, Florian, & Hirschberger, 2003）によれば，それは親密な他者との関係が象徴的な不死性の源泉であるからだという。つまり，親密な他者との関係は生物的繁殖のための枠組みを提供し，そのことによって自身の子孫を通じて生の継続性を生じさせる。そのため，親密な他者との関係を想起することによって，死を意識したときに生じる諸反応が抑制され得ると考えられるのである。事実，フロリアンら（Florian, Mikulincer, & Hirschberger, 2002）は，人が死を意識したときには痛みを意識したときよりもロマンティック・コミットメントが高まること，そしてロマンティック・コミットメントが高まっているときには，死を意識した後の文化的世界観の防衛反応が緩和されることを明らかにしている。これらの主張や実証的な研究では，恋愛パートナーとの関係の機能が扱われているが，コックスら（Cox et al., 2008）は，自分の母親や友人について想起した場合であっても，無関係な他者を想起した場合と比較して，死を意識した後の世界観防衛反応が弱まることを報告している。

2. 自己のポジティビティの源泉としての他者との関係

以上の研究は，恋愛パートナーや家族，友人といった親密な他者との良好な関係が個人としての安定性の基盤となることを示している。しかし，人の自己認識のあり方に影響するのは，親密な他者との関係だけではない。ソシオメーター理論（sociometer theory：Leary & Baumeister, 2000）をめぐる諸研究は，親密な関係にあるわけではない他者との関係であっても，人の自己認識を左右することを示してきた。

この理論で最初に取り上げられたのは状態自尊心（Heatherton & Polivy, 1991）である。レアリーら（Leary et al., 1995）は4つの研究をとおして，実験参加者の状態自尊心が他者からの評価の高低によって変動することを明らかにした。またスリヴァスタヴァとビア（Srivastava & Beer 2005）は，4週間のグループ・ミーティングを通じた検討によって，ある時点での自己評価がその後の他者からの評価に影響するのではなく，ある時点での他者からの評価がその後の自己評価に影響することを明らかにしている。

特性的な自尊心への影響についても検討されている。ソシオメーター理論から考えると，特性的な自尊心の水準は慢性的な被受容感の程度を反映したものと考えられる。レアリーら（1995）の第5研究では，特性的自尊心と一般的な被受容感との間に中程度の負の相関（$r = -.55$）があることが示されている。また，マレーら（Murray, Holmes, & Griffin, 2000）は，特性的自尊心の水準と恋人や配偶者からポジティブな関心を寄せられているという自信との間に正の関連があることを報告している。国レベルで他者との関係と自尊心との関連を調べた研究もある。デニスンら（Denissen et al., 2008）は，北米，ヨーロッパ，オセアニア等の31か国から得たデータを分析し，友人を訪問する頻度が平均的に高い国ほど自尊心の平均値も高いという分析結果を報告している。

さらには，もっと些細な関係であっても個人のポジティビティの高まりに影響することが示されている。ウォルトンら（Walton et al., 2012）は「単なる所属（mere belonging）」が達成動機づけに及ぼす影響を検討した。「単なる所属」とは見知らぬ他者との最小限の，些細な，あるいは潜在的な社会的つながりのことである。たとえばこの研究の第2実験では，数学科の卒業生の書いた数学科についてのエッセイを読んだ参加者は，その卒業生の誕生日が自分の誕生日と同じであると知らされただけで，数学に対する動機づけを高めた。見知らぬ他者と自分の誕生日が同じであると知らされると，人はわずかではあるがその他者に対して親近感を覚えるだろう。このわずかな親近感だけでも，人がその他者の取り組んだ課題への動機づけを高める働きをするのである。

以上に述べてきたように，他者との関係は個人のポジティビティを左右する。このような他者との関係の機能は，個人が脅威状況に直面したときにさらにその重要性を持つであろう。次に紹介するのは，そのような他者との関係の機能についての諸研究である。

5節 適応のための資源としての他者との関係

1. 心理社会的資源の2つの機能

人は困難な状況に直面したとき，自分の内外にあるさまざまな資源を用いてそれに対応しようとする。それら多様な資源は心理社会的資源（psychosocial resources）と総称されることがある（たとえば，Harber, Einev-Cohen, & Lang, 2008; Taylor et al., 2008; 浦，2009）。この心理社会的資源は大きく2つの機能を持つと考えられている。一つは状況の評価に関する機能であり，もう一つは状況の制御に関連する機能である。評価的機能については，心理社会的資源を潤沢に持つ者は状況の困難さに対するインパクト評価の閾値が高いため，困難な状況に直面した場合でもそのインパクトを低く評価できる。逆に言えば，資源が乏しい者はインパクト評価の閾値が低いため，出来事のインパクトを過大に評価すると考えられる。制御的機能については，資源を潤沢に持つ者はそれを利用することで困難な状況にあっても適切に対処できる。そのため，たとえインパクトが高く評価された出来事であっても，その悪影響を低減できる。逆に，資源が乏しい者は困難な出来事にうまく対処できず，インパクトの悪影響を低減することができないのである。

他者との関係もまた，このような心理社会的資源の一つである。過去に行われた膨大なソーシャル・サポート研究は，他者との関係性がストレスフルな状況に直面したときの人の心身の健康を左右することを示してきた（レビューとして，Cohen & Wills, 1985; 久田，1987; 稲葉・浦・南，1987; 浦・南・稲葉，1989; 浦，1992, 2012; 松井・浦，1998; 橋本，2005; 西川，2000）。そして，ソーシャル・サポートのストレス緩和仮説においては，他者との良好な関係がストレッサーの評価を低減し，またストレスフルであると認知された状況への対処をうながすと考えられている。

2. 他者との関係が脅威状況の評価に及ぼす影響

シュナール（Schnall et al., 2008）は坂道の傾斜角についての主観的な見積もりを題材に，他者との関係が脅威状況の評価に及ぼす影響を検討した。この実験

ではまず，参加者を坂道の下に立たせてその傾斜角を主観的に評価させた場合，一般に実際の角度よりも過大に見積もられることが示された。しかし，親しい友人と一緒にいるか，もしくは良好な関係にある友人のことを思い浮かべながら評定した場合には，その過大さが低減することが明らかとなった。さらには，友人関係が続いている期間の長さと傾斜の見積もりの間の相関を求めたところ，高い負の相関が認められた。

このシュナールの実験は，坂道の傾斜角という外的な環境の困難さの評定を扱ったものである。これに対して，ブラウンら（Brown et al., 2003）は，自身の感じる身体的な痛みの評定を題材として他者との関係の影響を検討した。この実験では寒冷昇圧課題を用いて，冷たい水の中に手を入れたときに感じる痛みが，この課題を一人で行っている場合と他者と一緒にいる場合とで異なるかが検討された。結果は，サポーティブな働きかけをする他者と一緒の場合には，一人で課題を行う場合や単におしゃべりするだけの他者と一緒にいる場合よりも，感じる痛みの程度が低いことを示していた。しかも，サポーティブな働きかけの効果については，積極的にサポーティブな言葉をかける条件のみならず，アイコンタクトをとるだけという消極的なサポート条件においても認められたのである。

さらに，このような脅威評価に及ぼす他者との関係の効果を神経科学的に検討したのがアイゼンバーガーらの実験である（Eisenberger et al., 2007）。この実験では，他者から排斥されるというストレスフルな状況におけるサポートの利用可能性の効果が検討された。検討の結果，サポートの利用可能性の高い人はそうでない人と比較して，サイバーボール課題中に排斥された場合のdACCの反応が抑制されること，ならびに社会的なストレッサーの強い状況においてもコルチゾールの分泌量が少ないことが示された。dACCは排斥のインパクト評価と関連する可能性が指摘されており，またコルチゾールは生体のストレス反応の指標となるホルモンである。つまり，日常的なサポートの利用可能性は，人が直面している状況のストレス評価を低減し，またその状況によって引き起こされる生体的なストレス反応を抑制するのである。

これらの研究が示すように，他者との関係の存在は心理社会的資源として状況の脅威性の評価を抑制する機能を発揮する。では，心理社会的資源としてのもう一方の機能，すなわち脅威制御機能についてはどうだろうか。

3. 他者との関係が脅威状況の制御に及ぼす影響

人が脅威状況を効果的に制御するためには，その制御に必要な資源が実際に利用できることが必要である。その資源を個人が持っているのであればそれを利用

すればよいが，持たない場合には外部から調達することになる。そのための一つの方法が，他者からサポートの提供を受けることである。このとき，提供されたサポート資源の種類が受け手のそれと一致したものであることが，脅威制御にとって重要であると考えられている（Cohen & Mckey, 1984）。

しかしその一方で，わかりやすいサポートの提供は受け手に心理的なディストレスを生じさせることでサポートの効果を弱めたり（Bolger et al., 2000; Shrout et al., 2006），あるいは逆にディストレスを高めたりする効果を持つことさえある（Bolger & Amarel, 2007）。そのようなサポートのネガティブ効果は，上方比較によって生じる情緒的なコストによって説明される。他者からのわかりやすいサポートの提供は，受け手に自分はサポート提供者よりも能力の低い人間であるという認識を生じさせる。このような上方比較はしばしば受け手の自己評価を低下させる。この自己評価へのネガティブな効果が，サポートを受けることによるポジティブな効果を打ち消したり，ときにはそれを上回るネガティブな効果となって現れたりするのである。

このように考えると，脅威状況の制御にとって重要なことは，他者との関係から得られる心理社会的資源そのものの適合性ではないことがわかる。むしろ，それを受け取ることによって受け手の側の個人としての制御機能が高まることが重要であるということである。たとえ，他者から提供された資源が脅威状況への対処にとって有益なものであったとしても，それを受けることで個人が自立性や効力感といった，内的な制御資源を失ったとすれば，提供された資源の有効性は損なわれる。

前節で紹介した諸研究は，他者との関係が人の内的な制御可能性を高める機能を潜在的に持っていることを示唆する。愛着対象としてのパートナーとの安定的な関係は，人を探索行動へと動機づけ，自己効力感を高める（Feeney, 2004）。また，ソシオメーター理論をめぐる研究は，他者からの受容が人の自尊心を高めることを示してきた（Leary et al., 1995）。さらには，単なる所属でさえ，達成動機づけを高める（Walton et al., 2012）。逆に言えば，他者との関係が剥奪された場合には，人は内的な制御可能性を低下させる可能性が指摘できる。事実，社会的排斥が人の自己制御を低めることを示す研究は少なくない（たとえば，Baumeister, Twenge, & Nuss, 2002; Baumeister et al., 2005; Twenge, Catanese, & Baumeister, 2003）。また，神経科学的なアプローチによって，実行されたサポートが排斥を受けているときの腹外側前頭前野（Vntrolateral Prefrontal Cortex: VLPFC）の賦活を高めることが確認されている（Onoda et al., 2009）。VLPFCは自己制御の神経基盤とされる脳部位と考えられている（Cohen,

Berkman, & Lieberman, 2012) ことから，社会的排斥が人の自己制御を低めることは，神経科学的にも確認されているといえる。

以上に紹介してきた諸研究は，他者との関係が個人にとって状況の脅威性の評価ならびに，脅威の制御にとって有益な心理社会的資源であることを示している。もちろん，有益な心理社会的資源は他者との関係だけではない。本節の最初に述べたように，心理社会的資源とは脅威状況への対処に必要な人の内外にある種々の資源の総称である。とすれば，他者との関係は他の資源とどのように関連し合っているのかを知ることは，他者との関係という資源の特徴を理解するうえでも，また研究知見の実践的応用のうえでも大きな意義を持つ。

4. 心理社会的資源間の関連

社会経済的地位もまた人にとって重要な資源の一つであり，その多寡によって人の心身の健康は少なからず左右される (Adler et al., 1994; Demakakos et al., 2008; Pinquart & Sörensen, 2000)。社会経済的地位の低さのネガティブな影響は人の認知や情緒に及び，そのことが心身の健康を悪化させる（たとえば Gallo & Matthews, 2003; Kraus et al., 2011）。なかでも，幼少期の貧しさの影響が大きいことが指摘されている (Gilman et al., 2002; Luo & Waite, 2005; van de Mheen et al., 1998)。

しかし，ソーシャル・サポートや社会的ネットワークといった対人的な資源があれば，そのネガティブな影響は緩和されることも示されている (Schöllgen et al., 2011)。また，未来展望を持つことが幼少期の貧しさの生理的なリスクを減少させることが示されており (Chen et al., 2012)，そのような未来展望を持つためには子どもの頃に楽観的な未来展望を持つ役割モデルが身近に存在することが重要であることが指摘されている (Chen & Miller, 2012)。さらには，未来展望が人の制御機能を高めることも示されている (Yanagisawa, Masui, Furutani, Nomura, Yoshida, & Ura, 2011)。これらの知見を考え合わせると，対人的な資源を潤沢に持つことによる効果は，そのことが認知や情動の制御機能を強めることによるものである可能性が指摘できる。

人の脅威状況における認知・情動制御の機能を高める資源については，社会的排斥に関する一連の神経科学的研究によって検討されている。この観点からの検討は他者との関係の資源としての機能を考えるうえで重要な示唆を提供する。なぜならば，社会的に排斥された状況とは，それ自体が脅威状況であるうえに，その状況に対処するための重要な資源である他者との関係の少なくとも一部を失った状況でもあるからである。そのような状況においては，他者との関係以外の資

源の有効な利用が重要な意味を持つ。

　すでに述べたように，社会的な排斥は自己制御（self-regulation）あるいは自己統制（self-control）の神経基盤であるとされている腹外側前頭前野（VLPFC）を賦活させる。柳澤ら（Yanagisawa et al., 2013）は，幼少期における家庭の社会経済的地位の水準が，排斥されているときの心理的ディストレスならびにVLPFCの賦活と関連することを明らかにしている。高地位の家庭で育った子どものほうが排斥されているときのVLPFCの賦活が高く，またディストレスが低かったのである。これと同様の効果が一般的信頼（Yanagisawa, Masui, Furutani, Nomura, Ura, & Yoshida, 2011）と時間的展望の遠さ（Yanagisawa, Masui, Furutani, Nomura, Yoshida, & Ura, 2011）においても認められている。一般的信頼が高いほど，また遠い未来を展望するほど排斥されているときのVLPFCの賦活が高く，ディストレスが低かったのである。

　これらの結果は，心理社会的資源としての他者との関係が脅威状況の内的な制御機能を高めること，そして，それは少なくとも社会経済的地位，一般的信頼，未来展望によって代替され得るものである可能性を示唆している。当然のことながら，私たちが利用し得る心理社会的資源はこれらだけではない。種々の個人的属性や信念システム，あるいは一時的な感情状態までも，資源として機能し得る（Harber et al., 2008）。それらの資源のそれぞれが具体的にどのような機能を発揮するのかの詳細を明らかにし，それらが他者との関係の持つ機能といかに関連するかを検討することは，他者との関係とは何かを知るための重要な課題である。実はこのような検討はすでにいくつかの領域で進められている。とくに，他者との関係をマクロ環境の中で位置づけその機能を検討しようとする試みにおいては，活発に検討されてきた。

6節　マクロ環境としての他者との関係

1. コミュニティの対人環境の影響

　先に検討したように，社会経済的な地位や一般的信頼は，心理社会的資源としての機能の点で他者との関係の代替物となる可能性がある。公衆衛生学や社会疫学研究では，よりマクロな視点からこれらのそれぞれが人の心身の健康にどれくらいの影響を及ぼすのか，またどのように影響するのかが検討されている。たとえばツィルシュら（Ziersch et al., 2005）は，オーストラリアで行われた大規模サンプルの調査に基づき，近隣の諸変数の健康への影響を分析している。その結果によると，近隣の安全性（夜に安全に散歩できるかどうか，家が安全である

かどうかの程度として表される)は身体的健康ならびに精神的健康と関連し,近隣における対人的つながりの強さは精神的な健康とのみ関連していた。さらには,収入や学歴といった社会経済的地位の指標は身体的健康と精神的健康の双方と密接な関連を示していた。またピンクォートとソレンセン (Pinquart & Sörensen, 2000) は,高齢者を対象とした研究のメタ分析によって,社会経済的地位,社会的ネットワーク,そして有能感のいずれもが主観的幸福感と正の関連性を持つことを明らかにしている。

これら個人を単位とした研究とは別に,社会や地域を単位とした研究もある。カワチら (Kawachi et al., 1997) はアメリカ合衆国で行われた疫学調査によって,州単位での経済的な不平等性が州単位での信頼の水準を仲介して死亡率と関連することを示している。経済的不平等の大きな州ほど他者を信頼しない州民の割合が高く,他者を信頼しない州民の多い州ほど死亡率が高かったのである。犯罪との関連を分析したものもある。ケネディら (Kennedy et al., 1998) は合衆国での調査データをもとに,他者を信頼しない州民の割合,ボランティアグループのメンバーである州民の割合,ならびに各州の経済的な不平等さが種々の犯罪の発生率とどのように関連するかを検討している。分析の結果,これら3つの指標はいずれも銃による殺人事件と強い関連を持つことを示していた。わが国においても,都道府県単位のボランティア活動行動者率が犯罪発生率と負の関連を持つことが示されている (内閣府国民生活局, 2003; 浦・古谷, 2008)。

2. ソーシャル・キャピタルとしての他者との関係

これらの研究における,近隣や州,あるいは都道府県内での対人的つながりや他者への信頼,そしてボランティア活動行動者率はいずれもソーシャル・キャピタルと関連する。ソーシャル・キャピタルとは,社会における対人的なネットワークの中に埋め込まれた規範や信頼の総称であり (Putnum, 2000),個人的な特性を示す変数として扱われる場合もあれば,集合的な特性を示す変数として扱われる場合もある。たとえば,ある個人が他者をどれくらい信頼しているかは個人的な特性であるが,ある地域内において他者を信頼している人の割合は,その地域における集合的な信頼の程度を示すものとなる。また,ある地域内でのボランティア活動行動者率はその地域全体での向社会性や互酬性規範の共有度の指標となり得る。さきに紹介した諸研究は,このようなソーシャル・キャピタル諸変数が近隣の安全性や経済指標等と独立して,あるいは相互に関連し合いながら個人としての健康や幸福感,さらには地域全体としての死亡率や犯罪発生率と関連することを示している。

第5章 他者との関係

　これらのうち個人変数としてのソーシャル・キャピタルと健康や幸福感との関連については，なぜそれが認められるかを理解することは容易だろう。他者を信頼している者ほど，あるいは互酬性規範を内在化している者ほど，他者との間に良好な関係を築きやすい。逆に言えば，「人を見たら泥棒と思え」とばかりに他者を信頼せず，また互酬的にふるまおうともしない者は他者との良好な関係は築きにくい。このような他者との関係の良好さの程度が個人の適応の水準を左右することは，ここまででさまざまな観点から述べてきたとおりである。

　一方，集合的な指標としてのソーシャル・キャピタルの影響についてはどうだろうか。まず，上記の個人的な影響過程が集まれば，集合的な現象となって現れるだろう。たとえば，他者を信頼しない人が多い地域においては社会的に孤立している人が多くなり，そのことによって個々人に生じるネガティブな影響が集積される形で地域全体の死亡率や犯罪発生率が高まるということである。

　しかし，これとは別の影響過程も想定できる。ある地域における全体的な信頼の水準は，その地域における互酬的な関係の築きやすさを左右する。他者を信頼する人の割合が高ければ，「情けは人のためならず」というような一般性を持った互酬性規範が共有されやすい。逆に，地域内で他者を信頼する者の割合が低くなるほど，個人としてどれくらい他者を信頼しているかの程度にかかわらず，一般に他者との安定的な関係は築きにくくなる。またそのような地域では，対人的な相互作用場面で拒絶されたり排斥されたりする機会も多くなろう。これらのことは，少なくとも2つの過程を経て人の心身の健康や適応的な行動に影響する。

　一つは，心理社会的資源としての他者との関係の利用可能性が，人々の脅威状況への対処に影響する過程を考えることができる。上記のとおり，ある地域内で他者を信頼する人の割合は，その地域での互酬性規範の共有度を左右する。結果として，地域全体としての信頼の水準は，その地域に住む人々の脅威状況への対処可能性に影響するだろう。「情けは人のためならず」と考えている人の多い地域では，人々は互いにサポートし合いながら，地域全体の適応水準を高めることになる。逆に，人々が疑心暗鬼に苛まれながら生活を続ける地域では交換されるサポートの量は少なく，結果として脅威状況への対処可能性も低くなるだろう。このように，地域的な特性としてのソーシャル・キャピタルは地域全体の脅威事態への対処可能性に影響することを通じて，地域的な適応水準を左右する。

　しかし，地域特性としてのソーシャル・キャピタルの影響が認められるのは脅威状況においてのみではない。このことについて，以下ではネガティブな影響過程に焦点を当てて検討する。

3. 社会的規範としての他者との関係

 さきに述べたように，集合的な信頼の水準の低い地域では，人々は個人としての信頼の水準がどうであれ，対人的な相互作用場面で拒絶されたり排斥されたりする機会が多くなるだろう。このことは，社会規範についての信念や個人と社会との間にある暗黙の契約を損なうことにつながる。そして，それが人々の自己制御への動機づけを低下させる結果として，個人的にも社会的にも望ましくない影響が及ぶ可能性が指摘できる。

 社会には，人々は協調的かつ公正にふるまうべきだという規範が存在する（Fehr, Fischbacher, & Gächter, 2002; Fehr & Fischbacher, 2004）。また，人は社会が公正にできているという信念を持つ（Lerner, 1980）。さらに，人と社会との間にはある暗黙の契約が存在すると考えられている。それは社会がある個人を受け入れる限りにおいて，その個人は社会的に有益な人間としてふるまえるよう利己的な欲求や衝動を自己制御するというものである（Baumeister et al., 2005; DeWall et al., 2008）。ある地域内において人を信頼できない人々の割合が高くなることは，その地域の社会規範やそこに住む人々の信念を脅かすことになる。自分がいくら他者を信頼し協調的にあるいは公正にふるまおうとしても，周囲の他者がそれに応えて同じようにはふるまわないとしたら，人々は疎外感を覚えるだろう。そして，この疎外感によって社会の間の暗黙の契約が損なわれるために人は自らの利己的な欲求や衝動を制御しようとしなくなり，その結果として心身の健康が損なわれ（Carver & Scheier, 1982），攻撃性が高まる（DeWall et al., 2007）という一連の過程が想定できる。

 このような一連の過程を想定することで，経済格差が人々の健康や反社会性に影響する（Kawachi et al., 1997; Kennedy et al., 1998）のはなぜなのかが説明できる。経済的な格差が拡大すると，貧しい人々は自分が社会から公正に扱うべき存在と認められていないのではないかという疑念を抱くようになるだろう。この疑念は他者に対する信頼の低下となって現れる。格差が拡大するほど信頼の低下も進み，地域全体の信頼の水準を低下させる結果となる。このことが，上述の影響過程を経て，地域全体における心身の健康の低下や反社会性の増大につながると考えられるのである。

 このように，他者との関係を社会規範の観点からとらえることで，少なくとも経済的格差という社会構造的な要因と人の心身の健康や社会行動との関連性についての説明が可能になる。このような経済的格差と同様の効果を持つ社会構造的要因としては他にも多様なものが考えられる。たとえば，集団間や組織間での移動可能性の低さや集団・組織の地位の変動性の低さ，社会的に共有されたステ

レオタイプなどはいずれも，社会は公正であるべきだという人々の信念を損なう。そして，他者とは協調的かつ公正な関係を取り結ぶべきだという社会規範が弱体化することで人々の間に疑心暗鬼を生み，結果的に人の心身の健康や社会行動に悪影響が及ぶことが予測される。このような予測の妥当性を実証的に確認することは必ずしも容易ではないが，長期的な視野で取り組むべき重要な課題である。

7節　おわりに

　他者との関係を欠くことは人に痛みをもたらし，冷たさを覚えさせる。これは比喩表現としてではなく，脳部位の反応，あるいは体性感覚としての温度として現れる。人はこれらの痛みや冷たさを内的な処理資源を用いて処理しようとするのだが，それが長期化すると資源は枯渇する。そのことはしばしば，個人としての安定性やポジティブな志向性を損なうことにつながる。さらに，他者との関係を欠くことは，ソーシャル・サポートという心理社会的資源を失うことでもある。それは脅威状況のインパクト評価を増幅するとともに，そのインパクト制御を阻害する。また，そのような資源はマクロ環境の中に埋め込まれた他の多様な資源と独立して，あるいは相互に関連し合いながら人の心身の健康や社会行動に影響する。たとえば，経済的に貧しいこと，格差の大きな環境の中で生きることは，他者との関係を不安定なものにすることを通じて個人の心身の健康を損ない社会行動を劣化させる。

　本章で示してきたこれら一連の過程は，他者との関係とは何なのかについての一つの答えを示しているようである。他者との関係が不安定なものになれば，個人の安定性が損なわれるとともに，よりマクロな社会環境も安定性を失う。また，社会環境の不安定さは他者との関係の安定性を損ない，それが個人の安定性を脅かすことになるだろう。逆に，他者との関係が安定的なものであれば，社会環境の不安定さや厳しさが個人に及ぼす悪影響が緩和される。つまり，他者との関係は個人ならびに社会と双方向的に影響を及ぼしあいながら，それら全体的なシステムの安定性を維持するよう機能する一つのサブシステムであると表現できる。

　もちろん，このような全体的な影響過程のより的確な理解のためには，他者との関係以外の多くの側面に焦点を当てた検討が必要である。他の章で詳細に検討されている諸側面が他者との関係といかに関連し合っているのかを考察することで，人と社会の関係についてのよりよい理解が得られるだろう。

第6章

グループメンバーシップ

1節　はじめに

　個人の心の中枢を担う脳の成り立ちとその活動のありようは，実のところ，その個人がどんな集団生活を送っているかによって，強く影響を受けているらしい。

　脳と社会との関係が実証的に検討され始めたのは，ごく近年のことである。ブラザース（Brothers, 1990）によって使われ始めた社会脳（social brain）という概念は，ダンバー（Dunbar, 1998）の社会脳仮説の提唱以降，多くの注目を集めてきた。ダンバーは，全脳に対する新皮質の割合が，霊長類の種の違いによって異なるか検討し，その結果，新皮質の割合には，種の違いという生得的要因よりも，その霊長類が生活のために形成する集団の規模が大きくかかわっていることを指摘したのである。

　もちろん，一人ひとりの健全で幸福な心の状態を実現するには，充実した円満な人間関係に支えられた集団生活が必要であることは，経験的に理解されてはきた。他方，充実した集団生活にしても円満な人間関係にしても，さまざまな心のありようを抱えた複数の個人が集まって作り上げている点も同様である。個人の心や行動と集団生活は，絶えず影響し，影響される相互作用によってダイナミックに変動していることは，社会心理学の常識になっている。しかし，人類がこの地球にその歩みを刻み始めたときから数十万年の時間を経て，個人と集団の相互作用ダイナミックスが，脳の構造に変化を与えてきた可能性があるという指摘は，新たな視野の拡張をもたらすものである。

　心（脳）と社会（集団）は，分かち難くつながっていることを，ダンバーの研究知見は象徴している。とすれば，これらを別々の研究領域として検討することが常態となっている社会心理学のアプローチを見直してみることのほうが大事かもしれない。本章では，このような観点から，グループのメンバーシップや集団

行動,集団現象に関する社会心理学研究の成果を振り返りながら,これからの研究課題について考えてみたい。個人と集団の相互作用ダイナミックスを明らかにする社会心理学研究は,これまでに多様な研究知見と構成概念を生み出してきている。心と社会をつなぐべく知を統合しようとするとき,これらの構成概念は互いにどのように関連づけられるのか検討してみよう。そして,その整理に基づいて,これまでの集団場面における人間行動研究,そして複数の個人が集まって活動することで作り上げられる全体的な集団特性に関する研究のこれからに向けて,取り組むべき課題について考えてみたい。

2節　集団の概念をめぐって：影響過程の視点を軸に

1. メンバーにとって集団とはいったい何なのか

　形態で考えれば,2人以上の個人の集まりを集団であるとすることは無理のないところだろう。しかし,AとBの2人の集まりを集団とした場合,Aが影響を受けるのはB個人からであり,Bが影響を受けるのもA個人からである。このとき「AとB」は「集団からの影響」を受けるといえるのだろうか。もし2人の集まりであっても,集団からの影響がメンバー個々に及ぶとすれば,その場合の集団とはいったい何をさしているのだろうか。

　3人以上のメンバーからなる集団についていえば,個々のメンバーに影響を及ぼすのは2人以上の他のメンバーとなる。この場合,2人以上が影響を及ぼすのであるから,形態的には集団からの影響を受けると表現しても差し支えはないだろう。とすれば,影響源が個人どうしでしかない2人は集団とは呼べず,3人以上からが集団と呼ぶべきものなのだろうか。

図6-1. メンバーに影響を及ぼしているのは,他のメンバーたちなのか,自分を含む集団全体の存在なのか

上記のような議論は,「集団からの影響」というとき,「その集団とは,自分以外のメンバーの集まりを意味しているのだろうか」という疑問につながる。また,「自分以外のメンバーたちが個々に自分に対して及ぼしてくる影響力の合算が,集団からの影響と呼ぶべきものなのだろうか」という疑問も浮かんでくる。その答えとして,個人が,自己も含めて認知的に構成する集団全体こそが,影響源としての集団なのではないか,という考えも浮かんでくる。

集団場面を扱った社会心理学の研究は,レヴィン（Lewin, 1947）が提唱した集団力学（group dynamics）が強力な推進力となって,〈個人の心理⇄個人の行動⇄対人関係⇄集団現象⇄集団間関係〉という多重の階層の相互作用を視野に入れた豊かな研究成果を積み上げてきた。上述の議論に関しても,斉一性の圧力,集団規範の生成,集団内の同調行動など,集団場面で個々のメンバーが受ける影響に関する概念は次々にあげることができる。

しかし,集団からの影響といいながら,自分以外の他のメンバーたちからの影響をさす場合もあれば,自分を含めた全体としての集団を個人が意識するときに生まれる影響をさしている場合もある。本書のテーマである,心と社会をつなぐ知の統合を,集団研究の文脈をとおして目論むとすれば,「そもそも集団とは何か」という問題を心理学的に問い直してみるところから始めることに意味がありそうだ。その議論の基軸となるのは社会的影響過程に関する数々の研究知見である。

2. 他のメンバーからの影響と集団からの影響との区別

まず,周囲のメンバーからの影響によって生じる行動や現象と,その発生過程を説明する概念を取り上げよう。周囲に他者がいることで,課題遂行のパフォーマンスが上昇する現象は社会的促進（social facilitation）と呼ばれるが,この現象は一定ではなく,逆に周囲に他者がいることでパフォーマンスが落ちてしまう現象がみられることもある。こちらは社会的抑制（social inhibition）と呼ばれたり,社会的手抜き（social loafing）と呼ばれたりする。

これらの現象の発生理由を説明しようとするとき,それぞれに異なる論理が用いられる。社会的促進や社会的抑制の場合,単に他者存在そのものが個人のパフォーマンスに影響するという観点から説明がなされる。ザイアンス（Zajonc, 1965）は,単純存在効果（mere presence effect）を提示して,他者の存在それだけで,覚醒水準（arousal）が高まり,その結果,パフォーマンスが促進されると説明した。この説明は,課題が単純だったり習熟したものであるときは促進につながる一方,逆に複雑だったり未習熟なものだったりするときは抑制につな

がるというように，促進と抑制の両面に拡張して適用されることがある。また，他者が存在する状況のみならず，ひとりぼっちの部屋でも鏡に映った自分が見える状況ならば，社会的促進や抑制がみられることもある。自己への客観的な注意が高まることが，これらの現象を引き起こすことは，デュヴァルとヴィックルンド（Duval & Wicklund, 1972）が提唱した客体的自己覚知理論（objective self-awareness theory）からも説明できる。

これに対して，社会的手抜きに関しては，集団による課題遂行状況であることが前提となっている。援助行動研究をきっかけにして責任性分散仮説（diffusion of responsibility hypothesis）を提唱したラタネとダーリー（Latané & Darley, 1968）は，集団のパフォーマンスの優劣については，自分一人だけが責任を問われるわけでなく，他のメンバーも合わせて責任を負うのだから，相対的に自己の責任は小さくてすむと感じる個人の安心感が，個人の最高のパフォーマンスを発揮しようとする動機づけを抑制してしまうと論じている。ラタネら（Latané, Williams, & Harkins, 1979）は，大声を出したり，拍手をしたりする課題を使って，単独遂行状況と集団遂行状況でのパフォーマンスを比較する実験を行った。その結果，所属する集団のサイズが大きくなると，メンバー一人あたりのパフォーマンスは低下したことが明らかになった。

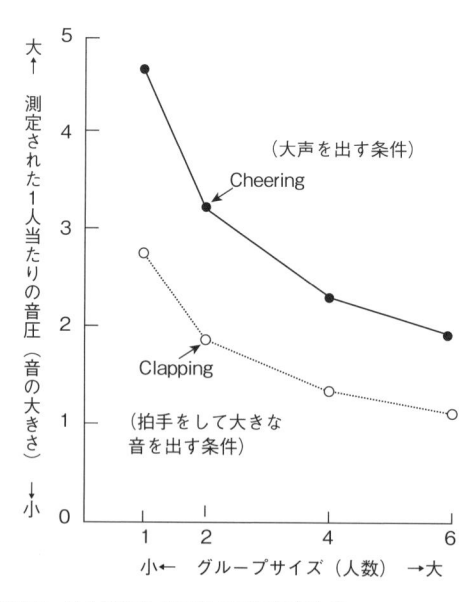

図 6-2. 社会的手抜きに関する実験結果（Latané et al., 1979）

●第6章　グループメンバーシップ

　ここで気になるのは，ラタネらの実験の場合，周囲に存在するのは単なる他者ではなく，自分が所属する集団のメンバーたちであり，互いに集団のパフォーマンスに責任を持つ関係者であるとの認知を，強かれ弱かれ抱きながらの課題遂行なのではないかという点だ。集団だけでなく，コミュニティや群集のような，メンバーと非メンバーの境界が曖昧な集まりであろうとも，各自がそのメンバーであり，互いに一定の社会的責任を共有していると認知する人々は，その集合体からの影響を受けることになると考えられる。自己を集団の一員とみなすからこそ生まれる集団からの影響があり得るのではないだろうか。

　ラタネ（Latané, 1981）は，社会的手抜き研究をさらに進めて，個人が他者から受ける影響は，影響源となる他者の人数×その他者が個々に持つ影響力の強さ×その他者との空間的・時間的な近接性によって規定されることを定式化した社会的インパクト理論（Social Impact Theory）を提唱している。この理論展開を見れば，彼は，単なる他者存在が個人に影響を及ぼす現象に焦点を当てていることが明確である。たしかに，実験のために集められた一時的な集団では，個人が集団の一員であることを認知することが，どれほどその個人の行動に影響するのかについては曖昧でしかない。社会的インパクト理論が取り上げた変数はいずれも客観的に測定可能なものであり，理論としては頑健である。

　しかし，レヴィン（1951）が「心理学的場（psychological field）」と称し，杉万（1992）が「かや」と表現するものは，個人が自己を集団の一員であるとみなすところから生じる集団からの影響の存在を想定させる。このとき，自分が現在おかれている状況がどのようなものなのかを認知して，社会的現実（social reality）を構築する心理メカニズムが重要な働きをしていることも大事である。

　これが自分の所属する集団であるか否かという認知の違いは，構築される社会的現実の違いにつながり，ここでどのように判断し行動することが正しいのか考えるときの基盤となって影響を及ぼすことになる。「旅の恥はかきすて」と思えるのは，ここは自分の所属する集団（あるいはコミュニティ）ではないという認知が働くからであり，「集団からの影響」というときの集団は，そのメンバー個人が自ら所属していると認知する集団であり，そう思うからこそ影響を受けてしまうのだと考えられる。個人を中心とする視点に立てば，集団は個人の心の中にこそ存在するとさえいえるのかもしれない。もちろん，物理的な意味ではなく，心理的な意味で，である。

3. 集団はメンバーの心の中に存在するのか

　他メンバーからの影響と集団からの影響とを区別する視点を明確にしたところ

で，ここからは，集団の影響によって変化するメンバーの認知や行動に関する研究知見を参考に，メンバーにとって集団の存在とは，いかなるものなのか議論してみよう。集団は個人の心の中にこそ存在するという表現は，果たして妥当なのだろうか。

集団が形成され，時間が経過するにつれ，メンバーには斉一性の圧力（uniformity pressure）がかかることが知られている。シェリフ（Sherif, 1937）は，自動光点運動の知覚判断実験に参加した人々が，初期段階では互いの判断に食い違いがあっても，実験の進行とともに，判断値が近づくように互いに調整しながら，しだいに全員の判断値を一つに収斂させ，集団規範（group norm）を生成していった様子を報告して，集団場面では，全員の意見や態度を一つに収斂させようとする斉一性の圧力が働くことを指摘した。シェリフの主張は，個人レベルの相互作用がまとまりのある一つの全体性を作り上げる力を内包していることを示唆している。マイクロ－マクロ・ダイナミックス，複雑系科学（complexity science）的アプローチの萌芽は，すでにシェリフの研究の時点で見いだすことができるのである。ただ，本節におけるポイントは，斉一性の圧力とは，集団が発揮するものなのか，メンバー個々が主観的に（ある意味で勝手に）認知するものなのか，どちらなのだろうか，という問題である。

集団からの影響に関する社会心理学的関心をさらに強く引き起こしたのが，同調（conformity）の研究である。とりわけ，アッシュ（Asch, 1956）が行った公的受容（public acceptance）による（規範的影響による）同調の実験結果は，集団によるメンバー個人への影響力の強さを実証するものとして注目を集めた。集団内の自分以外の全員（多数者）が明白に誤った見解を示すとき，自分が正しいと考える見解を単独であっても多数者に提示することができるか，というリサーチクエスチョンについて検討したアッシュの実験の結果は，6割以上の被験者が，自己の見解を主張するよりも多数者への同調を選択したことを示すものだった。この結果は，明白に間違った見解にさえメンバーを屈服させるほど集団からの影響は強力なのか，という衝撃を持って受け取られ，集団と個人の関係を検討する研究を活性化した。

アッシュは多種多様に条件を操作して同調に関する実験を行っており，その中で，自分以外の他メンバーが全員一致の状態のときに，同調圧力はきわめて強力である一方，その全員一致が崩れると，同調圧力は弱まることも明らかにしている（Asch, 1951）。全員一致の状態だった他メンバーの中から一人でも異なる意見を提示するメンバーが出てくると，たとえその意見が自分の意見とは異なるものであったとしても，多数意見に同調する人の割合は大きく減少したのである。

この場合，自分とは異なる意見を持つ他者の数というよりも，集団における意見分布の変化が，個人の同調行動の変化をもたらしたと考えられる。すなわち，集団として全体的にどのような状態にあるのか，という認知が，個人の行動に影響を及ぼしたのである。

同調は，公的受容によってのみ生まれるとは限らず，多数者の見解や行動を，自分がおかれている現実においては，それが正しいことなのだと認知することによって発生する私的受容（private acceptance）による同調の存在も明らかになっている。集団（＝多数者）は，現実としての正しい（妥当な）判断や行動を示す存在でもあって，個人にとっては，より円滑な社会生活を送るためのモデルを提示してくれる存在であることも多い。このことに着目し，人間が同調する理由について検討を進めたフェスティンガー（Festinger, 1954, 1962）は，社会的比較理論（social comparison theory），認知的不協和理論（cognitive dissonance theory）を提示するとともに，個人が社会的現実を構築する認知過程の特性を明らかにして，その後の社会的認知研究の隆盛の一つの起点となった。

集団場面で見られるメンバー行動の検討が，個人の社会的認知過程研究の面白さと重要性にスポットライトを当てる結果になったことは，社会心理学の研究が，そもそも重層性を大切にしながら進められてきたことを裏づけている。そして，集団場面で個人が受ける影響は，他メンバーたちの個々が示す動向の総体によるものだけでなく，集団としてどのような状態になっているのかに関する個人の認知にも源があるといえそうである。集団は物理的な存在としてよりも，メンバーが自己の所属する集団として認知的に表象し，心の中に存在するようになることで影響を及ぼすようになると考えられる。

4. 集団がメンバーに及ぼす意識下の影響について

重層性を大切にしながら，といいつつ，社会心理学研究の主流が，フェスティンガーの一連の研究を契機に，一気に個人の社会的認知過程研究へと雪崩を打ったことは，実際に発表された論文のテーマを見ていけばはっきりしている。そうした個人の認知や行動に焦点を当てた研究は，個人の内的過程により緻密な検討を加える方向性を持っていた。そんなメインストリームに対抗するかのように，個人の心理過程と社会現象との関連を検討するアプローチが，ヨーロッパを中心に登場した。その代表が，タジフェルとターナー（Tajfel & Turner, 1979）による社会的アイデンティティ理論（social identity theory）の提唱である。

彼らは，個人の自己概念を探索する何気ない些細な意識下の心理行為（マイクロ・レベル）が，民族紛争や宗教紛争，偏見や差別といった社会現象（マクロ・

レベル)を引き起こす強力な源泉になっていると指摘し,実験による実証を進めた。この研究の登場は,マイクロ-マクロ・ダイナミックス研究への関心を喚起することになった。彼らの理論は,集団の一員であることがメンバー個々にもたらす心理的影響について精緻な検討を加えることが,集団や群集,さらには社会で発生するさまざまな現象を理解するうえで,大いに有効であることを実証するものでもあった。

　フェスティンガーが指摘した個人が認知的に行う社会的現実の構築は,タジフェルらが指摘した個人が自己概念(self-concept)を探索し,自己の所属する内集団(ingroup)を同定する認知行為と密接に関連している。そして,自己概念を,自己の能力や性格等,他者とは独立した属性で説明しようとする個人的アイデンティティと,自己が所属する集団や社会の一員として,すなわち他者との関係性で説明しようとする社会的アイデンティティの,大きく2つの領域から成り立つと考えて,集団はそのメンバーに社会的アイデンティティをもたらす機能を持つことに注目した。

　ただし,社会的アイデンティティは,確固たる唯一の集団からのみもたらされるのではなく,むしろ逆に,自己の所属する集団は状況によって柔軟に多様に変容すると指摘したことが,タジフェルたちの理論の特徴である。たとえば,クラスメートたちとジェンダーについて議論しているときは,男女の性別がカテゴリー分けの基準として認知されやすい。男子学生は男性からなる集団が,自己の所属する集団,すなわち内集団であり,女性からなる集団は外集団であると認知することになる。ところが,話題が原発問題に移ると,先ほどの性別によるカテゴ

"自分とは何者か?"への自分なりの答え

↓

自己概念

個人的アイデンティティ
特定の他者個人(両親や親友など)との親密で永続的な人間関係に基づいた独自の自己記述

社会的アイデンティティ
所属する集団や社会的カテゴリー(国家や人種,性,職業等)の一員であることを意識するところから生まれる自己記述

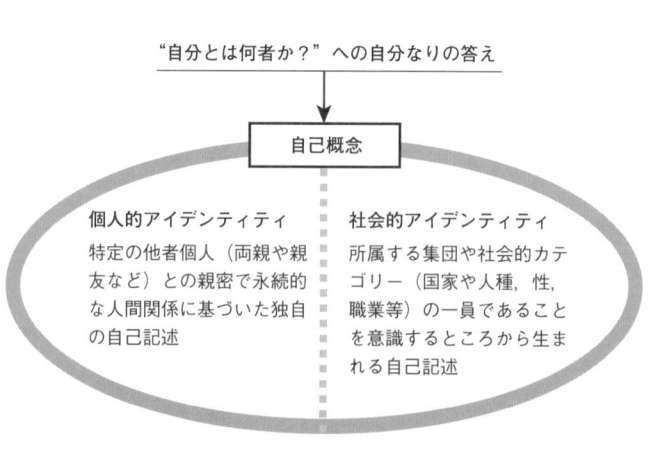

図6-3. 社会的アイデンティティ理論における自己概念の構造

リー分けは意味をなさなくなり，原発賛成派か反対派かという基準が気になり出す。カテゴリー分けは，自己のおかれている社会的文脈によって容易に変動するわけである。とすれば，社会的アイデンティティの根源である内集団も多種多様に存在することになり，社会的アイデンティティは，個人の思考や判断，行動にさほどの影響を与えないと考えられる。

　もちろん，その個人にとって非常に重要な内集団が存在すれば，強力な社会的アイデンティティが構築され，その個人の認知や行動に強く影響を与えることは想像できる。信仰する宗教集団への社会的アイデンティティは，時として自爆テロさえも正当化する心理につながることがある。しかし，タジフェルたちが指摘し，実験によって実証したのは，ごく些細な特性に基づくカテゴリー分けによって内集団と外集団の区別がなされた場合でも，私たちは内集団のメンバーをひいきし，外集団（outgroup）のメンバーたちに差別的な態度をとってしまうことであった。

　些細なきっかけによって構築される内集団と外集団の識別は，なぜそれほどまでに個人の判断や行動に影響を与えるのか。その理由は，個人が自分の所属する内集団を同定することは，自己のその時点における社会的アイデンティティを内集団の存在に基づいて構築するからであるとタジフェルたちは考えている。すなわち，変動し続ける状況の中で，個人は，今は現実としてどのような場面であるのか，そして，自分は何者であるのかという自己概念にかかわる素朴な疑問を自己に対して発し続けざるを得ない。もちろん，状況に関係なく，自分自身の能力や性格等で自己を説明する個人的アイデンティティは，安定した自己概念をもたらしてくれる。しかし，多様に変化する状況のもとでは，自己概念を確認するには，自己が所属する内集団を同定して得る社会的アイデンティティの確保が重要な機能を果たすことが多くなる。

　他律的につくられた集団の一員となる場合のみならず，個人は直面する社会的状況の中で，自律的に自己の所属する集団を同定するのである。その心理的行為は内集団と外集団の識別を引き起こし，内集団への協力的で援助的な行動と同時に，外集団への攻撃的で差別的な行動につながる。受け身のメンバーシップだけでなく，能動的にメンバーシップを求めることは，集団からの影響を生み出していくといえるだろう。

　以上，本節の議論を整理すると，個人が集団から受ける影響は，①他メンバーからの個対個からなる影響の総体，②自己を含む集団全体の動向を意識するところから生まれる影響，そして，③自己の社会的アイデンティティの拠り所とするところから生まれる影響というように，多重的性質を持っているといえそうであ

る。個人にとって，集団は物理的には周囲や外部に存在しながら，心理的には自己の心の中にも存在することで，潜在的に深く個人の認知や行動に影響を及ぼしている。個と集団は分かち難くつながっていることは確かである。

しかし，ここまでの議論は，あくまでも個人を影響の受け手に位置づけたうえでのものである。いうまでもなく，逆方向，すなわち，個人の影響によって集団が変化する過程もあるし，そこに注目する研究も多数存在する。少数者影響研究やリーダーシップ研究，集団意思決定研究等は，その代表である。個人から集団に影響を及ぼすという場合，その集団とはいったい何をさしているのだろうか。そもそも集団を一つのまとまりととらえるとき，集団のどんな特性をさしてまとまりのある存在とみなしているのであろうか。社会心理学的に集団とは何かを考えるとき，この疑問に答えることは重要である。次節では，この観点から，集団の心理学的意味について論考していく。

3節 集団の全体的特性をめぐって

1. メンバーの相互作用は何を作り上げるのか

メンバーたちが相互作用することで作り上げられる集団全体の特性にはさまざまなものがある。集団で課題遂行する場面で見られる集団パフォーマンスの特性は，メンバーの相互作用のありようを反映するものとなる。また，集団意思決定の場面で，合議によって導かれる結論に見られる特性は，メンバーの相互作用が作り出す全体的特性の身近で代表的なものである。他にも，好き嫌いの対人関係に基づくソシオメトリック構造や，互いの影響力の強弱によってできる勢力構造，またメンバーどうしの対話や情報交換行動に基づいてできあがるコミュニケーション構造等の，対人関係構造があげられる。さらには，集団規範やチームワークといった特性も，メンバーの相互作用が作り上げる集団の全体的特性といえるだろう。

ここで大切なのは，その集団全体の特性が，メンバー個々の心理や行動に分解して理解できるものなのか，分解して理解することが困難な全体的統合性を持ったものなのか，という点である。たとえば，コミュニケーション構造は，各メンバーが誰とどのくらいコミュニケーションをとっているかを測定した個人の行動データに基づいて構成されるものであるから，個人の行動レベルに分解することは可能である。ソシオメトリー構造や勢力構造も同様である。しかし，集団意思決定（group decision making）になると，それほど容易に分解することができなくなる。メンバー全員で話し合って，多様な意見を出し合った結果，一つの結

論に全員一致で合意した場合，その結論はメンバー全員によるものであり，個々のメンバーに帰属させることは意味を持たない。

集団メンバーにとって「見えざるルール」とも呼ぶべき集団規範になると，さらに複雑な様相を呈する。メンバーが相互作用しながら共有するに至る判断や行動のルールは，集団によって少しずつ異なるものになることがある。たとえば，野球やサッカーという同じ競技を行うチームであっても，それぞれにチームカラーと呼ばれる全体的な特性があることをイメージしてもらうとわかりやすいだろう。同じ歌であっても，違う人が歌うと微妙に異なる歌い方になるのと同じように，同じ競技であっても，チームが違うと戦い方に違いがみられることは多い。むしろ，集団によってそうした全体的特性の違いがあることはあたりまえのことであろう。

では，集団の全体的な特性の代表である集団規範は，その集団のメンバー個々に要素を分解することができるだろうか。規範を特徴づける影響力の強いメンバーもいるであろうが，それでもできあがっている規範は，メンバー全員の相互作用の結果で生まれたものであって，規範の要素をメンバー個々に分解して帰属することは難しい。

メンバーの相互作用は，分解することの困難な集団の全体的特性を創発することがあるところに特徴がある。そして，前節からの流れを引き継いで言及するならば，集団規範や雰囲気のような全体的特性は，メンバー個人を離れて存在するのか，それとも個人の心の中に存在するのか，という検討課題も浮かんでくる。集団規範自体は目に見えるものではないので，ある時点まで集団規範の存在を認知していなかったメンバーが，その存在を認知したときに初めてその個人の心の中に規範は立ち表れると考えることもできる。しかし，実在しないものを認知することはできるのであろうか。規範だけでなく，雰囲気にしても組織文化，学級風土など，集団の全体的特性を表す概念はたくさん存在する。このまとまりをもって分解困難な特性に対して，社会心理学はどのような検討を加えてきたのであろうか。

2. 還元主義的アプローチの有効性とその限界

集団形成の初期段階から時間が経過するについて，「我々意識（we-feeling, we-ness）」が生まれ，集団凝集性（group cohesiveness）が高まる現象がみられることは多い。集団凝集性とは，メンバー個人を集団にとどまらせるように働く力として定義されている。集団の対人関係への魅力や，集団が取り組む課題の持つ魅力によって個人が感じる力を集計し，合成することで表されるものである。

すなわち、そもそもは集団が形成から発達する過程でみられる現象を説明するために構成された概念である。メンバーたちが連携してよく団結している集団の状態を説明しようとするときに、個人の心理に基づいてそれをやろうとしている点は特徴的である。たとえば、5人集団の中で1人は非常に集団にとどまることに魅力を感じているとして、残りの4人はさほどの魅力は感じていないとする場合、この集団のまとまりの良さはどのようなものだと考えればよいのであろうか。5人の集団凝集性の平均値をもって集団のまとまりの良さと考えてよいだろうか。それでは不十分だと指摘するのは容易である。では、十分なものとするには、どうすればいいのか。これは社会心理学に突きつけられている重要課題といえるだろう。

　全体（マクロ）としての現象の原因を、全体を構成する個々の要素（マイクロ）に求めるアプローチは、還元主義（reductionism）と呼ばれる。ルネッサンス以降の自然科学の急速な発展は、還元主義的アプローチに支えられたものである。医学は、病気の原因は病原菌という微細なレベルの要素に帰属できることを明らかにすることで、治療や防疫に飛躍的な進歩をもたらした。物理学や化学も同様の歩みを刻んできた。いつしか科学とは還元主義的なアプローチをとることであるという信念に似た思いが科学者たちには芽生えていたようである。デカルト（Descartes & Gröber, 1637/ 谷川（訳），1997）が『方法序説』の中で、「世界は時計仕掛けのようなものであり、部品を一つ一つ個別に研究したうえで、最後に全体を大きな構図でとらえれば機械がわかるように、世界もわかるだろう」という趣旨を述べたことが、還元主義の潮流に勢いを与えたといわれる。しかし、デカルト自身は、「分解し、網羅的に調べ、統合する」という考え方をとっており、分解するアプローチだけが一人歩き的に重視されていったと言えそうだ。還元主義が優れた科学の発展をもたらしたことは間違いないが、分解できない全体性が存在することも間違いない。還元主義的なアプローチだけでは、すべての現象を説明するには不十分であることは明白である。

　とはいえ、社会心理学においても、集団心を錯誤だと批判したオルポート（Allport, 1924）の主張に代表されるように、還元主義的なアプローチこそが正当であるという考え方のほうが多数派を占めてきた。すなわち、集団現象の説明を、集団心のような全体的特性を表す概念に基づいて行うのは間違いであって、集団を構成するメンバーの心理や行動のような、より微細な要素によって説明すべきであると考えたのである。上述した集団凝集性にまつわる疑問にとどまらず、集団規範や集団実体性（group entitativity）の概念等も、個人の認知に依拠した定義がなされていることは、社会心理学においても還元主義的アプローチが強い

正当性をもって認められてきたことを示している。この還元主義の呪縛ともいうべき状態から脱却することは，社会心理学の重要な課題である。この問題については，最終節でさらに詳しく論じる。

3. 集団の全体的特性に関する社会心理学的な検討をいかに行うか

　メンバーどうしの相互作用が，メンバー個々の特性には還元できない集団の全体的特性（創発特性；emergent property）を生み出すことは，複雑系科学の発展とともに，ごく当然のことと認識されるようになっている。しかし，集団の全体的特性が心理学的性質を帯びるとき，その客観的測定は容易ではない。たとえば，集団が全体として保持する心理学的特性の一つに集団規範があげられる。これを測定しようとするとき，ジャクソン（Jackson, 1965）の開発したリターン・ポテンシャル・モデルは優れた方法の一つである。これは個人の保有する態度を測定して，それを集計し加工することで，その集団のメンバーが認知している規範の特性を把握しようとするものである。たしかに集団の一員になってみないと知り得ない集団固有の外部からは見えにくい規範が存在することは多く，そういった点で，リターン・ポテンシャル・モデルは優れた方法といえる。このアプローチは，集団規範はメンバー個々の心の中に存在すると考えることの正当性を支持するものといえるだろう。

　ただ，個人の特性に帰属できないような全体的特性の中には，内部のメンバーたちは認知できない，あるいは認知できてもバイアスがかかったものになってしまうものも少なくない。たとえば，ジャニス（Janis, 1972）が指摘した集団浅慮現象（groupthink）に陥った集団では，メンバーたちは自分でも気づかないうちに，過剰に自集団を正当化し，他集団を軽んじてしまう。そんな状態の集団のメンバーが認知する集団の全体的特性は，客観的に正しいものとは言いがたい。

　そうした場合でも集団の全体的特性を把握するには，外部から第三者が観察することでとらえる方法が有効であろう。矢守と杉万（1992a, b）は，横断歩道上で歩行者たちが目的方向に向かって衝突することなくすれ違っていく様子を観察して，群集の巨視的行動パターンを明らかにしている。全体としてどのような群集流ができあがっているのかは，歩行中の当事者一人ひとりには知り得ないが，高い場所からその様子を観察することで，全体的な特性を明らかにすることは可能になる。とはいえ，集団の全体的特性として測定できるのは，行動や決定のように観察可能な特性に限られる。その集団全体が見せる行動の背後にどのような心理が働いているのか，その心理はメンバー個々が独自に保持しているものだけなのか，それとも共有された心理特性なのか，という疑問については推論するし

かないのが現状である。

　集団全体の行動観察については，近年，優れた情報技術と観察機器の発達によって，飛躍的に測定技法が進歩している。ペントランドとペントランド（Pentland & Pentland, 2008）が活用しているソシオメーターや，日立製作所中央研究所が開発しているビジネス顕微鏡は，その代表である。そうして観察された集団の全体としての行動の特性から，その集団に宿る全体的な心理学的特性を推し量ることは果たして意味のあることなのだろうか。この問題は，心と社会の知をつなごうとするとき重要な意味を持ってくる。

　メンバーが相互作用する中で集団に創発される全体的特性に関する社会心理学的研究は，方法論において，困難な課題を抱えていることがわかる。この点をふまえて，最終節では，集団研究をとおして提示される社会心理学の今後の課題を確認し，それを克服する取り組みについて議論してみたい。

4節　「個人の心」と「集団の全体的特性」をつなぐことをめざして

1. 集団が持つ心理学的な全体特性の検討にもっと光を

　社会的存在としての個人の心理や行動に関する研究は，これまでも，そしてこれからも，社会心理学の本流であり続けるだろう。本章でも，集団に影響を受ける個人の心理や行動に関する社会心理学の研究は多様に行われ，豊かな研究知見をもたらしてきたことを確認した。ただし，よりマイクロなレベルの特性で個人の心の特性を説明しようとする還元主義的アプローチをとり続ける限り，個人の社会的認知や行動の研究は，いずれは脳科学が主戦場となることを覚悟しなければならない。

　本章の冒頭に述べたとおり，脳科学は，個人の脳が社会生活に適応するべく進化してきていることを実証するところに至っている。fMRI等の最先端測定機器を駆使して，より細密なレベルの検討が急速に進んでいる。Socialという用語をタイトルに謳った神経科学関連ジャーナルは，もはや珍しいものではなくなっている。同調行動にしても協同行動にしても，脳のどの部位がそれらの社会行動の発動をつかさどっているか詳らかになるだろう。もちろん，なぜ脳の特定の部位がある社会行動と密接に結びつくようになったのかという検討も必要であろうが，その検討も脳科学のフィールドで行われることになる。

　これからの社会心理学にとって，個人の心と社会との相互作用の様相の検討は，その存在意義をかけた取り組みとなるだろう。そして，社会や集団からの影響を受ける個人の認知や行動の研究以上に，複数の個人が集まり相互作用することで

創発される集団や集合，そして社会の全体的特性に関する研究が進むことが，心と社会をつなぐ知を拡充していく鍵を握ることになるだろう。社会心理学が個人の心理学に閉じこもってしまわないために，還元主義的アプローチに依存し続けることから脱却し，複雑系的アプローチをも加味した，より幅広く多様な研究手法に挑戦することが大事になってくる。医学や生理学，哲学や社会学はもとより，数学や情報工学など，多様な領域との交流と協働が，この問題を打開する鍵を握っていると思われる。

2. 集団の心理学は正当性を持つか：集団錯誤の批判を超えて

　集団に創発される心理学的全体特性の検討に取り組もうとするとき，ためらいや違和感を覚える社会心理学者は少なくないと思われる。なぜならば，集団に心を想定することは錯誤であるというオルポートの批判は，しごく真っ当なものであったからである。彼は，集団全体の行動や現象の理由を，集団に心があると想定し，その働きによって説明するのは間違いであると指摘した。個人の行動の理由を心の働きで説明するのは正しい還元の仕方であり，科学たる心理学の正当なあり方であるのに対して，集団の行動や現象はそれを構成するメンバーたち個人の行動に還元できるのであり，集団全体に心性が宿ることを想定して，その集団心をもって説明するのは非科学的であり，錯誤にすぎないと主張したのである。マクドゥーガル（McDougal, 1920）による集団心（group mind）の提唱など，20世紀初めの頃，集団レベルの心理学的特性への関心は高いものがあったが，オルポートの批判以降，集団や社会レベルの心理学的現象に関する研究は一時的に衰退した。心の科学を標榜してスタートした心理学にとって，非科学的であると指摘されることの意味は重かったと考えられる（山口，2012）。

　オルポートの批判は，多分に還元主義的科学観に偏ったものであり，必ずしも全面的に正しいというわけでもない。もちろん，個人の心と同じように集団に心を想定するのはナンセンスであろう。しかし，集団全体の行動や現象が発生する理由として，集団規範のような集団に創発された全体的心理学特性で説明できる部分は小さくないと考えられる。すでに議論したように，集団に創発される全体的な心理学的特性は，メンバー個々の心理や行動には還元できないものがある。とはいえ，その心理学的全体特性は，紛れもなく個人どうしが相互作用しながら創発したものなのである。

　心理学的「場」の影響の受け手としての個人の心理や行動の特性が，その個人たちの相互作用によって，いかなる心理学的「場」を作り上げるのか。この関係性は時の流れの中で，連続して反復され，心理学的「場」の特性の変動を生み出

し，また個人の心理や行動の変化も同様にして生み出していく。これからの集団に関する社会心理学的な研究は，集団が形成され維持される過程でメンバーどうしの相互作用によって創発される全体的心理学的特性とその機能を，時間の流れとの関係の中で明らかにしていくことが必須課題となる。この課題を克服するとき，心と社会をつなぐための社会心理学的知はさらに拡充する。

　この課題に関しては，長時間にわたる時系列的な行動観察とシステマティックな解析を可能にする機器の開発が行われ，そして高度なデータ解析技術の発展も加わって，克服への道筋は見え始めている。ここでも，社会心理学の領域の中に閉じこもるのではなく，多様な学問分野，研究領域の研究者との協働が大切な鍵を握るだろう。

3. エビデンスに基づく処方的なアプローチをめざして

　心理学は，目に見えないし，手に取って触ることのできない「心」を研究する領域である。そのため，個人の行動の背景で，ある心の動きが働いていることを想定し，その心の動きを操作的に定義して構成概念として使用する手法をとることが常態化している。構成概念は，さまざまな心の動きに名称を与えることにつながり，その実態は不確かなものでも，行動の説明役を十分に果たしているような錯覚をもたらす。しかし，時として，行動と心の動きが，同意反復の関係で説明される事態を引き起こす場合もある。たとえば，優れたパフォーマンスの背後では，強い達成動機づけは働いていたという説明は，しばしば見聞するものである。ところが，強い達成動機が働いていた証拠はどこにあるのかと問えば，高いパフォーマンスが示されたことが，その証拠であるという同意反復の関係に陥る。高いパフォーマンスの理由を強い達成動機づけで説明しておきながら，強い達成動機が働いていたとみなせる理由を高いパフォーマンスで説明するのである。

　構成概念は便利であるし，また必要とされる場合もある。しかし，あまりに構成概念を多用すると，構成概念で構成概念を説明するような事態さえ起こってくる。客観的に測定できる変数に基づいて，個人の認知や行動の特性を記述する工夫は，さらに求められるところである。集団レベルの変数も同様である。とりわけ集団の心理学的全体的特性の測定は，構成概念に依存しがちになるので注意が必要である。実存するかあやふやな特性を，それがあると想定したほうが，説明しやすいから操作的定義して使用するとしたら，再び，錯誤の批判を受ける愚を犯すことになりかねない。

　先述したとおり，最新の高度な情報技術と映像・音声記録機器の発展により，行動観察によるデータ測定は，飛躍的に高品質化している。集団のメンバーたち

が日常の業務の中で，何気なく交わしているコミュニケーション行動の様子を，毎日，出勤時から退勤時まで記録して，時系列的な変動の様子まで解析するシステムも稼働している。日常の何気ない言動にこそ，その個人のありのままの態度（ペントランドはそれを「正直シグナル」と呼んでいる）が如実に表れるのであり，それらを客観的に観察して記録できること，そして高度な解析システムを使って，観察した言動の特性を分析できることは，構成概念に過度に依存することなく，客観的なデータに基づくエビデンス・ベーストな研究の可能性を拡充するものと期待される。

　この発展は，これまでの社会心理学が抱えてきた一つの壁を越えることを可能にしてくれるかもしれない。これまでの社会心理学の知見は，現象や行動の特徴を記述することには優れていたが，それらに基づいて，現実問題を解決するための処方箋を提供する取り組みには慎重であり続けてきている。限定された条件のもとで得られた結果がどの程度の一般性を持つのか，そして問題の解決策を提示したときに，それが正しく効果的な施策となる可能性はどれほどあるのか，といった懸念を払拭できないできた。しかし，心と社会をつなぐ知を統合することの成果には，現実の社会問題の解決への処方箋を提示することも含まれるであろう。集団の活動の様子を綿密に時間をかけて観察し，そこから得た客観的なデータに基づいて，集団レベルの特性がメンバー個々の心理や行動の特性とどのように相互作用しているのかを明らかにすることは，より高度な集団のパフォーマンスを引き出すためのマネジメントのあり方に，有益な処方箋をもたらすことが期待される。

第7章 文化

1節　はじめに

　私たちは，「社会Xとはいかなるものか」「個人Nにはいかなるパーソナリティ特性が備わっているか」といった存在論的な問いに答えることには関心がない。どのような個人，共同体，国，民族も，それらが比較的安定した状態にあるときの様子を描写することは可能である。しかし，そのような安定した状態——オープンシステム理論の用語では定常状態——の中に，特定の結果を生じさせるような固有の本質的「原因」が埋め込まれているわけではない。むしろ，有機体ないし社会的単位の定常状態とは，常に，それを維持するダイナミックなプロセスの一つの結果なのである。
　　　　　　　　　　　　　　　　　　　　　　（Valsiner, 2007, p. 79-80）

　「文化」についての語りはたいていの場合，何らかの差異の知覚によってもたらされる。社会心理学の領域においても，20世紀の終盤から現在に至るまで，主として欧米人と東アジア人との国際比較研究に多くの関心が寄せられ，両者の間にはしばしば劇的な心理・行動傾向の差異が見いだされてきた。こうして得られた「文化差」の知見は多くの理論的示唆をもたらし，心と文化にかかわる研究が大きく発展するうえでの基盤を形づくってきた。
　しかし，比較対象となる集団（たとえば欧米社会と東アジア社会）に対して単に文化A，文化Bといった単純なラベルづけが行われるだけでは，その研究は心と文化の本質の探究という目的から遠く離れたものになってしまう。たとえば，集団Aには個人主義的な文化Aが備わっており，それゆえそこに属する個人は個人主義的な心理・行動傾向を有する，といった言説がなされるとすれば，それは言うまでもなく「単なるトートロジーにすぎない」（Valsiner, 2007, p. 25）。ま

た，差異の知覚を文化という概念で置き換えてしまうと，「それがより複雑な差異の一部にしかすぎないのに，しばしばその多様性が無視され，極度に一元化された言説を招来してしまう」(福島，1998, p. 307)。実際，近年の文化人類学には，文化を単一の分析概念として用いることを避ける動きがある (Abu-Lughod, 1991; Kleinman & Kleinman, 1995; 松田，2013; 箕浦，2012)。

　文化的視点を持つ心理学研究の目的は，文化を安定的・固定的なカテゴリーとしてとらえることでも，それを説明変数として心理・行動傾向の差異を説明することでもない。より重要なのは，特定の社会（時代，地域，集団）に身を置く人々の間に特定の心理・行動傾向が共有され，維持される「プロセス」を明らかにすることである。すなわち，心と文化の研究者にとっての主たるリサーチ・クエスチョンとは，いかなる動的（ダイナミック）なプロセスを経て，ある社会の環境とそこに身を置く人々の間に，一つの定常（均衡）状態が導かれたのか，という問題にほかならない。冒頭のヴァルシナー (Valsiner, 2007) の言葉は，そのことを端的に表している。

　本章では，この困難なリサーチ・クエスチョンに対して，社会心理学はいかなる視点から接近することが可能か検討していく。次節ではまず，旧来の比較文化心理学の限界を超えて心の社会・文化的起源を解き明かすことをめざした「社会生態学的アプローチ」の概要を紹介したうえで，この立場に立つ研究が内包する方法論上の困難について考察する。続く3節以降では，社会生態学的アプローチに根差しつつも，より着実に環境と心の相互構成プロセスに迫るための2つの研究の方向性について論じていく。

2節　「心の社会・文化的起源」についての議論

1. 文化の維持と変容にかかわる要因の多層性

　マクロな環境とミクロな心の相互影響過程について考えるにあたって，研究者たちは，巨視的なレベルから微視的なレベルへと至る多層的なモデルを想定してきた。具体的には，究極因たる生態環境とその歴史的変遷，そこに生きる人々が構築してきた社会の構造，人々が共有する信念や規範の様相，そして，そのような有形無形の環境が個人の内に取り込まれる可能性を順にたどるモデルである。一例として，ニスベット (Nisbett, 2003) のモデルをあげよう。彼によれば，東アジアの人々は，人やモノといった対象を認識し理解する際に，その対象を取り巻く場全体に注意を払う傾向（包括的思考様式）を有するのに対して，欧米の人々はこれと対照的に，何よりも対象そのものの属性に目を向け，カテゴリーや

規則に当てはめることを通じて対象を理解しようとするという(分析的思考様式)。ニスベットは，こうした「心の文化差」がもたらされる背景として図7-1に示すような多層的な環境要因を想定し，このモデルに基づいて，洋の東西それぞれの人々に特徴的な思考様式が育まれるプロセスを推論した。いわく，肥沃な草原に恵まれ，低い山々と航行可能な河川をもつ古代中国の生態環境は，農耕経済と中央集権社会の実現に好都合だった。それゆえにかの地の人々は，他者との協調や権威者への配慮に十分な注意を払う必要に迫られ，包括的思考の様式を身につけていったのだろう。一方，西欧文化の起源とされる古代ギリシアの場合，その国土の多くは海岸線付近まで山岳地帯が迫っており，狩猟や牧畜，漁撈，貿易など，他者との協働や折衝をさほど必要としない経済体系が発達した。このため，人々は周囲との関係に縛られることなく，各々が自身の目標に向かって注意を集中させることとなり，分析的思考様式の獲得に至ったのだろう，という具合である (Nisbett, 2003)。

　ニスベットに限らず，生態環境の特質を人間の心理や行動の根源的な成立基盤として想定するという考え方は，決して新しいものではない。古典的な議論の一

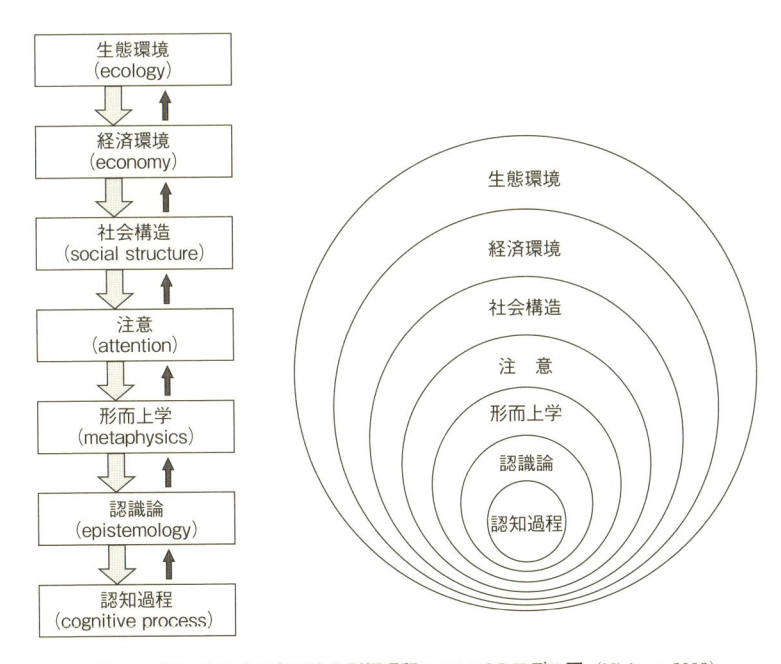

図7-1. 認知をめぐる多層的な影響過程についてのモデル図 (Nisbett, 2003)

つが，狩猟採集・牧畜・農耕という3つの「生業」にかかわる生態環境の比較である。現代に生きる北極圏の狩猟採集民と西アフリカの農耕民を対象とした研究（Berry, 1967, 1979）や，東アフリカ各地の牧畜民と農耕民についての研究（Edgerton, 1971）などによって，それぞれの社会に生きる人々の心理・行動が，その環境の特質にフィットした傾向を帯びていることが指摘されている。

しかし，心の文化的起源をめぐるこうした巨視的な考察は，比較文化心理学の領域においてはあくまで概念レベルのモデルにすぎず，実証的な方法論を用いた体系的な検証はほとんどなされてこなかった。多くの心理学者は，長年にわたって個人内の情報処理過程を扱う認知科学研究に主たる関心を向けてきたため，生態環境を理論仮説に組み込んだ実証のパラダイムは，近年まで進展しなかったといえるだろう。

2. 社会生態学的アプローチ

1990年代後半，古典的な牧畜民と農耕民の比較研究の延長上にある新たな研究の成果として，ニスベットとコーエンによる『名誉の文化』が公刊された（Nisbett & Cohen, 1996）。これは，アメリカ南部の白人男性の暴力性に着目し，その起源を彼らの祖先が身を置いていた牧畜社会の特質に求める研究である。ニスベットらによれば，アメリカ南部の人々は北部に比べて暴力的であると長く考えられてきた。実際，最も過激な暴力である殺人，とくに口論を発端とする殺人の発生率は南部においてより高く，しかもその傾向は白人男性を加害者とした場合に限って明確に見いだされた（図7-2a）。この殺人発生率には南部の地域間の違いも見られた（図7-2b）。ニスベットらは，アメリカ南部の白人男性の間には，個人的名誉の侵害への懸念や，そうした辱めに暴力で応じることを是とする暗黙の信念が共有されていると指摘し，これを「名誉の文化」と呼んだ。そして，こうした信念の源は，牧畜を生業としてきた移民たちの共同体にあると推論した。牧畜民は元来，乾燥や寒冷など厳しい自然のもとで放牧生活をおくり，草や水のある場所に家畜を導くために移動を繰り返す。こうした移動性の高さは，定住して共同生活を送る農耕民とは対照的である。他者と協力しながら組織的に農業を営む農耕民とは異なり，牧畜民は他者との葛藤を恐れない。加えて，牧畜民の財産である家畜は（農耕民の財産である土地と比べて）略奪されやすい。略奪されても報復できない弱い人間だと思われると，略奪の標的にされてしまう。そのため，タフで強いという評判を守るために，侮辱に対して暴力で報復するという行動傾向が生じた。このように，ニスベットとコーエンは，アメリカ南部の白人男性が有する独自の心理・行動傾向（暴力性）を，かの地の過去の生態環境（牧畜

第7章 文 化

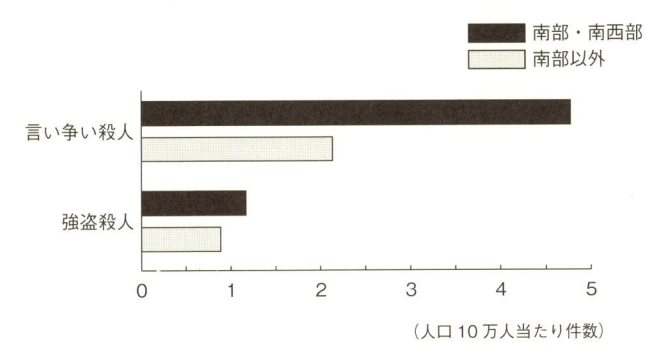

図7-2a. アメリカ国内の小都市（人口20万人未満）における白人男性（非ヒスパニック系）を加害者とする殺人の発生率 (Nisbett & Cohen, 1996)

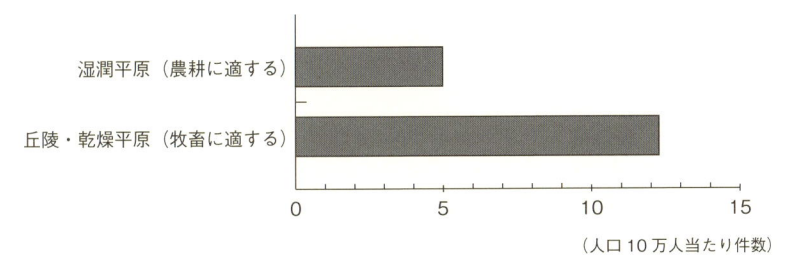

図7-2b. アメリカ南部の異なる地域間における白人男性（非ヒスパニック系）を加害者とする殺人の発生率 (Nisbett & Cohen, 1996)

白人男性による殺人発生率は，農耕に適した地域よりも牧畜に適した地域において有意に高かった。一方，その他の環境要因（気温・貧困・奴隷制の歴史）は，殺人発生率の違いに対する説明力をもっていなかった。

という生業がもたらす構造）への適応の結果として解釈してみせた。

ニスベットらが展開した生態学的視点は多くの反響をもたらし，心理学における「社会生態学的アプローチ」の先駆的研究となった。近年，このアプローチに基づく心理学研究は急速に加速し，さまざまな環境要因にかかわる知見を世に送り出している。ここでいう環境とは，自然環境のありよう（大陸の形状，緯度，気候など）から，その中で人間が構築してきた社会環境（生業，都市化の程度，社会関係の流動性など）とその歴史的変遷まで，多岐にわたっている (Berry, 1967, 1979; Diamond, 1997; Gelfand et al., 2011, Fischer, 1982; Kashima & Kashima, 2003, Kitayama et al., 2006; Yuki et al., 2007 など)。

3. 社会生態学的アプローチが直面する方法論上の困難

　社会生態学的アプローチは，心理・行動傾向に文化差が生じる理由について「その心理・行動傾向とは独立に測定可能な環境要因に注目し，その環境要因の影響を実証的に検討しよう」と試みるものである（竹村・佐藤，2013, p.48）。その視点は，旧来の比較文化心理学が陥りがちだったトートロジカルな議論の限界を超えようとするものであり，その意味で，心の社会・文化的起源を探究するうえで有望なアプローチといえる。

　しかし，たとえ特定の生態環境に身を置く人々が特定の心理・行動傾向を共有することが明らかになったとしても，それのみをもって，ただちに当該社会における文化の存在が論じられるわけではない（竹澤，2013）。なぜならば，「あたかも蛸壺の中にいるかのように個体が互いに影響し合うことなく，自らの属するローカルな環境に適応していく場合でも，同じ環境に生息するがゆえに，個体群に属する多くの個体が同一の行動形式を獲得する」と言えるからである（竹澤，2013, p. 65）。こうした蛸壺型の適応と人間の文化とを区別するには，共有された心理・行動傾向が再生産されるプロセスに着目し，その社会的伝達のメカニズムを探ることが重要である。

　トマセロ（Tomasello, 1999）によれば，人間が文化を生み出し，維持する仕組みは，他の霊長類による文化維持の仕組みとは本質的に異なっており，文化を「累進的に進化」させることができるのは人間だけであるという。「ヒトの文化伝統とチンパンジーの文化伝統（中略）を最も明確に分けるのは，ヒトの文化伝統が時間の中で改良を積み重ねていくという事実にほかならない。すなわち，ヒトの文化には『歴史』があるわけだ」（Tomasello, 1999; 邦訳, 2006, pp.49-50）。

　生態環境への適応の結果として個人心理・行動は一定の傾向を帯びる，という一方向的な論点だけでは，人間の文化の様相に迫ることはできない。より重要なのは，環境に誘発された慣習が伝達の過程で累進的に進化しつつ再生産されるメカニズムはどのようなものか，という問題である。すなわち，ある生態環境の制約に誘発されて生じた心理・行動傾向が，それらの性質を帯びた人々の集合的な実践を通じて新たな社会環境を生み出し，元来の生態環境による制約から自律して維持されてこそ，そこに人間ならではの文化の存在を見いだすことができる。

　しかしながら，心理学の研究方法論を用いてこうした動的プロセスを探究することは容易ではない。そもそも，生態環境やその歴史的経緯といった「究極因」はそれ自体，分析可能なデータとして把握することが難しい。さらに，それらの究極因がいかなるプロセスを経て社会の構造や人間関係のありように影響を及ぼし，ひいては個々人の価値や信念ないし行動傾向を規定するに至ったか，また逆

にそれらの個人の傾向が社会構造に対していかなるフィードバックをもたらしたか，という社会的伝達の総体を見きわめるうえで，個人の認知データのみに依拠する旧来の心理学の方法論には限界がある。すなわち，心の社会・文化的起源の探究のためには，方法論的個人主義からの脱却が必要となる。

　心と文化の動的な関係はいかにして研究し得るか。次節以降では，この困難な問いに迫り得る社会心理学の取り組みとして，2つのアプローチを取り上げたい。その第一は，フィールドワークによる事例研究を通じて，特定の共同体における文化生成・維持プロセスの総体を描き出そうとするアプローチである。フィールドワークは，人々の日常生活の現場で一つのリアリティが形成され，維持され，変容するプロセスを把握するための方法論である。一つの現場に長期にわたって参与し，マイクロな個人の行為とその背後のマクロな社会・文化的文脈の双方に目を向けることによって，人々が社会的リアリティを生み出したり，また，いったん共有されたリアリティが逆に人々を規制したりといった，動的なプロセスの探究が可能となる（村本，2006）。

　第二のアプローチは，心と文化をめぐる一連の動的プロセスのうち，とくに社会環境と心理・行動傾向との相互規定関係に焦点を当て，その理論モデルの構築を目指す試みである。すでに述べたように，文化の累進的な進化を規定する鍵は，ある社会において人々が共有する心理・行動傾向が，究極因たるもとの生態環境から自律し，彼ら自身が生み出した社会環境によって再生産されることである。このプロセスを見きわめて理論化を図っていくことこそが，単なる蛸壺型の適応を超えた（人間ならではの）文化を知ることにつながるはずである。ここでは，事例研究などを通じて例証された心と文化の再生産プロセスをミニマルな仮説モデルに落とし込み，それを実験室で検証する取り組みが重要となる。

　これら2つの研究アプローチが両輪となって心の社会・文化的起源の探究にいかにして貢献し得るか，可能な限りの考察を試みることとしたい。

3節　事例研究による「心と文化の動的プロセス」への接近

1. フィールドワークという方法論

　心と文化の関係を探究する心理学者にとって，文化という難解な概念に正面から長く取り組んできた文化人類学者たちの足跡は示唆に富む。彼らがエスノグラフィー（民族誌）を書くために開発したフィールドワークという手法は，対象となる共同体に研究者自らが一定期間住みつき，現地の人々と寝食を共にしながら，その日常生活の背後にある文化を人々の生きる文脈ごと抽出しようとする研究方

法論である。

かつての文化人類学におけるエスノグラフィーは，親族の構造，政治経済の動向，教育制度，労働組織，宗教体系等々の社会システムに目を向けたものが大勢を占めていた。しかし1980年代以降，こうした古典的なエスノグラフィーに対して「人の息づかいが聞こえない」という批判的省察がなされるようになり（箕浦，1999），代わって，人々がいかに世界を見るのか，何を喜び何に悲しむのか，いかなる場面でいかなる行動を取るのかといったマイクロな事象やエピソードに着目した「人物中心のエスノグラフィー（person-centered ethnography）」や「特定事象のエスノグラフィー（ethnographies of the particular）」が重視されるようになった（Abu-Lughod, 1991; Smith & Wiswell, 1982など）。

たとえフィールドワーカーの主たる関心が個人の微視的な行為に向けられていたとしても，観察されたマイクロな行為から意味を引き出すためには，行為を取り巻くマクロな社会・文化的文脈にも広く眼を配ることが必要となる。それゆえ，フィールドワーカーは必然的に，生態環境の特質と歴史，その環境に適応する過程で作り出された特有の社会構造や人間関係のありよう，それらの維持・再生産に寄与する個々人の心理や行動の特質，といった諸変数間の関係を丹念に探り，描き出す試みを続けることになる。それはとりもなおさず，私たちが希求する心と文化の動的プロセスの探究にほかならない。以下ではその具体的研究例を紹介しながら，この方法論のもつ可能性について考えたい。

2. 文化人類学におけるヘヤー・インディアン研究

上記の視点を体現する文化人類学の研究事例として，原（1989）によるフィールドワークをあげることができる。彼女は，カナダ北西部の北極線上に生きる狩猟採集民，ヘヤー・インディアンの社会に自ら飛び込み，彼らの生活世界をいきいきと描き出した。

ヘヤー・インディアンの居住区域はタイガとツンドラの境界をなす森林限界線に接しており，植生が極端に貧弱であるため，草食動物，肉食動物いずれの分布密度も低い。湖沼や河川は毎年数か月にわたって凍結し，この間は漁撈活動も停止せざるを得ない。気温は1月・2月が最も低く，日常的に氷点下40〜45度になる。北西風によるブリザードのため，外出もままならない。人々は餓死や凍死の危険に日常的に直面しながら長い冬を送る。

ヘヤー・インディアンの生産効率（食糧獲得に投入するエネルギーと獲得される食糧のエネルギーの比率）は著しく低い。その理由は，そり犬の餌を確保しなければならないためである。重い荷物とともに遠距離を移動し続ける彼らの生活

において，犬は食糧確保のために絶対不可欠の動力源である。犬の餌のカロリー量は，彼ら自身の食糧のカロリー量を上回る。

過酷な自然環境の中，かくも低い生産効率のもとに生活を維持するために，ヘヤー・インディアンは長時間の労働を必要とする。原は，このような社会では「人間と人間の間に支配・被支配の関係が成立しないよう」だと指摘する。彼らが形成する集団は，構造もその顔ぶれも流動的であり，リーダーシップもあくまで一時的で最低限のものでしかない。彼らの社会では「すべての個人が対等な人格として労働に従事し，遊び，休息する」（原，1989, p.203）。

さらにヘヤー・インディアンは，私たちが考えるような固定的で持続的な「家族」の概念を有していないという。テントをともにする仲間は毎日のように変わる。家風も流儀もなく，技術や習慣などはすべて「個人」のものである。彼らは人に何かを教えてもらうという概念を持ち合わせておらず，「人は一人で生きる」という感覚が非常に強い。「厳しい自然環境のなかで，一部族としての社会集団を維持し，生き延びるためには，（中略）『核家族』のメンバーとしての権利，義務に縛られたり，『家族』集団の論理を個人の論理に優先させたりしていたのでは，個々のヘヤー・インディアンの生存率は，ぐっと低くなってしまっただろう」（p.261）。

「飢餓の危険や凍死の脅威にさらされ，長時間の労働に従事するといった（中略）悲惨とも思われる状況のなかにあって，彼らは独自の人間関係調整の知恵と，個人の心のバランスを維持するこつを会得している」（p.203）。原は丹念なフィールドワークを通じて，過酷な自然環境を究極因とする多層的な環境要因の特質と，そこに身を置くヘヤー・インディアンの心の特質，そして両者の動的な連携の様相を，見事に浮かび上がらせているといえる。

3. 生態環境から社会構造へ：離島漁村の事例

社会心理学におけるフィールドワークの取り組みとして，近年筆者らが注目している離島漁村の「寝屋慣行」の事例を取り上げたい（Muramoto & Endo, 2013）。寝屋慣行とは，地域共同体における一種の疑似家族の仕組みを意味する。明治時代までは日本各地に存在したこの仕組みは，現在では三重県鳥羽市答志島に残るのみである。この島の長男たちは，15歳になると数名単位でグループを組んで「寝屋子の兄弟」となり，26歳になるまでの毎夜，実の両親とは別に定めた「寝屋親」の家を訪れて寝泊まりする（近年では，実際に宿泊するのは週末などに限られる）。26歳の正月をもって寄宿生活が解消された後も，寝屋子と寝屋親，寝屋子の兄弟どうしの間には緊密な相互扶助関係が築かれ，一生涯にわた

って継続する。寝屋慣行を研究することは，私たちにとって家族とは何か，他人とは何かといった，人間関係のありようの根本にかかわる普遍的な問いを探究することへと結びつく。

　答志島における相互扶助の母体として，寝屋子という単位がこれほどまでに重視された理由は何だろうか。その答えは，離島漁村特有の生態環境に見いだすことができる。島の土地は狭く，次男や三男が分家して居を構えることには限界があるうえ，漁場の資源も有限である。したがって，家業を継ぐのはほとんどの場合，一家の長男のみであり，長男以外はみな島外に仕事を見つけて独立する。必然的に，島には長男ばかりが残り，実の兄弟とは盆や正月にしか会うことができない。こうした環境の制約ゆえに，血のつながらない者どうしが寝屋子を組み，身内としてのネットワークを確立させることは，他者の協力を必要とする場面（冠婚葬祭，海難救助，家屋建築，等々）で無条件に支援し合うための基盤として，重要な意味を持ってきた。

　しかし，こうした生態環境の特質は，現代では失われつつある。漁業をめぐる情勢が厳しくなり，島に残る若者が減少していること，冠婚葬祭が簡素化して人手がかからなくなってきたこと，若者の生活様式が変化して，毎夜の寝泊まりが実質的に不可能になりつつあることなど，答志の人々を取り巻く環境は大きく変わり，寝屋慣行の古典的な機能・役割は薄れている。

　その一方で，島の人々が築きあげてきた共同体の社会構造には，今なお寝屋慣行を存続させるだけの誘因を見いだすことができる。島民の生活は，漁業協同組合を基盤とする職業組織，町内会を基盤とする住民の自治組織など，さまざまな組織によって支えられているが，こうした年齢階梯制を有する諸組織のすべてにおいて，寝屋子は重要な基本ユニットとなっている。たとえば15歳で町内会の下部組織である「青年団」に，26歳で「消防団」に加入するといったように，同じ寝屋子の仲間たちは何歳になっても常に一緒に新たな組織の参与者となり，ともに一歩ずつ，共同体の経済・生活の中心的な担い手へと近づいていく。

　寝屋子は決して，それだけを単独で取り出してその存在意義が論じられるべきものではない。寝屋子は，島の人々が生涯にわたって関与する共同体の構造の中に埋め込まれ，諸組織を結びつけるノードであり，その意味で，この共同体自体が現在の形態で存続することと，寝屋慣行が存続することとは，相補的とさえいえる。すなわち，寝屋慣行はこの島に元来備わっていた生態環境による制約の中で生まれた一つの適応の形であるとともに，究極因としての生態環境の特質が失われつつある今もなお，共同体の社会構造の一部に組み込まれているがゆえに，その存続意義を失っていないと考えられる。

4節　文化の「累進的進化」にかかわるプロセス・モデルの検証

1. 社会環境と心理・行動傾向との相互規定関係

　すでに見たとおり，人の心理や行動の傾向に制約を与えるのは，究極因としての生態環境だけではない。そこに身をおく人々によって構築された社会の制度や構造的な特質にも，同様の力が備わっている。ただし，外在的な自然環境等による一方向的な制約とは異なり，人々が自ら織りなす集合的産物としての社会構造の場合，制約の受け手であるはずの個人が，同時に当該の構造を形づくる担い手でもある。すなわち，「社会環境と適応行動の間には相互規定関係がある」（亀田・村田，2010, p. 144）。だとすれば，社会構造の特質に目を向けることは，その担い手たる人々が共有する「文化」の特質を知るうえで重要な意味をもつはずである。

　私たちの周囲には，人間関係の軋轢，その一因としての階級や学校教育体制の差異，仕事場の環境，仕事場と家庭との関係，等々の社会構造が厳然として横たわり，認知や行動を規定している。「社会構造とは，むしろ人と人とのインタラクションの制約の諸レベルであり，それゆえ社会構造とは，単純に活動主体によって操作されるリソースなのではなく，むしろ活動主体間の相互制約の形式なのである」——文化人類学者の福島はこのように述べ，人間の心的活動を社会構造と不可分な社会的実践として扱うことの重要性を指摘している（福島，1993, p.152）。同様に亀田（2000）も，「協同場面における人々の集合的な営みのあり方」は，当該の協同行為の対象となる課題の構造や，協同行為に参加する人々の間の人間関係や権力構造，分業の体制といったさまざまな相互依存の構造の組み合わせによって「根本的に制約・規制される」（p. 67）と論じている。

　社会環境と心理・行動傾向との相互規定関係についての理論モデルを構築するうえでは，重要な環境要因を変数化して実験室内にミニマルな社会環境のモデルを作り出し，検証を繰り返すことが重要である。この場合，同じ地域や集団に属する実験参加者であっても，実験室内に設営した環境の変数の値が変わればその行動は変わるという予測が成り立つし，逆に，変数の値を同一にすれば，実験参加者のとる行動は属する地域や集団の違いを超えて等しくなるはずである。こうした予測に基づく「比較社会実験」（山岸，1998）の蓄積は，心と文化にかかわる理論構築に大きく貢献し得るものといえる。その例として，以下では，山岸らの一連の研究を取り上げる（山岸，2007など）。

　山岸らによれば，人的流動性の低い「閉じた」社会においては，特定の相手との間に長期的・固定的なコミットメント関係を築くことのメリットが大きいが，

流動性の高い「開かれた」社会においては，特定の関係に固執することの機会コストが大きく，未知の相手と新たな関係を取り結んでいくほうが利益につながりやすい。ここでいう閉じた社会と開かれた社会の差異を理解するうえでしばしば引き合いに出されるのが，中世ヨーロッパの2つの商人社会である。以下，グライフの論考（Greif, 2006）に基づいてその概要に触れたうえで，山岸らが手がけた心理学実験の具体例へと目を移すことにしたい。

2. 集団主義・個人主義傾向の社会構造的基盤

　11世紀頃の地中海貿易においては，マグリブとジェノヴァという2つの商人集団が覇権争いを展開していた。両者の商慣行には大きな違いがあった。当時の商人たちにとっては，各地で取引に従事するエージェント（代理人）の不正が大きな問題だったが，マグリブ商人は閉ざされた商集団を形成することによってこの問題に対処していた。彼らはエージェントとして縁故者だけを雇用するとともに，不正が行われた場合にはその情報を仲間内で共有し，悪い評判をもつエージェントを市場から排除するという「集団主義的」な方策を取っていたのである。他方，ジェノヴァ商人は，エージェントの雇用に際して，当人が過去に別の取引相手をだましたことがあるか否かは問わなかった。さらに，不正行為の取り締まりは裁判所などの公的機関に担わせた。この方法は仲間内での相互監視に比して高いコストを要したが，個々人が独自に取引相手の評価と意思決定を行うジェノヴァ商人の「個人主義的」な方策は，結果的により有益な取引相手との関係構築を可能にし，12世紀までに彼らはマグリブ商人を凌駕する支配権を握るに至った。

　山岸らは，マグリブとジェノヴァの商慣行のミニマル・モデルを実験室内に作り出し，それぞれの社会の構造が人々の心理・行動傾向に与える影響を検証した（鈴木・矢原・山岸, 2003; 山岸, 2007）。91名の実験参加者は2つの「社会」（一方は相互監視システムを有するマグリブ型，他方はそのようなシステムを持たないジェノヴァ型の社会）のいずれかに割り振られ，さらにおのおの9～10名ずつ「コミュニティ」に分けられた。

　個々の参加者は「商人」となり，コミュニティ内ないしコミュニティ間のいずれかで商品の売買を行うよう求められた。商品の本当の品質に関する情報は売り手だけが有しており，買い手にとっては社会的不確実性の高い（商品購入にリスクが伴う）状況だった。また，コミュニティ内で取引するよりもコミュニティ間で取引したほうが利益が大きくなる（コミュニティ内にとどまることの機会コストが大きい）ように設定されていた。

　このとき，マグリブ型社会の参加者には，同一コミュニティ内の取引相手の

表 7-1. マグリブ型またはジェノヴァ型社会における商取引の経験後に測定された文化的自己観尺度得点の平均値（カッコ内は標準偏差）（鈴木・矢原・山岸, 2003；山岸, 2007）

割り当てられた社会	相互協調性得点	相互独立性得点
マグリブ型（46名）	4.64 (0.71)	4.30 (0.79)
ジェノヴァ型（41名）	4.33 (0.70)	4.68 (0.75)

「評判」（満足な取引ができた／だまされてひどい目にあった，という情報）をメンバーどうしで交換する機会が与えられていた。他方，ジェノヴァ型社会の参加者にはこうした機会は与えられず，不正の監視や制裁を行うためには自主的な寄付によって公的システムの設立を図るしかないという状況だった。

こうした状況設定のもとで商取引を繰り返した結果，マグリブ社会の参加者はコミュニティ内での取引，ジェノヴァ型社会ではコミュニティ間の取引を多く行う傾向が見いだされた。さらに，この実験の直後に文化的自己観尺度（高田・大本・清家，1996）を配布して回答を求めたところ，表7-1のとおり，マグリブ型社会に割り当てられた参加者はジェノヴァ型社会に割り当てられた参加者に比して，相互協調性得点が有意に高く，相互独立性得点が有意に低くなっていた。相互協調的自己観は集団主義，相互独立的自己観は個人主義とかかわりの深い概念で，日本人の間では前者が優勢であるとされる（Markus & Kitayama, 1991）。個人に内面化された文化的信念として論じられることの多かったこの概念が，一時的な実験室内の環境に誘発されて同じ日本人の間で異なる様相を示したことは興味深い。

山岸らは多彩な実証研究の蓄積を通じて，開かれた社会構造のもとでは未知の他者への「信頼」が関係構築の鍵であると同時に，人々が信頼に基づき新たな関係構築に邁進することによってますます流動性が高まり，社会がさらに開かれていくと論じた（山岸，1998）。一連の研究成果は社会構造と心理・行動傾向との相互規定関係をわかりやすく示すものであり，その理論は中世ヨーロッパの事例を読み解くためだけでなく，現代の日米のビジネス社会の動向を理解するうえでも重要な示唆を与えてくれる。

3. 多元的無知と共有信念

個人の心との間に相互規定関係を有する社会環境は，社会の制度や構造といったハードな要因のみにとどまらない。形の見えない暗黙の規範や共有信念の知覚もまた，個人の心理・行動傾向を方向づける力を持つ。個人は，互いに周囲の他

者の行動を観察して，そこに暗黙の規範の存在を知覚するとともに，そうした知覚に基づく個々人の行動によって，予言の自己成就的に当該の規範が維持・再生産される。この共同主観的な相互規定メカニズムを検討することもまた，心の社会・文化的起源を探るうえで重要な意味を持つ。

　もしも，明示的な自然環境や社会構造のみが個々人の心理・行動を方向づけているのだとすれば，当該の環境の特質が失われた後には，個人の心理・行動傾向は異なるものになるはずである。すなわち，常に現在の環境に対して最適な行動をとることのみが重要であれば，過去の環境の要因は考慮に値しない。

　たとえば，現代のアメリカ南部はもはや牧畜社会ではない。しかしニスベットとコーエンの研究は，名誉の文化が過去のものではなく，現代のアメリカ南部に住む白人男性たちにとって現在進行形のものであることを示している（Nisbett & Cohen, 1996）。なぜ，アメリカ南部の白人男性は，牧畜社会という当初の生態環境が失われた今も，暴力的な性質を失わないのか。ニスベットらは，南部の白人男性にとって今もタフネスが高い社会的価値を持ち，侮辱に対して暴力で応えなければ周囲から軽蔑されると彼らが信じている限り，名誉の文化は維持され続けると指摘した。

　コーエン（Cohen, 2001）はこうした考え方をさらに発展させ，ゲーム理論的な「均衡」の観点も加えて，名誉の文化の継続メカニズムについて論じた。均衡状態とは，「他の人々の行動が変わらない限り，すべての人にとって，現在の行動をとり続けることが最も有利な結果を生み出す状態」を意味する（増田・山岸, 2010, p. 140）。他者が攻撃的な行動をとっている以上，自分も同様に攻撃的であり続けなければ臆病者とみなされてしまう。コーエンらによれば，このような人々の信念の背景には「多元的無知」のメカニズムが働いているという（Vandello & Cohen, 2004; Vandello, Cohen, & Ranson, 2008）。他者の暴力的な行動はじかに見ることができるが，その行動を生み出した他者の心は目に見えないため，行動に基づいて推し量るしかない。南部の人々は，目に見える他者の行動（暴力による報復行動）の背後に，他者の心（名誉のための暴力を是とする信念）を推測し，そのような社会環境の中で適応的に生き抜くために，自らも他者の行動を模倣する（侮辱には暴力で応える）。かくして，「名誉の文化」は，当初の生態環境要因が失われた後も，予言の自己成就的に再生産されることになるという。

　このように，他者の行動の観察を通じて誘発された個人の行動は，翻って他者によって観察され，再び他者の行動を誘発する。こうした相互構成的な行動の再生産は，私たちが「心の理論」（Premack & Woodruff, 1978）を有するがゆえに初めて可能となる。

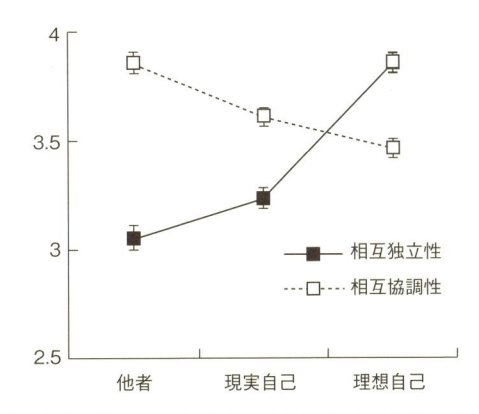

図 7-3. 文化的自己観尺度で測定された日本人回答者の相互独立性・相互協調性の得点平均値（橋本，2011）

相互協調性の得点は，現実の自己について尋ねた場合よりも，理想の自己（なりたいと思う自分）について尋ねた場合の方が有意に低く，相互独立性はその逆だった。また，現実の自己に比べて，他者（世間一般の人々）は相互協調性がより高く，相互独立性がより低いととらえられていた。

近年の研究では，同じ時代，地域，集団に属する人々の心理・行動傾向の類似性を説明するのは個々人に内面化された価値や信念ではなく，それらの価値や信念が周囲の他者に共有されているという考え，つまり「共有信念」の知覚であることが指摘されている（Zou et al., 2009 など）。たとえば，東アジアの人々は欧米の人々に比べ，周囲の人々の間に集団主義的価値や相互協調性が共有されていると（実際以上に）知覚している場合が多く，またそのような知覚をもつ人は，個人的にはその価値を重視していなくても，集団主義的・相互協調的な行動をとりやすいという（橋本，2011：図 7-3）。

筆者らが 15 の学生集団を対象に実施した集団規範に関する調査においても，集団成員の行動のパターンは，個人的信念よりむしろ，推測された他者の信念の強度や共有（結晶化）の度合に呼応したものになることが示された（村本・山口・木下，2012）。多くの研究者が多彩な心理学実験や調査を通じて，共有信念の知覚に基づく文化の再生産メカニズムの解明に挑んでいる。

5節　文化的視点を持つ心理学研究のこれから

1. ボトムアップとトップダウンの両輪による理論構築

本章では，旧来の比較文化心理学研究の限界を超えて，心の社会・文化的基盤

を検討するための2つの有望なアプローチについて検討してきた。一つは，事例研究によって環境と個人の動的な相互構成プロセスの総体を概観するアプローチである。そしてもう一つは，多層的な環境要因のうち社会構造や規範・共有信念といったメゾレベルの概念に着目し，これらと個人の心理・行動傾向との相互規定関係についての理論モデル構築を目指すアプローチである。フィールドワークに基づく現実把握の努力を通じて，文化の累進的進化にかかわる仮説が生成される。それが実験計画に載せられることによってミニマルな理論モデルとして整備され，いく度もの検証を経てその有用性を高めていく。さらに，実験室での検証を経て理論構築がなされた後には，再び現場に立ち返って理論の当てはめが試みられる。こうして2つのアプローチは両輪となり，ともにこの領域の研究の進展に貢献し得る。

　言うまでもなく，有望な方法論は他にもある。複数の社会や共同体における多層的・多次元的な環境要因を射程におさめ，それらのコンプレックスの総体を描き出そうとする場合には，疫学的な社会調査が力を発揮する。また，近年では，脳神経科学とのコラボレーションに寄せられる期待もきわめて大きい（Chiao & Ambady, 2007; Han & Northoff, 2008; Kitayama & Park, 2010 など）。多彩な研究アプローチの台頭は，とりもなおさず，この領域になお多くのリサーチ・クエスチョンが残されていることを示唆している。

2. 個人を取り巻く環境の多層性への着目

　心の社会・文化的起源を考えるうえでさらに留意すべき点は，個人の心理・行動傾向に一定の方向づけを与えようとする環境は，決して均一な「一枚岩」ではないということである（村本，2003）。人と情報がともに容易に行き交う現代社会では，国際的な組織や施設における同僚間や取引先相互の交流，移民や難民を含む多様な状況下での文化間移動，さらには境界のないインターネット上のコミュニティにおける参加者の相互交渉など，双方向的なコミュニケーションが多くの文化的集団を巻き込んで取り交わされる。

　人は誰しも，相互に結びついた多彩な社会環境の集積のなかに生きており，個々の環境に応じて，いくつもの適応的なふるまい方のレパートリーを身につけているはずである。たとえば，100年にわたるイギリス支配の歴史の痕跡が今も色濃く残る香港の出身者は，西洋的な手がかりと東洋的な手がかりのいずれを与えられるかによって，同じ実験刺激に対してまったく異なる反応を示すという（Hong et al., 2000）。こうした「バイカルチュラル」と呼ばれる人々のみならず，複数の組織や集団（たとえば，家庭と職場）に所属し，日々異なる環境の中を渡

り歩く個人の身体には，その時々に顕在化している社会環境の要請に耳を傾ける力と柔軟性がある程度備わっているだろう。その一方で，個人がこれまでの人生において積み重ねてきた経験は，種々のレパートリーの中から最も優勢な枠組みを自然と浮かび上がらせ，その人の個性ともいえる，特有の「身体の傾向性」を形づくるだろう（Bourdieu, 1979）。こうした個人の内なる文化の形成と再生産のプロセスに目を向けることもまた，私たちの課題の一つである。

　冒頭に述べたとおり，文化的視点を持つ心理学研究の目的は，文化を安定的・固定的なカテゴリーとしてとらえることでも，それを説明変数として心理・行動傾向の差異を説明することでもない。また，文化の研究は決して国や民族といった大きな集合体のみを対象とするものではない。どのようなレベルであれ，個人が周囲の人々と何らかの関係性を持つとき，そこに文化が生まれる。その意味で，文化の生成と累進的進化の動的プロセスを解き明かす試みは，「心の社会性の探究」を究極のテーマとする社会心理学にとって，新たなメタ理論の構築へと結びつく重要なアプローチの一つといえるのではないだろうか。

第8章

進化的アプローチ

1節　はじめに

　生き物の形態や行動の多様性が進化の産物であることを疑う人は少ないであろう。進化的アプローチの前提は、ヒトも進化の産物であるということである。そして、ヒトの心臓や肺が進化の産物であるのと同様に、ヒトの行動、そして、行動を生み出す心的メカニズムもまた進化の産物であると考える。ヒトの行動や心的メカニズムを進化の観点から考えることは、1980年代に入るまでは、社会的ダーウィニズムをめぐる議論や社会生物学論争をはじめとして、否定的にとらえられていた。しかし、進化生物学の進展や認知的アプローチの興隆により、心理学の領域において、ヒトの心的メカニズムに対して進化の観点からアプローチすることが1990年代以降急速に受け入れられるようになり、新たに進化心理学という領域が形成されている。

　進化的アプローチとは、進化的適応という非恣意的なツールを取り入れ、環境の入力に反応し行動を生み出す心的メカニズムを、適応的機能という観点から解明しようとするアプローチである。

　2節では、この進化的アプローチを理解するうえで必要な進化のプロセスについて簡単に整理する。3節では、進化生物学と認知科学の進展から生まれた、進化によって備わった心的メカニズム（evolved psychological mechanism：以下では「進化した心的メカニズム」と表記）という考え方について紹介する。4節では、この進化した心的メカニズムという考え方を社会心理学の研究領域に適用した例として、「偏見・差別」にこのアプローチを適用した研究を紹介する。最後に、5節では、社会心理学の領域に進化的アプローチを適用する際の問題点について検討する。

2節　進化のプロセス

　本節では，進化に関する基礎的な知識を確認しておく。1.では進化と適応に関する基本的な概念を整理し，2.ではヒトに進化的アプローチを適用する際の重要な諸理論である血縁淘汰理論，性淘汰理論，互恵的利他理論を紹介し，3.ではヒトの進化史と進化適応環境について概観しておく。

1．進化と適応

　進化生物学で最も重要な「進化・自然淘汰・適応的形質」という概念を，長谷川と長谷川（2000）に基づき整理しておく。進化とは，「集団中の遺伝子頻度が時間とともに変化すること」をさす。集団内で遺伝子頻度が変化するのには，遺伝的浮動といった偶然によるものもあるが，進化的アプローチにとっては，適応的形質を生み出す自然淘汰と呼ばれるプロセスが重要である。

　自然淘汰のプロセスが作動するには，「多産」「変異」「競争」「遺伝」という4つの条件が必要で，この4つの条件が満たされれば，遺伝子頻度が変化して適応的形質が種の中に広まる。「多産」とは繁殖を行うまで生き残るよりも多くの子が産まれること，「変異」とは同じ種に属していても個体には多くの違いがみられること，「競争」とは変異の中に特定の環境において生存や繁殖に影響を及ぼすものがあること，「遺伝」とは，それらの変異の中に親から子へと遺伝するものがあること，をさす。

　図8-1にこのプロセスを示した。繁殖年齢に達するまでに生き残る個体と生き残らない個体がある（多産）特定の種において，顔が四角いタイプと顔が丸いタイプの2種類がいるとする（変異）。丸顔タイプは四角顔タイプに比べ，狭いところにも逃げ込めるため，捕食者に捕まりづらく，生存率が高く繁殖年齢まで生き残れるとする（競争）。そして，顔のタイプは遺伝子のタイプによって決まるため，四角顔タイプからは四角いタイプの子が生まれ，丸顔タイプからは丸いタイプの子が生まれるとする（遺伝）。もしこのような条件があれば，世代が進むにつれて，必然的に，丸顔タイプになる遺伝子タイプが増えていく。このような場合，顔のタイプを表現型，そして，この表現型を生み出す遺伝子のタイプを遺伝子型と呼ぶ。このように，遺伝子頻度が変化した結果，この種に属していれば，どの個体でも丸い顔を生じさせる遺伝子を持ち，丸い顔になることを適応が生じたと呼び，この丸い顔を適応的形質と呼ぶ。

　つまり，「多産」「変異」「競争」「遺伝」という4つの条件があれば，遺伝子頻度が変化することによって，その種に属していればどの個体でも適応的形質を身

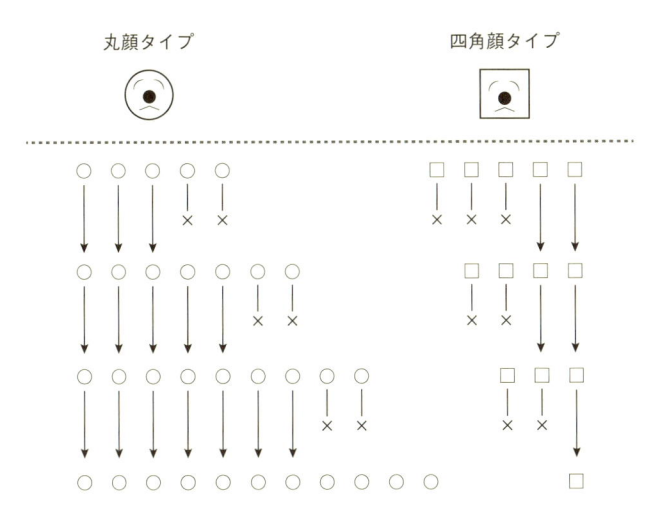

第8章 進化的アプローチ

丸顔タイプ　　　　　　　四角顔タイプ

注：この種には○タイプと□タイプが存在する（変異）。○からは○が生まれ□からは□が生まれる（遺伝）。繁殖できる年齢まで死亡（×）せず生き残る（↓）のは一部である（多産）。□に比べて○の方が捕食者に捕まりづらいので繁殖まで生き残り子孫を残すものが多い（競争）。このような条件があると，必然的に，世代が経ることによって，この種の中では○を発現する遺伝子タイプが増えていく。

図 8-1. 自然淘汰の過程

につけることになる。

2. 血縁淘汰・性淘汰・互恵的利他

ここ数十年の間に，進化生物学において，ヒトの社会的行動を考える際に有用ないくつかの理論が提唱されている。ここでは包括適応度と血縁淘汰理論・性淘汰理論と親の投資理論・互恵的利他理論を紹介する。

古典的な適応概念では，特定の個体の繁殖をその子孫に限って考えていた。包括適応度という考え方は，血縁者の繁殖を含めるように拡大したもので，適応度を「個体自体の適応度＋血縁者の適応度×血縁度（遺伝子の共有度）」と定式化した（Hamilton, 1964）。この理論により血縁間での利他的行動が適応的形質となることが説明できるようになった。このように血縁間で特定の行動傾向が進化することを血縁淘汰という。

性淘汰とは，同種の雄と雌は通常同じ自然環境に生活しているにもかかわらず雌雄の形態や行動に大きな違いが見られることを説明するために，ダーウィン（Darwin, 1871）が提唱したプロセスである。雄と雌とでは繁殖率に異なった淘汰圧が働くために性差が生じる。性淘汰には性内競争と性間淘汰の2つの過程がある。性内競争とは異性への接触のための同性内での競争であり，性間淘汰と

は同一性内で異性に対する選好に合意がある時,異性の中にその好まれる形質が進化するというものである。性淘汰により生存に不利な形質も進化し得る。どちらの性が性内競争や性間淘汰の主体になるかは親の子への投資量に規定される (Trivers, 1985)。妊娠や授乳をするほ乳類の雌のように,投資量の多い性は繁殖までの期間が長く,繁殖準備ができている個体数が少ないため,より異性への選好が激しくなる。一方,逆の性は同性内の競争が厳しくなる。

互恵的利他理論とは,血縁者以外への利他的行動を進化的に説明する (Trivers, 1971)。互恵的利他行動とは,個体 A が適応度を低下させて,個体 B の適応度を上昇させるような行為をしても,個体 A が将来同様の行為を個体 B から受けるのならば,長期的には双方に適応度の上昇が起こる行動を指す。このような行動は包括適応度を高めるため,適応的形質として進化することとなる。このような行動が適応的形質として進化するためには,①特定の個体間の社会関係が長期にわたって続く半ば閉鎖的な集団で生活している動物であること,②動物が互いに個体識別し過去にどんな行動のやりとりがあったかを記憶できるような何らかの認知能力を持つこと,③行為者がこうむる損失よりも行動の受け手が受ける利益のほうが大きいこと,が必要である。

3. ヒトの進化史と進化適応環境

進化のプロセスは,既存のものを少しずつ変えていくもので,その種がおかれている環境の中で淘汰が生じる。そこで,ヒトの行動を明らかにするためには,ヒトがどのような進化史をたどってきたのか,また,どのような環境で淘汰圧がかかってきたのかを知っておく必要がある。ヒトはほ乳類であり。恒温性を備え母親が妊娠と授乳の義務を負う。また,ヒトは霊長類の一員であり,霊長類は他のほ乳類に比べ体重比で脳が大きい。これは,霊長類が集団の中で生活することで,集団間での競争や集団内での協力や駆け引きが淘汰圧となり,このような環境で社会性を持つ個体が自然淘汰によって選ばれてきたためであると考えられている(社会脳仮説)。さらに,ヒトと共通祖先を持つ大型類人猿は道具を用い,「自己」と「他者」の認識を持っている。最後に,ヒトは約 500〜700 万年前にヒトと 2 種のチンパンジーの共通祖先から分岐した。ヒトの進化適応環境として重視されるのは,現代人の直接の祖先であるホモ属が誕生して進化してきた更新世(約 180 万年前〜 1 万年前)での生活環境である。直立 2 足歩行の完成によって生活圏が大きく広がり,それまでとは異なった生態学的地位を占め,その間に大脳新皮質が拡大した。この時代では,狩猟採集が生活の基本であった。ヒトは未熟児として生誕し成長が遅いという生物学的特徴から育児の負担が増大し,長

● 第8章　進化的アプローチ

期的なペア・ボンディングが生まれ，性役割の分化が生じた。また，血縁関係を基盤とした集団生活を行っており，その集団規模は150人以下であり，階級構造を含む複雑な社会関係があった。そのため，ヒトの高度な能力の背景には社会的相互作用内での生存と繁殖という適応問題があったと考えることができ，血縁淘汰や互恵的利他といったものが重要であった。つまり，ヒトの高度な心的メカニズムの多くは，他者や集団という社会環境への適応として進化してきたと考えられる。

3節　進化的アプローチ

本節では，バス（Buss, 2012）やツゥビーとコスミデス（Tooby & Cosmides, 2005）やシンプソンとキャンベル（Simpson & Campbell, 2005）に基づき，進化心理学の考え方や研究法を紹介する。1.では，進化心理学が研究対象とする「進化した心的メカニズム」とはいかなるものか，2.では，進化した心的メカニズムを解明するための方法を紹介する。3.では，その方法を社会心理学が研究対象とする社会行動を生み出す心的メカニズムの解明にどのように適用できるかを検討する。

1. 進化的アプローチの研究対象：進化した心的メカニズム

認知革命以降の心理学は，環境の入力に反応し行動を生み出す心的メカニズムの性質を理解することに関心を示してきた。進化的アプローチとは，進化的適応という非恣意的なツールを取り入れ，この心的メカニズムを適応的機能という観点から検討しようとするアプローチである。つまり，過去の進化的適応問題という究極要因から，現在の行動を生み出す至近要因である進化した心的メカニズムを明らかにしようとする。進化した心的メカニズムとは生体の中にある情報処理システムであり，以下のように定義される。

①ヒトの進化の歴史において繰り返し降りかかってきた特定の生存や繁殖の問題を解決してきたので現在の形で存在する。
②特定の狭い範囲の情報を取り込むようにデザインされている。その入力は，内的でも外的でもあり得るし，能動的にも受動的にも環境から得られる。
③心的メカニズムへの入力は，生体に直面する特定の適応問題を明らかにする。
④心的メカニズムへの入力は，決定ルールによって出力に変換される。
⑤心的メカニズムの出力は，生理的活動でも，他の心的メカニズムへの情報でも，外顕的行動でもあり得る。

⑥進化した心的メカニズムの出力は，特定の適応問題の解決に向けられている。
　この進化した心的メカニズムの定義から，進化的アプローチの重要な特徴が導き出される。

(1) 適応的機能による心的メカニズムの分類と統合

　進化的アプローチは社会心理学が扱ってきた多くの心的メカニズムに新たな分類をもたらす。伝統的な社会心理学では，対人認知や攻撃と援助や態度変化や偏見と差別といったテーマごとに心的メカニズムを考えてきた。しかし，進化した心的メカニズムは，過去の進化環境において適応的機能を果たしてきたがゆえに存在する。これまで別個に検討されてきた心的メカニズムが同じ適応問題を解決するとすれば，これらの心的メカニズムを一つの研究対象として研究することが可能となる。また逆に，これまで一つのテーマとして研究されてきた心的メカニズムが異なった適応的機能を果たしているとするならば，異なった研究対象として研究する必要が出てくる。この特徴については，4節において，伝統的社会心理学において「偏見と差別」として研究されてきた心的メカニズムを取り上げて検討する。

(2) 心的メカニズムの領域特殊性

　伝統的な心理学では，記憶メカニズムでも学習メカニズムでも，どのような情報を処理するかといった内容とは無関係な，領域一般的な心的メカニズムを想定していた。しかし，進化的アプローチでは心的メカニズムは領域特殊的であると想定する。心的メカニズムは進化の歴史において繰り返し降りかかってきた特定の生存や繁殖の問題を解決した結果として存在する。進化は既存の構造を少しずつ変えていくという漸進的な過程で働くため，進化した心的メカニズムがあらゆる問題を一挙に解決できる領域一般的な心的メカニズムであることは考えづらい。適応問題を同定する入力は領域特殊的であり，それにより作動する心的メカニズムも領域特殊的な問題を解決するようにデザインされていると想定する。

(3) 心的メカニズムの働きは遺伝と環境の相互作用によって生まれる

　進化した心的メカニズムは環境からの入力に応じて異なった出力を生み出すと想定されている。また，同一の遺伝子型を持っていたとしても，発達段階で異なった環境入力があれば，その出力が別の心的メカニズムに伝えられ異なった心的メカニズムが形成される可能性も想定している。このことから，心的メカニズムは遺伝と環境の相互作用によって働き方が異なってくると想定できる。領域特殊

的な多数の進化した心的メカニズムによって,環境に応じた柔軟で複雑な行動が可能となり,遺伝か環境かといった2項対立ではなく,遺伝と環境からの入力の相互作用から心的メカニズムを考えようとするアプローチである。

(4) 適応実行者としてのヒトと心的メカニズムの不完全性

進化した心的メカニズムは,過去の進化適応環境において生存や繁殖に有利な行動を生み出した結果としてヒトに組み込まれている。そのため,ヒトは生存や繁殖を意図して行動しているわけではない。進化的アプローチでは,特定の情報によって特定の心的メカニズムが作動し,それを実行する適応実行者としてヒトを考える。

最近の生態学的・文化的変化によって,進化した心理メカニズムは,現代では生存や繁殖を最大化しなくなっている可能性がある。また,情報処理の正確性が生存や繁殖に有利にならないとすれば,進化した心的メカニズムは外界の情報を正確に処理するようには進化しない。このことから,伝統的な社会心理学や認知心理学が見いだしてきたバイアスの説明にも有効である。

エラー・マネジメント理論は(たとえばHaselton & Buss, 2000; Haselton & Nettle, 2006),バイアス(方向性のある間違い)がなぜ生じるのかを分析するのに有効な理論である。この理論ではバイアスは欠陥ではなく,不確実性の中で反応を改善するためにデザインされた特徴であると考える。火災報知器を例にとって説明をすると,火事のときには必ず鳴り,火事でないときには必ず鳴らない報知器が理想であろう。しかし,そのような報知器は莫大な製造コストがかかってしまう。ある程度の価格で報知器を作るとすれば,ある程度の間違いが生じることを前提とする必要がある。火事のときに鳴らない間違いと火事でないときでも鳴ってしまう間違いでは,どちらのほうが致命的な間違いであるかを考えると,火事のときに鳴らない報知器は使いものにならない。そのため,火災報知器は感度を高めて,曖昧な状況では火事と判断をしやすいように設定されている。火災報知器の例は人工物をいかにデザインするかといった問題であるが,進化によってデザインされる進化した心的メカニズムにも同様のプロセスが働くと考えられる。生命に危険のあるヘビを火事におきかえて考えてみるとわかりやすいであろう。ヘビという危険信号を検知する心的メカニズムを考えた場合,複雑で曖昧な環境で絶対に間違えないメカニズムは,コストがかかりすぎるために進化しづらく,ある程度の間違いが生じることは避けられない。そこで,ヘビであるのにヘビでないと間違えるタイプと,ヘビでないのにヘビと間違えるタイプという変異があったとする。前者はヘビにかまれて死亡するリスクが高く子孫を残せない可

能性が高いため，後者のタイプが子孫を残していくであろう。結果として，後者のタイプの心的メカニズムを発現する遺伝子が，その種の中では広まり，ヘビに似たもの（たとえば棒きれ）でもヘビと間違えるようなバイアスを生み出すような心的メカニズムが進化によってデザインされることになる。

2. 進化した心的メカニズムを見つけるには

　特定の進化した心的メカニズムの存在をどのように予測できるのであろうか。また，どのようにしたら進化した心的メカニズムに関する実証可能な仮説を作り出せるのであろうか。他のアプローチと同様に，理論から仮説を導くトップダウン方略と現象から仮説を導くボトムアップ方略の2つがある。

(1) トップダウン方略

　進化の理論には階層性がある。図8-2に示したように，最上位には一般的な理

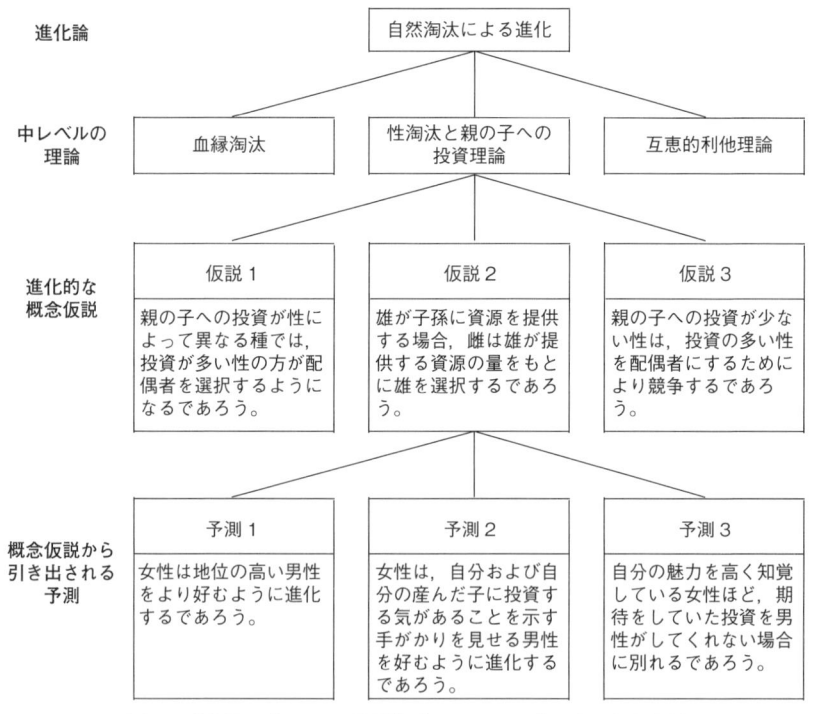

進化論	自然淘汰による進化		
中レベルの理論	血縁淘汰	性淘汰と親の子への投資理論	互恵的利他理論
進化的な概念仮説	仮説1: 親の子への投資が性によって異なる種では，投資が多い性の方が配偶者を選択するようになるであろう。	仮説2: 雄が子孫に資源を提供する場合，雌は雄が提供する資源の量をもとに雄を選択するであろう。	仮説3: 親の子への投資が少ない性は，投資の多い性を配偶者にするためにより競争するであろう。
概念仮説から引き出される予測	予測1: 女性は地位の高い男性をより好むように進化するであろう。	予測2: 女性は，自分および自分の産んだ子に投資する気があることを示す手がかりを見せる男性を好むように進化するであろう。	予測3: 自分の魅力を高く知覚している女性ほど，期待をしていた投資を男性がしてくれない場合に別れるであろう。

図8-2. 進化的アプローチの階層性 （Buss, 2012に基づき一部を改変）

論である自然淘汰の理論がある。その下位には，2節で紹介した諸理論を含む中程度の進化諸理論がある。これら諸理論は上位の自然淘汰の理論と矛盾していないが，上位理論から演繹的に導き出されるわけではなく，新たな観点をつけ加えている。性淘汰と親の子への投資理論を例に取ると，この理論は，自然淘汰の理論とは矛盾するものではなく，親の子への投資という観点を導入することによって，自然淘汰の理論からは論理的には演繹できない新たな仮説を生み出すことができる。これら諸理論から，その下位に位置する，進化した心的メカニズムに関する概念的な仮説を導き出すことができる。この概念的な仮説レベルが実証的研究での検証の対象となるものである。この段階の仮説は支持されることもあれば棄却されることもある。個々の実証的研究において仮説を検証するためには，この概念仮説を操作や測定が可能な変数間の関係へと操作的定義によって変換し，一つ下位のレベルの具体的な予測を作らなくてはならない。概念仮説から操作的予測へと変換する作業は他のアプローチを取る社会心理学の研究実践と異なることはない（安藤・村田・沼崎，2010）。しかし，進化の諸理論が従来の社会心理学の諸理論と大きく異なるのは，上から2つめのレベルにある。従来の社会心理学の諸理論には階層性がないため，このレベルの諸理論を結びつけることが困難であり，矛盾した主張をすることもある。しかし，進化の諸理論においては上位の理論を背景に持つため矛盾がなく，個々の実証研究で得られた変数間の関係を，矛盾のない理論体系の中に位置づけることができる。

　前段では単純化して述べたが，ヒトの進化した心的メカニズムに関して検証可能な概念仮説や操作的な予測を導き出すことは簡単なことではない。進化した心的メカニズムの定義からわかるように，ヒトの進化適応環境を明確にして，どのような適応問題があったのか，その適応問題を知らせる進化適応環境での入力情報はいかなるものであったのか，そして進化適応環境でどのような出力を出す心的メカニズムを持てば生存や繁殖に有利であったのかを推測して，仮説や予測を作り出す必要がある。その中でも，とくに困難なのはヒトの進化適応環境を知ることである。タイムマシンがあるのならば別だが，ヒトの進化適応環境を直接知ることはできない。しかし，ヒトの進化適応環境を知る手がかりが存在しないわけではない。他の種の適応問題を考えたり，普遍的なヒトの生活構造を考えたり，伝統的狩猟採集社会を参照したり，古人類学の知見を参照したりして，ヒトの進化適応環境での適応問題を推測し，進化した心的メカニズムに関する検証可能な仮説や予測を作り出している。

(2) ボトムアップ方略

 進化適応環境を推測し，進化した心的メカニズムに関する仮説や予測を立てる最後の手がかりは，現代のヒトが持つ心的メカニズムである。これまでの伝統的な心理学の研究から，多くの心的メカニズムの存在が明らかにされている。また，日常の観察からも現代のヒトが持つ心的メカニズムの存在が推測できる。特定の心的メカニズムの存在が推測された場合，進化的アプローチでは，この心的メカニズムは過去の進化適応環境でどのような適応的機能を果たしていたかを考える。心的メカニズムの機能から新たな仮説や予測を立て検証し，その心的メカニズムを進化の理論体系の中に位置づけることになる。

 具体的な研究例をあげると，男性が女性の友好的な行動に性的意図を過度に認知してしまう傾向は，伝統的な社会心理学の枠組みで研究されており，この現象の説明として，社会化の性差やメディアによる影響が指摘されていた（たとえばAbbey, 1982）。先に紹介したエラー・マネジメント理論から，この現象に異なった解釈を行い，新たな予測を立て実証的に検証し，進化の理論体系に位置づけた研究がある（Haselton & Buss, 2000）。男性が女性の性的意図のある行動に性的意図を読み取らない間違いは，性的意図のない行動に性的意図を読み取る間違いに比べて繁殖機会を減らすためコストが大きいと考えられる。このため，男性は女性の友好的な行動に性的意図を過大視するバイアスがかかるような進化した心的メカニズムが存在していると，この現象を解釈した。さらに，性淘汰理論から，女性に関して新たな予測をしている。女性の場合は，男性の長期配偶（子どもへの投資）意図のない行動に長期配偶意図を読み取る間違いは長期配偶意図を持った行動に長期配偶意図を読み取らないという間違いに比べ，妊娠期間や授乳期間での配偶者からの投資を失うためコストが大きい。そこで，女性が男性の長期配偶意図を読み取る場合には意図の過小視が生じると新たな予測をした。この新たな予測は，実証的な研究により検証され，それまで知られていた男性の女性の性的意図の過大視という心的メカニズムを，女性の男性の長期配偶意図の過小視という新たな現象とともに，進化した心的メカニズムとして，進化の理論体系の中に位置づけることに成功している。

3. 進化した心的メカニズムの観点から社会的行動に関する予測を作るには

 社会心理学において，社会行動は「環境（状況）」と「個人」の相互作用の関数として研究されてきた。特定の進化した心的メカニズムの存在やその働きを明らかにするために，どのようにしたら，この状況要因と個人差要因を組み込んで，検証可能な仮説や予測を立てられるのであろうか。

(1) 状況要因

　進化した心的メカニズムの定義からわかるように，適応問題を同定するような手がかりが環境にあると，その適応問題を解決するようデザインされた心的メカニズムが作動する。つまり，適応問題を示唆する手がかりの有無という状況要因が心的メカニズムを作動させるか否かを決定する要因となると予測できる（具体例は4節3.）。また，特定の適応問題は，状況によって重要性が変化する。たとえば，暗い場所にいるときには明るい場所にいるときよりも捕食者に狙われる危険が大きいであろう。そのため，捕食者を検知する心的メカニズムは，暗い場所にいるときのほうで作動しやすくなることが適応的である。このように，進化した心的メカニズムが解決する適応問題が重要となる状況か否かが，状況に適応問題を示唆する手がかりがあったときに心的メカニズムが作動するかどうかを調整する要因となると予測できる（4節を参照）。

　過去の進化適応環境において，どのような手がかりが適応問題を示唆したり重要性を高めたりしたかを推測することで，それに対応する現代での状況要因を検討することができる。ここで注意しておく必要があるのは，進化した心理メカニズムは過去の進化適応環境において生存や繁殖に有利であったために存在するのであって，考えるべき環境は現代の環境では必ずしもなく，過去の環境だという点である。

(2) 個人差要因

　同じ状況に置かれていても，どのような社会的行動を取るかには個人差がある。状況の効果を調整するこのような個人差をどのように取り込むことができるであろうか。近年では，進化的アプローチにおいても個人差を積極的に取り込んで研究がされるようになってきている（Buss & Hawley, 2011）。個人差を説明する方法として，同一の進化した心的メカニズムが個人差を生み出すプロセスと，種内に複数の遺伝子型が存在し個人差を生み出すプロセスが考えられている。

①同一の遺伝子型から生じる個人差

　同一の遺伝子型を持っていても個人差が生じる，いくつかのプロセスが指摘されている。第1は生活史理論と呼ばれるもので，発達段階の初期の入力によって異なる行動方略を生み出す心的メカニズムの存在が指摘されている。たとえば，アタッチメントにかかわる現象——大人になってからの親密な他者との関係の持ち方の個人差が，発達段階初期の養育者の相互作用に関する入力によって規定される——は，この生活史理論によって説明することができる（Belsky, 1997）。第2は，他の遺伝子との相互作用による個人差が考えられる。体の大きさが異な

れば，攻撃性の発動にかかわる同じ心的メカニズムを持っていたとしても，攻撃行動の有効性が異なるために，攻撃性に個人差がみられる可能性がある。この考えは，第1の生活史理論とも関係が深く，体の大きさによって攻撃を仕掛けたときの成功や失敗の経験が異なるため，異なった心的メカニズムが形成されている可能性がある。第3は，その個人がおかれている状況要因が異なることで，異なった入力情報を経験するために，同一の進化した心的メカニズムを持っていても異なった出力が生み出され，個人差が生じる可能性である。この考え方は文化差を説明するのにも有効である。ヒトは多様な生態の中で暮らしており，外界から異なった入力があるため，同一の心的メカニズムを持っていても異なった出力が生み出されることになる。もし，生態系によって集団形成のあり方が異なっていれば，集団主義や個人主義といった文化差も，同一の心的メカニズムから生じると説明することもできる（Nettle, 2009）。

②頻度依存淘汰

　同一の種でも異なる生態的ニッチを占め，異なった方略をとる複数のタイプが均衡状態になるため，遺伝子に多型が存在することがある。これを頻度依存淘汰と呼ぶ。この代表といえるのが性である。雄と雌では遺伝子が異なり，異なった生態学的位置を占め，異なった進化した心的メカニズムを自然淘汰の過程で持つようになっている。ヒトの個人差の中で，頻度依存淘汰と考えられているのは，反社会性人格障がい者である（Mealy, 1995）。このようなタイプのヒトは，少数であれば互恵的利他に基づく協力関係からの搾取に成功し，少数ではあるが遺伝子を次世代に伝えてきたと考えられている。

4節　研究例：偏見と差別

　本節では，伝統的な社会心理学において重要な位置を占めてきた「偏見や差別」の研究領域を取り上げ，進化的アプローチを取ることにより，どのように研究をすることができ，新たな知見が得られるようになったのかを紹介し，3節で述べた進化した心的メカニズムという考え方の有効性を示したい。1.では偏見や差別の，適応的機能による新たな分類の可能性を検討し，2.では身体的安全への脅威の対処に基づく偏見と差別，3.では身体的健康への脅威への対処に基づく偏見と差別，の具体的研究例を紹介していく。具体的な研究例では，3節3.で紹介した進化的アプローチの方法に基づき，これらの偏見や差別を調整する状況要因や個人差要因をどのように組み込んで仮説や予測を立て，検証しているのかを中心に紹介していく。

● 第8章 進化的アプローチ

1. 偏見や差別の分類

　伝統的な社会心理学では，偏見や差別を，人種偏見・性役割的偏見・同性愛偏見というように対象によって分類するか，または，内外集団のカテゴリー化や資源の競争から生じる単一の現象ととらえてきた。しかし，進化的アプローチを取ることにより，偏見や差別を生み出す心的メカニズムがどのような機能を持つかという観点から，偏見や差別を新たな形で分類することが提案されている。進化した心的メカニズムは領域特殊的であるため，新たに分類された偏見や差別を規定する要因もまた異なることが予測できる（たとえば，Kurzban & Leary, 2001; Neuberg & Cottrell, 2006; Schaller, & Neuberg, 2012）。

　人は集団での生活に適応してきた。集団で生活をすることには，捕食者からの防衛や狩猟における協力といった適応に有利な面が多くある。一方で，集団生活を行うことは，暴力の被害に遭う脅威，感染症にかかる脅威，裏切られる脅威，といった適応に不利な側面もある。これらの脅威に対処する心的メカニズムを持つことによって，人は他者や集団という社会環境へ適応してきた。そして，これらの脅威に対処する心的メカニズムが，現代における偏見やステレオタイプを生み出している可能性がある。この考えを整理したものを，表8-1に示した。集団生活にかかわる異なった適応問題があるが，それらの適応問題を示唆する手がかりが環境にあると，特定の情動が生じ，情動に対応した認知や行動が取られ，適応問題を解決する出力を生み出す。偏見や差別の対象となっている諸集団に対する情動と，それら集団がどのような脅威を持つかを，アメリカで調査した研究では（Cottrell & Neuberg, 2005），表8-1の整理に対応する形で，異なった脅威に対処する心理メカニズムでは異なった情動が生じて，異なった偏見や差別が生じていることが示されている（図8-3）。

表8-1. 適応問題に対処する心理メカニズムと偏見や差別

適応問題	主要な情動	手がかり	対処行動	現代におけるおもな対象
身体的安全への脅威	恐怖	攻撃	逃走／反撃	暴力と結びつけられた外集団
身体的健康への脅威	嫌悪	病原菌	回避	疾病者，老人，障がい者，外国人
社会的調和や互恵的利他への脅威	怒り	内集団価値の否定 返報能力の欠如	攻撃／排斥	非伝統的性役割観者 失業者

161

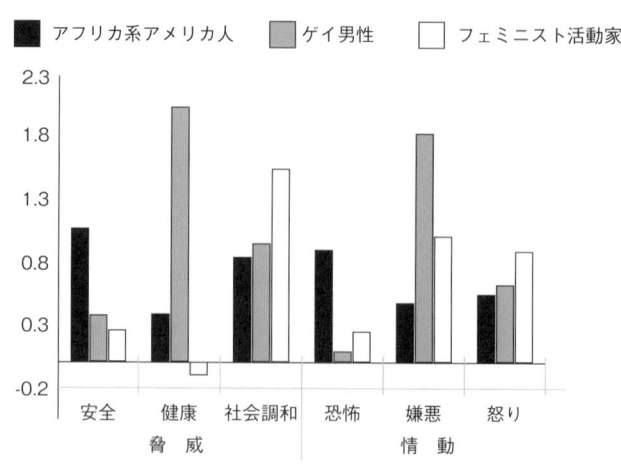

図 8-3. 集団の脅威と集団への情動

注：アフリカ系アメリカ人：暴力と結びつけられた集団
ゲイ男性：エイズと結びつけられた集団
フェミニスト活動家：社会的調和を乱す非伝統的価値観を持った集団

2. 身体的安全への脅威に対処する心的メカニズムによる偏見と差別

　偏見や差別の典型的な形態は集団間で生じる。互恵的利他が成立するには長期にわたる関係が必要であり，内集団成員とは互恵的利他関係が成立するが，外集団成員とは協力関係は築きにくい。集団で生活をする霊長類においても集団間は敵対関係になりやすいことが知られており，この関係に適応した心的メカニズムが存在している（Mahajan et al., 2011）。ニホンザルと近縁種のアカゲザルにおいて，潜在連合テスト（IAT）に類似したテストを用いて潜在態度を測定した結果，内集団と望ましいもの / 外集団と望ましくないものが連合し潜在的偏見が見られること，そしてこの傾向がオスにおいてのみ見られることが実証的に示されている。アカゲザルとヒトは 2,500 万年前に共通祖先から分岐したと考えられており，この結果は，高度な自己の概念や高度な記号操作能力がなくても，対立する集団間で偏見を生じさせる心的メカニズムが進化することを示している。ヒトの進化適応環境でも外集団とは競争関係になりやすく，外集団の脅威に適切に対処する進化した心的メカニズムが存在することが推測でき，集団間の偏見や差別を生み出していると考えられよう。

(1) 調整要因

　この進化した心的メカニズムが，人種偏見や差別を生み出しているかについて検討した実証研究を，調整要因に注目して紹介する。

　進化適応環境において，暗い環境では敵が見えづらく，外集団からの脅威を受けやすいため，身体的安全の脅威に対処する心的メカニズムが作動しやすい状況と予測できる。白人を参加者にした研究において，真っ暗な実験室で黒人男性がどれだけ危険であるかを測定すると，明かりのある実験室で行った時に比べ，顕在測度（質問紙）でも潜在測度（IAT）でも，黒人男性を危険とみなす偏見が強まった（Schaller, Park, & Mueller, 2003）。また，この研究では個人差もみられている。「この世の中がどの程度危険であるかという信念」の強い参加者ほど，環境の暗さが偏見を強めていた。この個人差は，生活史理論から予測でき，過去に暴力的状況にさらされてきた程度の個人差と考えられる。さらに，これらの傾向は男性において顕著にみられ，この結果は，前に紹介したアカゲザルの研究結果と対応している。性差に関しては，後で詳しく検討しよう。

　身体的安全への脅威は，敵と味方の比率にも依存する。敵が多ければより危険であろう。そのため，内集団が多数派か少数派かといった状況要因が偏見の強さを調整するような心的メカニズムが形成されていることが予測される。フレーミングの手法を用いて，内集団を少数派と認識させた場合には，多数派と認識させた場合に比べて，人種偏見が強まることが実証的に示されている（Schaller & Abeysinghe, 2006）。

　この心的メカニズムの最終段階である行動傾向を生み出す段階での調整要因を検討した研究もある（Cesario et al., 2010）。身体的危険を感じた時には逃走することが適応的であろう。しかし，逃走の余地がない場合には反撃せざるを得ない。このことから，逃走の可能性が調整要因となると予測できる。研究1では，あらかじめ黒人をどの程度危険とみなしているかを測定しておいた白人男女大学生を参加者にして，半数の参加者は見晴らしのよい公園で，半数の参加者は狭い実験ブースで，黒人の顔をプライムし逃走概念と攻撃概念の活性化を測定する実験を行った。黒人が危険と連合している参加者ほど，逃走の余地がある広い場所だと逃走概念が活性化するのに対して，逃走の余地がない狭い場所では攻撃概念が活性化していた。研究2では，この概念の活性化が実際の行動に結びつくことが示されている。

　最後に，この進化した心的メカニズムの性差について，検討しておこう。男性は女性に比べて，この心的メカニズムが作動しやすい傾向は多くの研究でみられている（たとえば，McDonald, Navarrete, & van Vugt, 2012; Yuki & Yokota,

2009)。これはアカゲザルの研究結果でもみられた。身体が相対的に大きく，また，闘争から得られる繁殖利益が大きいと考えられている男性は，進化適応環境において集団間葛藤状況で内集団の先頭に立って外集団と対峙することが多かったことから予測できることである。ただし，暴力でも特殊な形態があり，女性においてとくに被害に遭いやすい性的暴力に関しては，特殊な要因が調整要因として働くことが示されている。性的暴力が望まない妊娠に結びつき，繁殖に対するコストが生じるのは排卵時期である。この潜在的危険を避けるためには，とくにこの時期に外集団の男性を避けるような心的メカニズムが進化したと予測できる。白人女性を実験参加者にした研究では（Navarrete et al., 2009），妊娠の危険が高い時期に，外集団の男性である黒人に対する偏見が強く，生育歴によって生じた個人差と考えられる性的暴力の被害に遭いやすいという信念が強い女性で，この傾向が顕著であることが示されている。

3. 身体的健康への脅威に対処する心的メカニズムによる偏見と差別

進化適応環境においては，さまざまな身体的健康への脅威があり，その中でも非常に危険なものとして感染症があったと考えられる。このことは，身体に悪いものを食べると嘔吐するといった生理システムや，体内に入った病原菌を検知し防衛する生理的な免疫システムが，進化の過程で組み込まれていることからわかる。しかし，これらのシステムは病原菌が体内に入ってから作動するものであり，また，完全なものではない。そのため，環境に存在する病原菌を検知し，直接的に回避する心的メカニズム（行動免疫システム）が進化の過程で人にデザインされている可能性が考えられている（Neuberg, Kenrick, & Schaller, 2011; Schaller & Park, 2011）。多くの病原菌は対人的な相互作用を通じて感染するため，ある種の人たちに対して，接触をしてはいけないものに対する情動（嫌悪）が生じ，相互作用を回避する心的メカニズムが進化の過程で形成され，あるタイプの偏見や差別を生み出しているという仮説が立てられている。

(1) 感染症回避に基づく偏見や差別の対象

感染症に罹患している疾病者を避けるような心的メカニズムは間違いなく適応的であったであろう。ただし，病原菌は目に見えないため，感染症に本当に罹患しているか否かを正確に判断するのは困難である。エラー・マネジメント理論によれば，このような不確実状況ではバイアスを生み出す心的メカニズムが自然淘汰によってデザインされることが予測される。感染症に罹患していない人を罹患していると判断するリスクに比べて，感染症に罹患している人を罹患していない

と判断するリスクは非常に大きいので，病原菌に感染している人の範囲を過大視するようなバイアスがかかると予測される。感染症の多くは，発熱や発疹や黄疸やむくみといった容貌の変化を引き起こす (Oaten, Stevenson, & Case, 2011)。容貌の変化が感染症の手がかりになるため，感染症とは無関係な容貌の変化も，この進化した心的メカニズムの発動の手がかりになってしまうと予測されている。老人や肥満や障がい者は，平均的容貌から外れているため，身体的健康への脅威に対する進化した心的メカニズムが発動され，偏見や差別が生み出されるという仮説が立てられている。さらに，この心的メカニズムによる偏見や差別の対象として，見知らぬ外集団成員が想定できる。特定の地域では，その地域で蔓延している病原菌に対する生理的免疫システムや，感染予防習慣が作られている。異なった環境で生活をしてきた見知らぬ外集団成員は，免疫を持っていない病原菌に感染している可能性があり，また，異なった習慣を持っているためその地域での感染症に感染をしてしまう可能性も高い。そのため，感染症への対処として進化した行動的免疫システムによって，この人々への偏見や差別が生み出されていると想定することができる。

(2) 調整要因

　この進化した心的メカニズムが，平均的な容貌から逸脱している集団への偏見や差別を生み出しているとすれば，いくつかの調整要因が想定できる。状況要因としては，感染症の脅威が高まった状況では偏見や差別が強まるであろう。また，感染症にかかりやすい遺伝子を持っていたり（他の遺伝子との相互作用），これまで感染症にかかった経験が多かったりして（生活史），自分が感染症にかかりやすいと考える人ほど，偏見や差別が強いことが予測できる。

　肥満者への偏見を扱った研究では (Park, Schaller, & Crandall, 2007)，身体的安全への脅威に関連する「世界がどの程度危険かという信念」は影響を与えていなかったが，感染症にかかりやすいと思っている人ほど肥満者に偏見を持っていることが示されている。この結果は，身体的安全への脅威と身体的健康への脅威とでは，対処するのに異なった心的メカニズムがデザインされていることを示唆するものである。さらに，この研究では，病原菌や感染症の写真を見せて感染症の脅威を顕現化しておくと，肥満と感染症の潜在的連合が高まるという，状況調整要因に関する予測も実証されている。

　障がい者への偏見 (Park, Faulkner, & Schaller, 2003)，老人への偏見 (Duncan & Schaller, 2009)，馴染みのない外国人への偏見や差別 (Faulkner et al., 2004) においても，感染症のかかりやすさの知覚（個人差要因）と感染症脅威の顕現化

（状況要因）が，偏見や差別を強めることが実証的に示されており，これらの対象に対する偏見や差別が，同一の進化した心的メカニズムによるものであるという予測が確かめられている。

身体的安全への脅威にかかわる偏見や差別において，多くの研究で性差がみられていた。しかし，身体的健康への脅威は男女にかかわらず脅威となるため，性差が生じにくいと予測される。実際，実証研究において性差はほとんど示されていない。しかし，女性の特有な状況が，この進化した心的メカニズムを発動させやすいことが予測できる。妊娠初期は，別の生命体が体内に入った時期であり，身体的な免疫系を低下させる必要がある。このため，妊娠初期に，つわり（危険なものを体内に入れないシステム）が作動しやすくなる。同じ時期に行動免疫システムも発動しやすくなるかをアメリカで検討した研究では（Navarrete, Fessler, & Eng, 2007），妊娠初期の妊婦は，妊娠後期の妊婦や妊娠をしていない女性に比べ，アメリカ（内集団）を批判する外国人（外集団成員）を低く評価し，アメリカを賞賛する内集団成員（アメリカ人）を高く評価するという内集団びいきがより強くみられることが示されている。

行動免疫システムという進化した心的メカニズムを想定することにより，偏見や差別を低減する調整要因を予測することも可能となる。生理的な免疫システムを強化しておけば，行動免疫システムの必要性は低くなると考えられ，結果として偏見や差別が低減することが予測できる。この予測を検証した研究では（Haung et al., 2011），インフルエンザの予防接種を受けていると，感染症の危険を顕現化しても，移民者への偏見が強まらないことが見いだされている。さらに，感染症予防に有効な手洗いを実験中に行わせると，感染症に対して恐怖が強くても外集団に対する偏見が高くならないことが見いだされている。

4．まとめ

本節では，進化した心的メカニズムという考え方を用いることにより，偏見や差別に関する研究をどのように進めることができるかを紹介してきた。偏見や差別に単一の心的メカニズムを想定したアプローチや，対象ごとの社会問題に基づいたアプローチとは異なり，適応的機能で新たに分類することによって，同一の心的メカニズムの場合には同一の要因が，異なった心的メカニズムの場合には異なった要因が，偏見や差別を調整することが明らかになっている。さらに，偏見や差別の低減に有効な新たな方略への示唆も得られている。

本節では進化的アプローチの統合的側面にあまり触れることができなかったが，本節の3.で検討した，身体的健康に対処する進化した心的メカニズムに関して

は，伝統的社会心理学では別の分野として検討され諸領域（自己知覚と行動傾向（Mortense et al., 2010）・対人魅力（Young, Sacco, & Hugenberg, 2011）・パーソナリティの文化差（Schaller & Murray, 2008）・社会システム（Nettle, 2009）など）で実証的な研究がなされており，別個に検討されていた心的メカニズムを統合的に説明する可能性が示されている。

5節　進化的アプローチの論争点

　進化的アプローチは近年になって興隆してきたもので，研究者の間でも意見が一致していない問題も多い。ここでは，領域特殊性と進化の実証性にしぼって検討してみる。

　進化した心的メカニズムは領域特殊なものであるという仮定から，進化的アプローチは多くの新たな知見を生み出してきた。しかし，この領域特殊性という前提は議論が絶えない。古代型ホモ・サピエンスが現代型ホモ・サピエンスへと進化したのは，領域特殊的に進化してきたモジュール間の流動性が高度な記号操作能力によって高まったためであると考え，ヒトの進化においては，複数の領域間にまたがった表象を関連する能力が重要であった考える研究者も多い（たとえば，Deacon, 1997; Mithen, 1996）。この記号操作能力による領域一般性をどのように進化的アプローチに取り込むかは今後の課題であろう。4節で紹介した，偏見や差別に対する進化的アプローチを取る研究者でも，領域特殊的な心的メカニズムに加えて，ヒトには異なった記号処理やラベリング能力があるため，他の種とは異なった形の偏見や差別が生じたとする主張する研究者も存在する（Oaten et al., 2011）。

　また，進化のプロセスは，既存のものに新たな機能を持たせることが可能であり（たとえば鳥の翼），複数の異なった進化した心的メカニズムが，同じサブシステムを用いていることが指摘されるようになっている。4節3.では，身体的健康にかかわる脅威は嫌悪という情動を生じさせ，その脅威に対処する心的メカニズムが作動するという研究を紹介した。健康への脅威となる対象に対して嫌悪を感じて回避する心的メカニズムは，進化の早い段階でデザインされたものと考えられている。ヒトにおいては道徳的逸脱に対しても嫌悪を感じる。道徳的逸脱をする他者とつきあうことは，搾取されるリスクや内集団の協力関係を壊すリスクがあるため，嫌悪を感じ回避することは適応的な行動である。道徳的逸脱と病原菌では適応問題の手がかりが異なるため，異なった入力によって作動する異なった進化した心的メカニズムではあるが（Tybur, Lieberman, & Griskevicius,

2009)，嫌悪情動に伴う心的メカニズムを共有して使うため，その後の情報処理メカニズムは類似したものになることが考えられる。手を洗うことが嫌悪感を低め，外国人への偏見を低下させる研究を紹介したが，手を洗うことは健康への脅威の対処となり，嫌悪感が低まるため，他者の反道徳的行動に対する評価が甘くなるといった実証研究も報告されている（Schnall, Benton, & Harvey, 2008）。既存の進化した心的メカニズムをサブシステムとして再利用するという観点は，先に述べた記号操作能力による表象の共有と密接に関連している（Landau, Meier, & Keefer, 2010; Williams, Huang, & Bargh, 2009）。異なった進化をした心的メカニズムが，同じ既存の心的メカニズムをサブシステムとして共有して利用しているかどうかは，これらの進化した心理メカニズムの媒介過程を検討することにより明らかにすることができる。この共有されたメカニズムによる媒介過程を，脳内過程も含めて明らかにしていくことが，今後の研究には必要であろう。

　最後に，進化した心的メカニズムと想定されたものが，本当に進化によってデザインされたといえるのかといった問題を検討しておこう。たしかに，社会心理学の手法で明らかにできるのは，想定された進化した心的メカニズムがどのように働くのかといった部分であり，結局は至近要因にかかわる研究でしかない。進化シミュレーションといった手法をとることによって，ある心的メカニズムが特定の状況のもとで進化し得ることを示すことはできるが（たとえば，佐伯・亀田, 2002），本当に自然淘汰によって備わったものなのかについて明確に主張することは困難である。しかし，進化論を基礎においたアプローチは，社会心理学の中でのみ行われているものではなく，進化生物学や遺伝学をはじめとする多くの自然科学，そして，文化人類学や考古学といった多くの社会科学で取られるようになってきている。社会心理学にはグランド・セオリーがなくピースミールな知見の集積にすぎないと指摘されている。現状のそのような知見を，自然科学の中で体系づけられてきた理論の中に位置づけることは，統合的な知をめざすとすれば意義のあることであろう。そして，進化という同じ土俵の上で社会心理学の研究を行うことは，多くの他の学問領域との共有可能な科学的知を新たに作り出す可能性をもった試みといえよう。

第9章

「人と社会」に関する知の統合に向けて

1節　はじめに

　本書に収められた各章は，社会心理学の知見を読み解くうえで重要な概念をめぐっての研究成果をもとに，議論を展開してきた。しかし，各章のめざすところは，研究成果の単なる集約にとどまるものではない。各概念をターゲットとして，それらがいかなる意味で社会心理学にとって重要であったのか，どのような研究アプローチがなされてきたのか，また，それらをとおして見える私たちの心や社会とはどのようなものなのかが論じられてきた。このような議論をとおして，各章は，当該領域にとって重要な論点を示すのはもちろん，それぞれの概念を手がかりとして研究を進めることの意義，また，今後検討すべき課題を指摘してきた。また，著者それぞれがテーマとなった概念に対して持つ独自の視点，さらには個性ある社会心理学観も論じられてきた。

　その一方，各章は，対象となる概念固有の問題のみならず，社会心理学全体に通底する考察を提供している。各章に議論の濃淡はあるにせよ，社会的な心の成り立ちとありようを考察するうえで，私たちが他者や集団，またそれらから構成される社会環境のなかで生活しているという事実に着目することの重要性を述べ，社会環境の特性と人との相互作用の点から，社会的な行動とその背後の心的過程を解き明かす。このような論点は，人と社会を議論するという枠組みのなかにあっては，どのような概念に着目しようとも立ち現われてくるものだといえるだろう。

　序章で，社会心理学の知の形や，個別的な知を有機的につなぐことの重要性について述べたが，これら全体に通底するテーマのかかわりで議論されること，また議論に用いられる言説や論理の構造そのものに，統合へのベクトルを見いだすことができるだろう。社会心理学が，人や社会について議論できることについて，

細分化された研究分野という枠を取り払ったうえで集約したものが，また，それらを他学問分野の知見とも関連させつつ考案したものが，統合的な知の集積になる。各領域が個別に，人と社会にかかわるさまざまな変数の関係に関する知見を提出しているとしても，そのなかから得られる考察の骨組みを抽出し，社会心理学は，人と社会をどのようなものとして語っているのかを考えることが，「統合知」へと向かう道筋であるということである。
　もちろん，このような考え方に対しては，賛否両論あるだろう。「人と社会について語ること」という，曖昧な表現で示されるものが，知の統合と呼ぶに値するのかという疑問は当然出てくるだろう。また，科学的な知見の統合という観点から，さまざまな知見を包括するシンプルな言説を期待する向きからは，それを示していないという批判がなされるかもしれない。実際，序章でも述べたように社会心理学が，その知見を包括するような統一原理を，多くの社会心理学者の賛同を集める形で提示できる可能性が，近い将来あるようには思われない。そうだとするなら，あれこれ議論をつくしてみたが，やはり社会心理学は，統合知としての姿を示すことが難しい学問である，ということになるのだろうか。
　しかし，「統合知」というのは，知の形であると同時に，一つの理念でもあると考えられる。それは，個別の概念をめぐって生まれた議論が，社会心理学全体にかかわるテーマへの応答をも生み出しているところに，何らかのまとまりをもったメッセージを発信する力を持つこと（または，その可能性）を見いだす志向性であり，自らを振り返るための議論を進める際の参照点でもある。したがって，それに向かう作業をあきらめることは，社会心理学のあり方を考えるという目的と反することである。実際，各章の内容から明らかなように，ターゲットとしていた「変数」や「概念」は，「社会的な存在としての人」についての洞察を得る装置として，たしかに機能していたし，領域を超えた問題意識を生み出すことにもつながっている。それらの洞察の内容を集約し，共通する主張をすくいとることは，個々の研究知見の細部を越えて，社会心理学が示す知の姿をどこに求めていくかという問題について，一定の示唆を得ることにつながるはずである。
　つまりは，統合的な知としての問いを持つこと自体が，社会心理学が発信するメッセージの力を高めるうえで必要であるということだ。それは，人と社会とに関するさまざまな変数を統合するプラットフォームの上で，研究がこれからも活性し続けるために何が必要なのか考えることもうながす。改めて各章を振り返ってみると，それぞれが，主要な研究知見はもちろんのこと，時に明示的に，また時には暗黙裡に，人とは，社会とは何かを語り，また，今の社会心理学の限界と，これから語り得ることの可能性を広げるために考えるべきことをも示してい

● 第9章 「人と社会」に関する知の統合に向けて

る。したがって，各章の議論を踏まえ，現時点において語り得る社会的な存在としての人の姿，そして，語ることが困難なものや，いまだ語る対象として発見していないものを見つけ出すための考察を進めていくことを，「統合的な知」という理念へと近づく営みと考えることができる。そのような視点のもと，本章では，人と社会との関係に関する議論に現れる社会的な心と，それに対する考察を広げるために考えるべき今後の課題について述べていきたい。

2節　社会的な心への視点

1. 問題の所在

　各章での議論に共通する重要な問題意識は，「社会」をどのように研究の中に取り込むかということである。これは，社会心理学の抱える基本的な課題である。社会そのものを対象とするのではなく，心の機能や行動を直接の研究対象（従属変数としているという意味において）とする一方で，「社会の中における」という但し書きをつけ，それにこだわることに，社会心理学のアイデンティティがある。

　また，「社会の中における」ということに対し，どのように向かい合うかによって，各研究の個性が形づくられるともいえる。そのようななか，1章から8章までの議論から浮かび上がってくるのは，社会の特性が心や行動のあり方を決めると同時に，心や行動のあり方が社会の特性として還元されていくこと，そしてその循環に一定の方向性が成立するように心の機能が定められていることである。その循環の方向性とは，さまざまな領域で，社会環境への「適応」という言葉で表現されているものであり，また，適応すべき社会の最も重要な特性は，自分だけではなく，他者が存在する世界だというところにある。

　だとするなら，これまでの各章で展開された主張から，「社会的な存在としての人」を「心」の観点から考察するためには，「心の機能と適応」，「私－他者関係」という2つの視点にかかわる論点を整理することが不可欠となるだろう。以下，各章を振り返りつつ，これら2つの視点についてまとめておこう。

2. 心の機能と適応的デザイン

(1) 心の機能の先にあるもの

　社会的な心が行うさまざまなことは，いったいどこを向いているのだろうか。私たちの心が社会的な行動を生み出す仕組みについては，それぞれの行動に対してのモデルという形で議論されている。しかし，それら全体の背景にある法則め

いたもの，またはモデルを組み立てるときの原理のようなものは何なのだろうか。この問いかけに答えるためのキーワードとして「適応」という言葉が用いられてきたことは，ここで改めて指摘するまでもないだろう（北村・大坪，2012）。適応という考え方，またそれが達成される過程としての進化がメタ理論として機能することは，本書では第8章「進化的アプローチ」で，最も直接的に論じられている。また，他の章も，進化という言葉を用いていなくても，心の機能が，第一義的には，社会の中で生きていく私たちの環境適応を支えるためのものであることを明確に論じており，心は，（意識的にせよ，無意識的にせよ）社会環境を評価し，そのなかで適切にふるまうために行動を調節し制御するものとして記述される。第2章「感情と動機」や第3章「潜在態度」は，このような過程の中に埋め込まれた情報処理に関するメカニズム，たとえば，感情や動機，自動的処理過程などが，個人を環境の中で適応的にふるまわせるための仕組みとして位置づけられることを論じている。また，第1章「脳と心」や第5章「他者との関係」，第6章「グループメンバーシップ」で解き明かされるように，複数の他者や集団が存在するという社会環境ゆえに発生するさまざまな適応課題は，他者との関係や集団に属することを志向する心の機能，そしてそれを物理的実体として支える脳機能というハードウエアをも形づくる。

　近年の他者に対する行動規範，道徳的な規範に関する議論では，心的機能，脳機能のような個人の内部に存在するもののみならず，社会の中に存在するさまざまな文化的な制御機能，とりわけ「道徳」のような秩序維持に貢献するような規範や制度も，私たちが社会の中で他者と生活しているという環境への適応結果であると解釈される（Haidt & Kesebir, 2010）。道徳的規範や制度は，個々人が集団をとおして資源を確保することや，それを支える集団秩序の安定した維持に必要であるがゆえに，社会に実装されるに至ったとみなされるのである。第7章「文化」が述べる文化差に関する議論は，このような考え方を文化それ自体に拡張しているといえるだろう。特定の時代や地域，集団の持つ生態環境への適応の形が文化の基盤であり，それが世代から世代へ継続的に伝えられ，また同時代の他者と共有された結果として現存しているというのである。一方，文化という集団の「個性」に関する議論と同じロジックは，第4章「パーソナリティと状況」でも展開されている。個々が置かれた環境と生得的な要因との相互作用により得られる，外界に対するふるまい方の個人差は，適応の形の「個性」とみなすことができる。文化差，パーソナリティの個人差といった，集団や個体間にみられる「違い」も，適応システムへのバリエーションとして解釈されるのである。

(2) 説明原理としての適応

　このように，社会心理学の領域に広く適応という考え方が及んでいることは，適応への着目が，取り立てて新しい論点ではないことの裏返しでもある。実際，社会的判断におけるエラーやバイアスを，複雑な社会的情報処理を効率よく行うという，適応的な認知システムの副産物として解釈する考え方は，かなり初期の社会的認知研究でも提出されていた（たとえば，Hastie & Kumar, 1979; Higgins, Rholes, & Jones, 1977）。また，本邦では，亀田と村田（2000）が，「適応エージェント」という概念のもと，社会心理学の知見を再構成する教科書を出版しており，社会心理学の知見を適応概念のもとにまとめることの意義を論じている。このような歴史の上に立ち，適応概念による解釈が幅広く用いられるという現状がある。社会心理学は，この 30 年ほどの期間にわたって，人の社会的な心の機能もしくはそのデザインを，また，自らが研究の対象としてきた「人と社会に関する変数」の役割を，適応という概念に集約して語ってきたのである。シニカルな言い方をするなら，それを凌駕する原理を見いだしていないということにもなるが，しかし，心の機能が適応的であるという考え方は，個々の研究領域で提出される心のモデルとその社会性に関する議論を妥当化することにおいて，（少なくとも社会心理学者自身を納得させるに）十分に強力なものであったということである。

　もっとも，適応という概念は幅広く用いることができるがゆえに，「適応的だからそうした」という表現により，単なる後づけの説明として研究知見を片づけてしまう危険をはらむものでもある。それは，俗的な進化論に基づくフォークサイコロジーに，知見を吸収する危険もはらむ。科学的な知としての個々の研究の価値は，第一には，統制された操作や測定のもとに得られた知見そのものに見いだすべきであり，その点において危ういものが「適応」を語っても意味はない。後づけの解釈としてのみ，この概念が用いられるならば，適応をキーワードとすること自体が空虚なものになってしまう。社会的な心を持った私たち人間の行動を「統合的」に理解する軸として，「適応」という視点が有効に機能するためには，個々の実験研究というレベルにおいて，適応概念を厳密に，かつアプリオリに定義・操作したうえでの議論が必要となるであろうし，概説レベルでの言説で用いる場合には，多様な知見をメタレベルで意味づけるための視点という位置づけを意識する必要があるだろう。

3. 社会関係の中での自己と他者
(1) 他者の存在
　さて，前項で心の機能と適応という視点について述べたが，適応を論じる際には，その対象となる環境をどのようなものとしてとらえるかが重要な問題となってくる。私たちが生活している環境は，もちろん多様であり，さまざまな観点からその特性を記述することができる。しかし，各章が論じてきたテーマに通底する，私たちを取り巻く環境の主要な特性は，「自分一人ではなく，他者が存在し，集団としてのまとまりの中で生活している」ことである。すなわち，私たちの心の仕組みや行動を議論する際，「他者と共にいる」こと，「自己と他者」が何らかの関係を持って存在しているということの影響が，常に検討すべき課題として組み込まれている。

　他者の存在という言葉から，オールポート（Allport, 1954）の古典的な社会心理学の定義である「現実の，想像上の，または含意された他者の存在」という表現を連想する人がいるかもしれない。また，他者の存在という問題設定は，社会心理学の歴史を振り返った時に，古くは20世紀初頭前後の社会的促進（Triplett, 1898）や社会的手抜きの研究（Ringelmann, 1913）など，その源流において見いだされる興味関心とも合致する。社会心理学における人間が，一人の「個」として独立に存在するものではなく，他者との関係の中で，また社会的文脈の中で生きている存在として定義されているところに，社会心理学がそもそも"社会"心理学であった所以をみることができる。

　このような議論は，もちろん，個人の内的・心的な過程を対象としている研究にも当てはまることだ。社会的認知過程にかかわる研究が，個人内の情報処理過程を扱っていながら，なぜ「社会的」認知なのかというと，単に情報処理対象が，他者などの社会的な存在であるからということではない。むしろ，社会的な場面，つまり，他者の存在を前提としなければ，その特性，また心的過程に与える影響が定義できない場面を対象としているからだ。それは，最も「個人主義的」な社会心理学観においてもそうである。ヴェグナーとギルバートは，社会的認知研究により塗り替えられた社会心理学について，「主観的経験の科学」，すなわち個人の主観を科学的に解明するものであると述べ，その主たる研究対象が，いまや複数の人間の相互作用や集団での行動などよりも，むしろ，個人の心の中にあるという見方を提出した（Wegner & Gilbert, 2000）。しかし，そのような個人主義的な社会心理学観においても，「主観」の機能の基盤が，他者との相互作用や集団生活を前提とした社会への適応にあることは，自明な主張として埋め込まれていた。個人内の情報処理過程が，そもそも「他者との集団生活」への適応の結果

として作り上げられてきたものだと考えられていたからである。

(2) 他者との関係がもたらすダイナミックス

したがって，「自己と他者が関係を持ちながらともに存在する」ことは，社会心理学を統合的な位置から俯瞰する，もう一つの視野だといえるだろう。そして，このような視野は，古典的なものであると同時に，現在もまた，いっそうの重要性を持つ。近年の社会心理学の潮流を見ると，対人行動，対人関係，集団レベルでの行動，組織心理学，文化など，対人相互作用や相互影響過程をターゲットとした研究が盛んに行われている。これらの研究は，私と他者（また他者から構成される諸集団）の存在や相互関係の意義に改めて着目している。

ミクロ−マクロ軸上の多様な変数と関係づけた統合的な議論を志向し，個人の心的過程や心的機能，個人の適応という問題から，個人を取り巻く環境へと問いを広げる必要性は，各章でも議論されてきた。脳機能（第1章），感情や動機・情報処理のメカニズム（第2章，第3章），パーソナリティ（第4章）について，個人の内部にある適応資源としての役割が述べられてきたが，それを基盤として，環境と相互作用する私たちの姿が，他者（第5章），集団（第6章），文化（第7章）で議論され，いかなる意味でこれらが不可欠であるのかが改めて問いなおされている。私たちの心と，他者や集団，文化との間の双方向の影響過程というダイナミックスが，これらのなかに描かれている。

私たちにとって，他者は欠くべからざる存在であり，集団は個々人を拘束しながらも自己の拠り所を与え，文化はすべきことを教え示すシステムとして機能する。他者，集団，文化，いずれも，個人の心の中に表象され，「それらに対して適応的に作られている」心の仕組みを経由して，行動に影響を与える。もっとも，このような「私視点」の構造は容易に逆転する。他者も「私と同じように他者を必要としている存在」であり，その集合としての社会に他者もつなぎとめられている。集団は，いったん私の心の中に表象され，その影響力は私を集団に縛るが，他者もまた同様に集団の影響力に縛られる。そのような他者と私が集団を構成し，影響力の源泉としての集団として外在する。また，地域特性と歴史を背負った文化は，「今，ここにいる」私や他者の心理・行動傾向を規定するが，それは同じように文化に規定されつつ「昔，そこにいた」他者の存在により，維持されたり改編されたりした結果であり，私もまた，未来の他者に対して同様の存在となる。

このようなダイナミックスは，個人や集団，文化というレベルの異なったエージェント間の相互依存関係と相互影響過程こそが，社会心理学における「社会」の概念化を構成することを示している。そうだとするなら，社会的な心という概

念も，それらの関係や影響過程を個人レベルで表象・実現する装置であると同時に，それが集まることにより生まれる現象へと，本来は広がっていくべきものかもしれない。それは，心の表象・実現機能を，個人に閉じた概念としてではなく，他者との関係，集団，文化レベルの現象を構成し実存させるものとしてとらえる視点を導入することが，これからの課題になるということでもある。

3節　これからの課題とは

1．2つの課題

　社会心理学の知見の蓄積に伴い，社会的な心を，よりダイナミックな概念として研究の中に表象させていく必要への認識は，社会心理学（者）の研究関心の拡張に支えられてきたものでもある。また，現在の社会心理学は，他領域と協同しつつ，議論できるテーマを拡大していくことも志向している。それは，学問に求められる責務への応答として，社会貢献が可能な形での言説を作り上げるべきであるという認識をも背景としている（竹村，2004）。したがって，社会的な心の概念化や社会貢献の可能性にかかわる問題が，課題として浮かび上がってくる。心の概念化の問題は，いくつかの章でも指摘されてきたが，社会心理学がこれまで採用してきた概念化の限界を超えるための方略が，方法論の上で必要となる。また，社会貢献については，貢献の方向性，すなわち，何を是として社会発信を行っていくのかという価値の問題，善悪にかかわる規範的議論をどのように取り込むのかが，重要な考察の視点となる。以下，これら2つの課題について，これからの社会心理学の取り組みの可能性を考察したい。

2．方法論の特性からの考察

(1) 方法論に由来する課題

　方法論に起因する問題は，人を相手にデータを取ることの問題も含めて，なかなか悩ましいものがある。最もシンプルな質問紙による態度測定一つをとっても，文言の受け止められ方の違いなどによる測定の「ぶれ」が生じる。人の心的特性を測定することは，物体の特性を測定することとは異なるさまざまな問題がつきまとい，どのようにそれらに対処するかが，社会心理学全体の歴史の発展のなかで重要な位置を占めている（Ross, Lepper, & Ward, 2010）。社会心理学者は研究関心を満たすために，実験パラダイムの開発や新しい統計分析手法の採用，また，脳内反応の測定，質的分析，シミュレーションなど多様な手法を，近接領域から積極的に導入することを行ってきた。

● 第9章 「人と社会」に関する知の統合に向けて

　さまざまな手法が得られる今，「方法論にかかわる問題」を考えるためには，いったん，社会心理学の基本的な研究「モデル」に戻る必要があるだろう。序章で，社会心理学の研究が暗黙に適用している「モデル」として，社会的な行動や現象が生起する過程の記述を，ミクロからマクロに至る諸変数間の関係づけにより行っていること，また，過程には心的過程が含まれ，それをもって，社会的な行動や現象がなぜ起こるかを心の機能の観点から説明していることを指摘した。そのような「過程の理解」をめざしたモデルのもと，厳密な測定や概念化を志すことで，科学として整った議論を社会心理学は提供してきた。とはいえ，厳密さは，研究対象に向ける視点の固定化や，議論の範囲が限定されるということにもつながる。既存の方法論を拡張する可能性を，そのメリット，デメリットを含めて，常に研究の現場で考えていくべきだという認識は，各章の記述からも示唆される。したがって，「変数間の関連づけ」による行動や現象の記述という研究モデルの限界から，いかに脱却するのかという課題に取り組むことが必要となる。

(2) 個人焦点のアプローチ

　社会的な行動や現象は，一つひとつがユニークさを持ち，その発生には多数の要因が関与するし，また関与の仕方も，個別の行動や現象で異なってくる。しかし，科学としての一般性を維持しつつ，生起要因やメカニズムの解明を行うためには，個別の事象に対して，当事者性を持った了解的な理解を試みるのではなく，当該の行動や現象一般に共通して影響する変数の関係に落とし込むことが，通常，社会心理学がとる研究方略であった。

　このような方略は，現象に対する構成論的アプローチ，さらには還元主義的な議論につながりやすい。社会行動や集団の現象を「構成する」変数を同定し，それらをビルディング・ブロックとして，生起過程の説明を行うが，その際，典型的には，環境要因の影響やマクロ変数の影響を，より下位レベルの変数である個々人の認知や感情，動機に言及しつつ説明する。また，脳内過程により心の機能や情報処理過程を表現することもしばしば行われる。

　「個人の心」に焦点を当てることがもたらす制約や限界は，とりわけ，マクロレベルの社会現象や組織のふるまいをターゲットとする議論の中で言及される。山口（2012）は，脳内過程，認知過程による説明モデルの有用性はもちろん認めたうえで，現象そのものをいかに把握するか，またその際，現象の「個人を超えた」側面をどのように概念化するかについての試みが重要になることを指摘している。集団を，その典型的メンバーとしての個人や全員の平均などで代表させて検討の対象とするのではなく，集団そのものを対象として定めたうえで，個の集

合としての状態記述を基礎としつつも，チームワークや組織風土などの個を越えた現象を把握することをめざすなどである。

　もちろん，これまでも，「集団」に焦点を当てた研究は数多く行われてきたし，それらの研究を「個人の心に焦点を当てたもの」と記述することについて，認知主義的であるという指摘があるかもしれない。また，実際に研究に携わっている人たちからは，個人ではなく集団のありようそのものを扱う研究をしているのだという異議が出るかもしれない。しかし，ここで問題になるのは，「何を扱っているのか」ではなく，「どう扱っているのか」ということだ。それは，データ分析や現象を説明する言説の構造に表れる。集団メンバーから収集したデータから平均値を算出するなど，サンプルの代表値を得て，それをもとにした分析と議論の構築を行うのであれば，集団をある典型的な所属メンバーで概念的には代表させていることになる。また，そのような代表値ではなく，変数間の相関関係に基づいて，モデルを組み立てた場合も，集団レベルの変数と，目的や態度や動機など，個人の心的過程を表現する変数との関係に着目した分析と議論の構築を行うのであれば，個人の心の機能のかかわる変数関係づけを行うパラダイムの範疇内にある。

　「個人焦点」のアプローチが意味するものを上記のような視点からとらえたうえで，それ以外の可能性を模索することが，今後ますます重要になる。それは，集団研究だけの課題ではなく，社会心理学が採択し得る新しい手法という点で，領域全体にかかわることだといえるだろう。

(3) 当面の方略として

　模索に当たっては，まったく新奇な手法の考案を画策することも一つの方向ではあるが，まずは，他の学問領域が用いている，多様な研究手法の可能性を検討することが必要であろう。その際，構成論的，還元主義的な手法とは異なる方向に目を向け，それらとのかかわり方を考えていくことが有効だと思われる。ここでは，そのような個人焦点のアプローチに対峙するものとして，複雑系科学の中で行われているような，集団の創発現象やネットワーク研究など，数理モデルを基盤としたシミュレーションや大規模データの分析を主としたアプローチと，フィールドワークによるボトムアップ的なアプローチの可能性に着目したい。

①複雑系科学アプローチ

　本稿が念頭に置いている個のエージェントの集合のあり方や変動のダイナミクスを扱う研究領域を，「複雑系」という言葉でくくってしまうと，現状の複雑系科学がカバーしているテーマの広さの点から誤解を招く恐れがあるのかもしれ

ない。ここで参照しているのは，複雑系科学の一部でかなり以前から行われている，集団に属する個々のエージェントに何らかの属性を持たせ，それらが多数集まり相互作用するときに生まれる現象の把握をめざした研究のことである。具体的には，流行や感染症，株価の暴落などの「創発的現象」の検討，また，大量のデータを解析する技術を用いてのSNSの解析による友人ネットワークや，論文の共著者としてのネットワークにみられるパターンの検討などである。さらに，単に数値計算やシミュレーションの結果を単純なグラフなどで表示するのではなく，Science visualization という可視化手法を駆使し，ネットワーク・パターンなどの特徴を直観的に把握できるように提示し，そこから生まれる洞察を拡大するような試みも含む (Barabási, & Albert, 1999; Börner, Chen, & Boyack, 2003; Salganik, Dodds, & Watts, 2006; Salganik & Watts, 2009 など)。

これらの研究は，いずれも，局所的相互作用から自律的に（指令者の存在なく）生まれるマクロ現象を興味の対象としており，その意味で，「集団」に焦点を当てた研究，ということができる。また，従来の社会心理学が持つような，個々のエージェントが持つ「値」を集約することで集団特性を示すのではなく，何らかの特徴を表現するパラメーター値を持った多数のエージェントのふるまいを設定したうえで，エージェントの相互作用結果の行きつく先や，集団全体にみられるネットワーク・パターンを示し，可視化手法の導入などより，集団現象や集合現象の特性に関する考察の生成をめざすことになる。ここでは，そのようなアプローチを「複雑系科学アプローチ」と呼び，議論を進める。

さて，新たな可能性としての意義を考えるうえで重要なのは，従来の社会心理学が採用してきた典型的な方法との相違点であるが，少なくとも次の2つが指摘できるだろう。1つ目の相違点は，何をとおして集団を把握しようとしているかである。複雑系科学アプローチを用いた研究は，エージェントの分布から構成される集合体としての社会全体の姿を対象としている一方，典型的な社会心理学では，平均値などの代表値で表現された「集団に所属する典型的個人」をとおして集団を見るアプローチをとる。2つ目の相違点は，明らかにしようとしている事柄と，それに至る方略である。社会心理学が，複雑な現象を理解可能な形に「単純化」して，関連する要因の因果関係を解明しようとしてきたのに対して，複雑系科学アプローチは「単純化すると何かがわかる」という視点を採用しない。むしろ，空間特徴量や時間特徴量などのパラメーターを加え「複雑化」し，エージェントの相互作用の行きつく先やパターンという観点から現象を記述することに重点が置かれている。したがって，複雑系科学を援用した研究の方向は，集団全体の様相を，個々のエージェントの分布の形としてみることが有効である状況，

またそれ自体を研究の目的とする場合に採用可能なアプローチである。その際，数理モデルと現実との関係やパラメーターの恣意性などが問題となる可能性に留意しつつ，対象とする現象を定めていくことが重要な課題となるだろう。
②フィールドワークによるアプローチ
　同じく個人焦点のアプローチとは対峙する方向にあるとはいえ，数理的なモデルを基盤としたシミュレーションと対極にあるのがフィールドワーク的な手法であろう。個人からとったデータを基盤とする個人主義的な手法は，数量化可能な変数の関係に現象を落とし込むことが求められるが，そのようなデータ収集に固執するのではなく，集団の相互作用を含む日常生活の現場で展開されている現象，行動のやりとりや会話，集団全体での行為，そこで生起するイベント，介在するモノや歴史などを記録することを基盤に置く。そのうえで，一つの事例の中に作用しているさまざまな概念やその関係を体系的に言葉の力で表現することによって洞察の獲得をめざすというアプローチである。これはフィールドワーカーが対象を「読み取る」ことにより構築されるものであり（箕浦，1999），また分析の単位は「個人とそれを取り巻く文脈」であると定められる（村本，2006）。
　このような研究手法は，社会心理学の分野でも，近年広がっているし，社会学，文化人類学，宗教学，応用倫理学など，人文系の学問に幅広く共有されているものでもある。たしかに，優れた分析力と表現力を持つ研究者が，このような手法から生み出していく言葉は，数値データでは得られない知見や，分析概念を創出するという点で，社会心理学においても，人と社会との関係を考察する有力なツールになる。村本（2006）は，この手法について，現場におけるリアリティ形成や変容のダイナミズムを記述することに加え，より一般性のある仮説を生成する可能性や「例外の中に典型を見る」ことによって理論を生み出す可能性を主張している。社会心理学研究の仮説のソースの一つが，研究者の日常生活に由来するフォークな知識であることを踏まえれば（唐沢，2012），たしかに，生活者の視点でフィールドに参入した研究者が，通常の生活環境では発見できない仮説を発見することは大いにあり得る。また，通常のフォークな知識が，それ自体は本来，固有的，例外的であるにもかかわらず，一定の研究手続きを経て，一般的な理論へとつながるのだから，フィールドで得た知識も，理論へとつながる可能性を，当然持つだろう。
　したがって，問題は，フィールドから生み出された仮説を，いかに理論へとつなげていくのか，その方法にある。特定の「個人と文脈」の分析から生まれる，固有性や特異性を持つがゆえの事例情報の豊かさを，その豊かさを損なわずに一般的な理論へとつなげることには，困難さが伴う。一般化とは個別事例の細部を

切り落とす作業を含むからである。そうだとするなら、そこでめざすべき理論は、通常の「一般化した理論」ではないのかもしれない。そのような理論の形、また、その理論が適用できる問題領域の特性についての、明瞭な議論があってこそ、フィールドの知見が、対象となる事例の記述を超えて、人と社会に関する洞察へと展開される道が明らかになるのではないだろうか。

(4) 複数の研究手法や評価軸を持つこと

さて、ここで論じた手法は、いずれも現在の社会心理学の手法を代替したり排除したりするものではなく、補完するものである。個人焦点の方法論が問題を持っていたと同じく、それぞれが固有の問題を抱えてもいる。重要なことは、人と社会との関係に関する議論が、複数の方法により生み出されること、また、それらの方法を採用する社会心理学以外の領域でも展開されていることに目を向け、それらとどうかかわるのかという問いを継続することである。社会心理学は、一つの研究領域として、研究・教育の制度そのものが確立している学問領域でもある。いったんそのなかに入れば、定まった方法論の習得を前提として、既存の研究のどれかを参照しつつ自らの研究を社会心理学の内部で進めていくことができる。一方で、他領域の研究者とのコラボレーションに積極的な学問分野であり、近隣領域との接点で多くの研究も生まれている。そのような営みを健全に拡大していくためには、スタンダードに獲得すべき方法論とその教育のあり方にまで及んでの議論が必要かもしれない。また、典型的な社会心理学研究では社会的反応の「原因」を同定することを課題とすることが多いが、それ以外の目的の価値、とりわけ洞察を提供する研究の評価軸をどのように定めるかという議論も必要だろう。先に述べたように、これらは集団研究だけの課題ではなく、社会心理学全体が取り組むべきものであるといえよう。

3. 規範的議論との連携

(1) 課題解決志向が生む問題

序章でも述べたように、社会心理学はその初期から、社会問題の解決に向き合う応用的な研究を進めてきた歴史を持つ。教育・紛争解決・組織行動など、多くの分野で現実の社会問題から出発した研究テーマを展開し、そのことにより社会心理学の基礎的な研究領域と理論を形成してきた（唐沢、2005）。繰り返し述べているように、応用研究への関心が高い分野なのである。しかし、応用研究は、問題に関与する多様な要因の中から、手持ちの理論や基礎的知見の適用に即したものを選択し、その影響を検討するという方向へと行きがちである。これについ

ては，次のような問題が指摘できるだろう。まず一つは，特定の要因に着目し，その影響という観点から現場の問題の特性を記述，分析することは有効に進められるのだが，多様な変数の相互作用により生じる問題固有の発生メカニズムに対してのアプローチは弱くなってしまうことである。また，もう一つは，問題の特性記述や，問題の原因となる要因の同定に研究の焦点が当たり，問題解決のための制度設計からは距離が置かれてしまうという点である（竹村，2004）。

近年，現実社会の諸問題の解決には，特定の学問領域だけの力では対処が困難であるという認識が広がり，「学際的なアプローチ」による問題解決への要請が高まっている。とくに解決に当たって，個人や社会集団の判断と行動が重要な位置を占める問題においては，その規定要因を探る研究に基づき，要因操作のための制度設計や介入の実施と，その効果の評価が求められている。人や集団の判断，行動がそれほど簡単に操作できるものではないのはそのとおりであるが，一方で，特定の状況要因の存在や刺激の状態など，環境の設計の仕方が，判断と行動に一定の方向づけを与えるのも事実である。社会心理学の知見の多くは，環境要因と判断や行動との関係を明らかにしているので，その意味で，社会心理学が提供可能な知見をもって問題解決に貢献できる可能性は高い。ただし，それは，人や集団の判断や行動を変えるための介入に関するものであり，また，実際，他領域からもそのような要請が寄せられることになる。

ここで社会心理学が直面するのが，どのように変える「べき」か，という問いである。よりよい地球環境とか，安全な社会とか，差別や偏見のない集団間関係とか，ある程度自明に思える価値で解決すべき課題が記述されているときには，この問いはしばしば隠されている。しかし，現実にはどの方向に「変えるべきか」自体が，論争の焦点になる場合もある。また，たとえば「安全な社会」などのように，一見自明の価値に向かう際にも，それを達成するためのコストや，達成のための方策により失われる利便性，誰にとっての安全なのか，などの問題がつきまとう。したがって，自明な価値のうえで動いている場合においても，何を望ましいとするのかについての選択を迫られていることになる。

社会心理学は，人の社会的場面での行動に影響する要因の解明に携わってきたが，どのような判断や行動が，またひいては社会のあり方が望ましいのか，それらがどうあるべきかという，規範的な問題が，直接の実証的な検討課題としてその範疇におかれているわけではない。もちろん，研究の背景には常識的な善悪の基準（たとえば，環境保全や安全な社会が必要だとか，差別や偏見は良くないなど）が研究者間に共有されてはいるが，それは社会心理学が提供する学術的知見というより，社会常識としての判断であろう。また，規範的な問題が直接の課題

ではないと述べると，世論調査などをとおして，多くの人が合意する価値についても明らかにしてきたのだから，その知見をとおして規範的な議論をしてきたという指摘をする人もいるだろう。しかし，価値の合意に関する現状の解明自体は有用な知見であることを否定しない一方で，それをもって「どうあるべきか」を示すのは，単に多数決原理に規範をゆだねているにすぎない。その意味で，産出する知見そのものが，「べき」を示すことをめざした学問であるとは言い難いのである。

(2) 社会心理学の役割

では，社会心理学には，何ができるのだろうか。「人と社会について議論する学問」としての社会的責任を果たすという観点からは，規範的議論としての「べき」論にまったく関与しないという選択肢を，おそらく取り得ない。そうである以上，提供できる知見の限界についての認識に立ったうえで，自らの役割を模索する必要がある。その際，社会問題に関する態度研究の結果に基づき介入策を提案したり，多数の意見を提供したりすることは，もちろん，重要な貢献の一つのあり方だ。しかし，その貢献は，さらに向こうにある「いかにあるべきか」，つまり「良い・悪い」に関する規範的な議論への問いを無視して進められるものではないだろう。

この問いに答えるには，また答えるに至らないにしてもその手がかりを得るためには，「社会心理学が何者であるか」という問いに立ち返る必要があるだろう。この問いを研究者に問いかけたとき，帰ってくる具体的な答えはさまざまである。社会的な場面での心の機能を研究しているとか，心の社会性を追求するとか，人と社会との関係を考えるとか，いろいろな表現での答えが出てくるだろう。しかし，いずれの答え方にしても，心と社会という，この2つの概念を巡るものであり，心を，そして社会をどのように描き出すかについて，格闘してきた学問だということには変わりはない。そして，そのことをとおして，私たち人間が何者なのかを問うてきたのである。規範的な議論そのものを生成していなくても，その規範を生み，受け止める存在としての私たちが，どのような特性を持っているのかを議論してきたのだ。だとするなら，それをもって，規範的議論に参画するしかない。それは，具体的には，私たちが規範的議論を生み出したり，評価したりする際の特性，ある規範的価値のもとに設定された制度の表象のされ方や，規範的価値から受ける影響などに関する実証的知見，そしてそこから生まれる人間観への示唆である。もちろんこれらの知見や示唆は，それら自体「いかにあるべきか」を生むものではない。しかし，他の学問分野との学際的協同の場において，

たしかな実証に支えられた人間観を提示することは，規範的議論をガイドするメタな視点を与えるものとなる。それは，「問題解決」をめざした議論の向う方向や内容を反省的に評価する装置として，社会心理学が一定の役割を担い得るということを意味するのである。

4節　知の統合に向けて

　すべての問いに答えられる学問は存在しない。それぞれが作り上げてきた理論，概念，方法論は，問いの立て方と答え方を決める。また，研究者は，手持ちの理論・モデル，概念，方法により答えられるように問いを立てるように仕向けられる。このような構造は，問いと回答を縛る一方，その縛りゆえに，一定の妥当性を持った知見を生むことができる。方法が定めたルールにのっとり，概念により規定された意味を操作し，過去の理論やモデルと整合するように，新たな理論やモデルを作る。この手続きの中に「縛り」が埋め込まれているが，普段は，それを学問の作法として，ほぼ無意識的に適用し，その枠の中で成果をあげていく。

　しかし，その成果に何かしらの不十分さを感じることは，どの領域の研究成果を振り返っても出てくることである。そのようなとき，携わっている学問が，一つのまとまりとして発信し得ることを反省的に考察し，その可能性を広げていく道筋を論ずることは，直接的な研究成果を上げるということからすると，回り道に思えるかもしれない。しかし，その回り道も，ときには必要だろう。

　本書は，社会心理学を，人と社会に関する諸変数を議論するプラットフォームとして位置づけ，科学としての知，実践的な知，人文的な知から構成される「統合的な知」を志向するという理念を置いた。そのうえで，知見を読み解くための重要な概念を検討することで，内部にある体系的な構造や問題点，また問題を打破する方向について議論してきた。各章において提起されている問題点は，いずれも単純明快な打開策をすぐに得ることが期待できるものではなく，社会心理学が知の体系として，内部，また外部に対してのメッセージを発信するうえで，継続的に考えるべきことである。そのような場において思考を互いにたたかわせることこそが，社会心理学を「統合知」へと向かわせるための内的なダイナミクスだろう。

　先に述べたように，社会心理学における知の統合を，人の社会的行動を包括的に説明する理論体系や原理に求めることは難しい。むしろ，社会心理学が伝え得るメッセージとして，社会的な人の心の輪郭を示すこと，そして，それをとおして人や社会を洞察するための視点を与える言説を生むことが，知の統合と位置づ

● 第9章 「人と社会」に関する知の統合に向けて

けられるのかもしれない。それは，科学として社会心理学が示し得る確固たる実証的知見を基盤としたうえで，それらのエッセンスを示すような言葉を生み出すことでもある。個々の，社会的な行動や現象に対する理解や考察を基盤にして，社会的な心や人と社会との関係が何者なのかを突き止めるための言葉である。このような言葉を紡ぐ作業は，人文的なものであると同時に，多くの社会心理学者が共通にかかわる根本的な問いかけに応答するものである。人と社会にかかわる現象やそれに関与する変数の多様さ，複雑さを踏まえるなら，それらを理解するための光の当て方は，言葉を生み出す語り手の立ち位置によって異なってくるのかもしれない。しかし，異なる場所から当てられた光が生み出す考察の個性は，複数が重なり合うことで，より説得力があり，普遍性を持った，人と社会に対する洞察の集合へと拡張していくだろう。それは，実践知としての社会心理学が現場の問題にかかわる際の指針として不可欠な要件でもある。科学知，実践知，人文知を兼ね備えた社会心理学として，そのような洞察を重ねていくことが，社会心理学をより豊かな可能性を持った学問へと導くのではないだろうか。

引用文献

● 序章

出口康夫 (2012). 科学哲学者が社会心理学に方法論を提案したら 予告編 唐沢かおり・戸田山和久（編）心と社会を科学する 東京大学出版会 pp.141-153.
Epley, N., & Waytz, A. (2010). Mind Perception. In S.T. Fiske, D.T. Gilbert, & G. Lindsay (Eds.), *The handbook of social psychology* (5th ed., Vol.1). New York: Wiley. pp.498-541.
Fiske, S. T., & Taylor, S. E. (2008). *Social cognition: From brains to culture*. New York: McGraw-Hill.
Gilbert, D. T. (1998). Ordinary personology. In D. T. Gilbert, S. T., Fiske, & G. Lindzey, (Eds.), *The handbook of social psychology* (4th ed.). New York: McGraw Hill. pp.89-150.
北村英哉・大坪庸介 (2012). 進化と感情から解き明かす社会心理学 有斐閣
McCauley, R. N.(2007). Reduction: Models of cross-scientific relations and their implications for the psychology-neuroscience interface. In P. Thagard (Ed.), *Philosophy of psychology and cognitive science*. Oxford: Elsevier. pp.105-158.
野村理朗 (2010). 社会的認知の神経基盤 浦 光博・北村英哉（編）個人の中の社会 誠信書房 pp.14-36.
Ross, L., Lepper, M., & Ward, R. (2010). History of social psychology: Insights, challenges and contributions to theory and application. In S. Fiske, D. Gilbert, & G. Lindzey (Eds.), *Handbook of social psychology* (5th ed.). Boston: McGraw-Hill. pp.3-50.
竹村和久・吉川肇子・藤井 聡 (2004). 不確実性の分類とリスク評価—理論枠組の提案— 社会技術研究論文集, **2**, 12-20.
Van Lange, P. A. M., Kruglanski, A. W., & Higgins, E. T. (2012). Theories of social psychology: An introduction. In P. A. M. Van Lange, A. W. Kruglanski, & E. T. Higgins (Eds.), *Handbook of theories of social psychology, Vol.1*. London: Sage. pp.1-8.
Wegner, D. M., & Gilbert, D. T. (2000). Social psychology: The science of human experience. In H. Bless & J. P. Forgas (Eds.), *The message within: The role of subjective experience in social cognition and behavior*. Philadelphia: Psychology Press.
Weiner, B. (2006). *Social motivation, justice, and the moral emotions*. Mahway: Erlbaum.

● 第 1 章

Bower, G. H. (1981). Mood and memory. *American Psychologist*, **36**, 129-148.
Cacioppo, J. T., & Berntson, G. G. (1992). Social psychological contributions to the decade of the brain: Doctrine of multilevel analysis. *American Psychologist*, **47**, 1019-1028.
Caspi, A., Sugden, K., Moffitt, T. E., Taylor, A., Craig, I.W., Harrington, H., et al (2003). Influence of life stress on depression: Moderation by a polymorphism in the 5-HTT gene. *Science*, **301**, 386-389.
Chiao, J., & Blizinsky, K. (2010). Culture-gene coevolution of individualism-collectivism and the serotonin transporter gene. *Proceedings of the Royal Society B*, **277**, 529-537.
Dunbar, R. I. M. (2008). Why humans aren't just greatapes. *Issues in Ethnology and Anthropology*, **3**, 15-33.

Eisenberger, N., Lieberman, M., & Williamson, K. D. (2003). Does rejection hurt ? An fMRI study of social exclusion. *Science, 302*, 290-292.

Fincher, C. L., Thornhill, R., Murray, D. R., & Schaller, M. (2008). Pathogen prevalence predicts human cross-cultural variability in individualism/collectivism. *Proceedings of the Royal Society B, 275*, 1279-1285.

Fuchikami, M., Morinobu, S., Segawa, M., Okamoto, Y., Yamawaki, S., Ozaki, N., Inoue, T., Kusumi I., Koyama, T., Tsuchiyama, K., & Terao, T. (2011). DNA Methylation Profiles of the Brain-Derived Neurotrophic Factor (BDNF) Gene as a Potent Diagnostic Biomarker in Major Depression. PLoS ONE 6(8): e23881. doi:10.1371/journal.pone.0023881.

Gelfand, M.J., Nishii, L.H., Chan, DK.-S., Yamaguchi,.S., & Triandis, H.C. (1998). Toward a theory of tightness/looseness: Further empirical evidence from the U.S. and Japan. Paper Presented at the 25th Annual Conference of the International Association of Cross-Cultural Psychology.

Greenberg, J., Simon, L., Harmon-Jones, E., Solomon, S., Pyszczynski, T., & Chatel, D. (1995). Testing alternative explanations for mortality effects: Terror management, value accessibility, or worrisome thoughts? *European Journal of Social Psychology, 12*, 417-433.

Greenberg, J., Simon, L., Pyszczynski, T., Solomon, S., & Chatel, D. (1992). Terror management and tolerance: Does mortality salience always intensify negative reactions to others who threaten one's worldview? *Journal of Personality and Social Psychology, 63*, 212-220.

Hariri, A.R., Mattay, V.S., Tessitore, A., Kolachana, B., Fera, F., & Goldman, D., et al (2002). Serotonin transporter genetic variation and the response of the human amygdala. *Science, 297*, 400-403.

Han, S., Qin, J., & Ma, Y. (2010). Neurocognitive processes of linguistic cues related to death. *Neuropsychologia, 48*, 3436-3442.

Hirsh, J. B., Mar, R. A., & Peterson, J. B. (2012). Psychological entropy: A framework for understanding uncertainty-related anxiety. *Psychological Review, 16*, 285-291.

Kawakami, N., Takeshima, T., Ono, Y., Uda, H., Hata, Y., Nakane, Y., Nakane, H., Iwata, N., Furukawa, T. A., & Kikkawa, T. (2005). Twelve-month prevalence, severity, and treatment of common mental disorders in communities in Japan: preliminary finding from the World Mental Health Japan Survey 2002-2003. *Psychiatry Clin Neurosci, 59*, 441-452.

Kumakiri, C., Kodama, K., Shimizu, E., Yamanouchi, N., Okada, S., Noda, S., et al. (1999). Study of the association between the serotonin transporter gene regulatory region polymorphism and personality traits in a Japanese population. *Neuroscience Letters, 263*, 205-207.

Lesch, K.P., Bengel, D., Heils, A., Sabol, S.Z., Greenberg, B.D., Petri, S., et al. (1996). Association of anxiety-related traits with a polymorphism in the serotonin transporter gene regulatory region. *Science, 274*, 1527-1531.

Luo, X. G., Kranzler, H. R., Zuo, L. J., Wang, S., Schork, N. J., & Gelernter, J. (2006). Diplotype Trend regression analysis of the ADH gene cluster and the ALDH2 gene: multiple significant associations with alcohol dependence. *The American Journal of Human Genetics, 78*, 973-987.

Ma-Kellams, C., & Blascovich, J. (2011). Culturally divergent responses to mortality salience. *Psychological Science, 22*, 1019-1024.

Markus, H. R., & Kitayama, S. (1991). Culture and the self: implications for cognition, emotion and motivation. *Psychology Review, 98*, 224-253.

野村理朗 (2010). 社会的認知の神経基盤 浦 光博・北村英哉(編) 個人の中の社会(1)日本社会心理学会50周年企画 誠信書房 pp.14-36.

● 引用文献

Nomura, M. (2013). Genes, brain and culture through a 5-HTT lens. International Cultural Neuroscience Consortium Conference.

Nomura, M. (2014). Genes, brain and culture through a 5-HTT lens. In Chiao, J, Shu-Chen, Rebecca, Bob (Eds.), *Handbook of Cultural Neuroscience: Cultural Neuroscience and Health*. New York: Oxford University Press.

Nomura, M., & Nomura, Y. (2006). Psychological, neuroimaging and biochemical studies on functional association between impulsive behavior and the 5-HT2A receptor gene polymorphism in humans. *Annals of the New York Academy of Sciences*, **1086**, 134-143.

Nomura, Y., Ogawa, T., & Nomura, M. (2010). Perspective taking associated with social relationships: A NIRS study. *Neuroreport*, **21**, 1100-1105.

Nomura, M., Ohira, H., Haneda, K., Iidaka, T., Sadato, N., Okada, T., & Yonekura, Y. (2004). Functional association of the amygdala and ventral prefrontal cortex during cognitive evaluation of facial expressions primed by masked angry faces: An event-related fMRI study. *Neuroimage*, **21**, 352-363.

Ochsner, K. N., Bunge, S. A., Gross, J. J., & Gabrieli, J. D. E. (2002). Rethinking feelings: An fMRI study of the cognitive regulation of emotion. *Journal of Cognitive Neuroscience*, **14**, 1215-1229.

Ohira, H., Nomura, M., Ichikawa, N., Isowa, T., Iidaka, T., Sato, A., Fukuyama, S., Nakajima, T., & Yamada, J. (2006). Association of neural and physiological responses during voluntary emotion suppression. *NeuroImage*, **29**, 721-733.

Quirin, M., Loktyushin, A., Arndt, J., Küstermann, E., Lo, Y. Y., Kuhl, J., & Eggert, L. (2012). Existential neuroscience: a functional magnetic resonance imaging investigation of neural responses to reminders of one's mortality. *Social cognitive and affective neuroscience*, **7**, 193-198.

Proulx, T., Inzlicht, M., & Harmon-Jones, E. (2012). Understanding all inconsistency compensation as a palliate response to violated expectations. *Trends in Cognitive Sciences*, **16**, 285-291.

Schwarz, N. (1990). Feelings as information: Informational and motivational functions of affective states. In E. T. Higgins & R. M. Sorrentino (Eds.), *Handbook of motivation and cognition: Foundations of social behavior* (Vol. 2; pp. 527-561). New York: Guilford Press.

Tabibnia, G., Satpute, A. B., & Lieberman, M. D. (2008). The sunny side of fairness: fairness preference activates reward circuitry (and disregarding unfairness activates self-control circuitry). *Psychological Science*, **19**, 339-347.

Tritt, S. M., Inzlicht, M., & Harmon-Jones, E. (2012). Toward a biological understanding of mortality salience (and other threat compensation processes). *Social Cognition*, **6**, 715-733.

Weissman, M. M., Bland, R. C., Canino, G. J., Faravelli, C., Greenwald, S., Hwu, H. G., et al., (1996). *Cross-national epidemiology of major depression and bipolar disorder*. Journal of the American Medical Association, **276**, 293-299.

柳澤邦昭・嘉志摩江身子・守谷大樹・増井啓太・古谷嘉一郎・吉田弘司・浦 光博・野村理朗 (2012). 文化的自己観と死の顕現化に伴う脳内処理過程の関連 日本社会心理学会53回大会 筑波大学

Yanagisawa, K., Masui, K., Furutani, K., Nomura, M., Ura, M., & Yoshida, H. (2011). Does higher general trust serve as a psychosocial buffer against social pain? : A NIRS study of social exclusion. *Social Neuroscience*, **6**, 377-387.

● 第 2 章

Anderson, C., Keltner, D., & John, O. P. (2003). Emotional convergence between people over time. *Journal of Personality and Social Psychology*, **84**, 1054-1068.
Bargh, J. A., Gollwitzer, P. M., & Oettingen, G. (2010). Motivation. In S. Fiske, D. T. Gilbert, & G. Lindzay (Eds.). *Handbook of social psychology* (5th ed). New York: Wiley. pp.268-316.
Baumeister, R. F., Stillwell, A. M., & Hetherton, T. F. (1994). Guilt: An interpersonal approach, *Psychological Bulletin*, **115**, 243-167.
Butler, E. A., Wilhelm, F. H., & Gross, J. J. (2006). Respiratory sinus arrhythmia, emotion, and emotion regulation during social interaction. *Psychophysiology*, **43**, 612-622.
Carver, C. S., & Scheier, M. F. (1998). *On the self-regulation of behavior*. Cambridge, England: Cambridge University Press.
Collins, R. C. (1990). Stratification, emotional energy, and the transient emotions. In T.D.Kemper (Ed.), *Research agendas in the sociology of emotions*. Albany: State University of New York Press. pp.27-57.
Cosmides, L., & Tooby, J. (2000). Evolutionary psychology and the emotions. In M. Lewis & J. M. Haviland-Jones (Eds.), *Handbook of emotions, (2nd ed)*. New York: Guilford. pp.91-115.
Cuddy, A. J. C., Fiske, S. T., & Glick, P. (2008). Warmth and competence as universal dimensions of social perception: The stereotype content model and the BIAS map. In M. P. Zanna (Ed.), *Advances in experimental social psychology (Vol. 40)*. New York: Academic Press. pp.61-149.
Damasio, A.R. (1994). *Descartes' error: Emotion, reason, and the human brain*. New York: Putnam.
Davidson, R., Scherer, K., & Goldsmith, H. H. (Eds.) (2009) *Handbook of affective science*. New York: Oxford University Press.
de Waal, F. B. M. (1996). *Good natured: The origins of right and wrong in humans and other animals*. London: Harvard University Press.
Eisenberger, N. I., Lieberman, M. D., & Williams, K. D. (2003). Does rejection hurt? An fMRI study of social exclusion. *Science*, **302**, 290-292.
Festinger, L., & Carlsmith, J. M. (1959). Cognitive consequences of forced compliance. *Journal of Abnormal and Social Psychology*, **58**, 203-210.
Fiske, S. T. (1992). Thinking is for doing: Portraits of social cognition from daguerreotype to laserphoto. *Journal of Personality and Social Psychology*, **63**, 877-889.
Fiske, S. T. (2008). Core social motivations: Views from the couch, consciousness, classroom, computers, and collectives. In J. Y. Shah & W. L. Gardner (Eds.), *Handbook of motivation science*. New York: Guilford. pp.3-22.
Fiske, S. T., Cuddy, A. J. C., & Glick, P. (2007). Universal dimensions of social cognition: Warmth and competence. *Trends in Cognitive Sciences*, **11**, 77-83.
Fiske, S. T., & Taylor, S. E. (2008). *Social cognition: From brains to culture*. New York: McGraw-Hill.
Forgas, J. P. (1995). Mood and judgment: The Affect Infusion Model (AIM). *Psychological Bulletin*, **117**, 39-66.
Forgas, J. P., Williams, K.D., & Laham, S. (Eds.) (2004). *Social motivation: Conscious and unconscious processes*. New York: Cambridge University Press.
Fridlund, A. J. (1992). The behavioral ecology and sociality of human faces. *Review of Personality and Social Psychology*, **13**, 90-121.

引用文献

Frijda, N. H., & Mesquita, B. (1994). The social roles and functions of emotions. In S. Kitayama & H. R. Markus (Eds.), *Emotion and culture: Empirical studies of mutual influence.* Washington, DC: American Psychological Association.

Furnham, A., & Gunter, B. (1984). Just world beliefs and attitudes towards the poor. *British Journal of Social Psychology,* **23**, 265-269.

Galinsky, A. D., Magee, J. C., Inesi, M. E., & Gruenfeld, D. H. (2006). Power and perspectives not taken. *Psychological Science,* **17**, 1068-1074.

Gigerenzer, G., & Brighton, H. (2010). Homo heuristicus: Why biased minds make better inferences. In G. Gigerenzer, R. Hertwig, & T. Pachur (Eds.), Heuristics: The foundations of adaptive behaivior. New York: Oxford University Press. pp.2-27.

Gilbert, D. T. (1998). Ordinary personology. In D. T. Gilbert, S. T. Fiske, & G. Lindzey, (Eds.), *The handbook of social psychology (4th ed).* New York: McGraw Hill. pp.89-150.

Gollwitzer, P. M., Bayer, U., & McCulloch, K. (2005). The control of the unwanted. In R. Hassin, J. Uleman, & J. A. Bargh (Eds.), *The new unconscious.* Oxford: Oxford University Press. pp. 485-515.

Haidt, J . (2001). The emotional dog and its rational tail: A social intuitionist approach to moral judgment. *Psychological Review.* **108**, 814-834.

Haines, E. L., & Jost, J. T. (2000). Placating the powerless: Effects of legitimate and illegitimate explanation on affect, memory, and stereotyping. *Social Justice Research,* **13**, 219-236.

Hatfield, E., Cacioppo, J., & Rapson, R. L. (1994). *Emotional contagion.* New York: Cambridge University Press.

Hecht, M. A., & LaFrance, M. (1998). License or obligation to smile: The effect of power and sex on amount and type of smiling. *Personality and Social Psychological Bulletin,* **24**, 1332-1342.

Heider, F.（1958). *The psychology of interpersonal relations.* London: Routledge.

平石 界 (2000). 進化心理学―理論と実証研究の紹介― 認知科学, **7**, 341-356.

House, J. S., Landis, K. R., & Umberson, D. (1988). Social relationships and health. *Science,* **241**, 540-545.

Jost, J. T., & Banaji, M. (1994). The role of stereotyping in system justification and the production of false consciousness. *British Journal of Social Psychology,* **22**, 1-27

Jost, J. T., & Hunyady, O. (2002). The psychology of system justification and the palliative function of ideology. *European Review of Social Psychology,* **13**, 111-153.

Jost, J.T., & Kay, A.C. (2005). Exposure to benevolent sexism and complementary gender stereotypes: Consequences for specific and diffuse forms of system justification. *Journal of Personality and Social Psychology,* **88**, 498-509.

Jost, J.T., & van der Toorn, J. (2012). System justification theory. In P.A.M. van Lange, A.W. Kruglanski, & E.T. Higgins (Eds.), *Handbook of theories of social psychology. (Vol.2),* London: Sage. pp.313-343.

唐沢かおり (2012). 個人の心を扱う方法論の限界と「集団心」の可能性 唐沢かおり・戸田山和久（編） 心と社会を科学する 東京大学出版会 pp.41-69.

Keltner, D. (1995). Signs of appeasement: Evidence for the distinct displays of embarrassment, amusement, and shame. *Journal of Personality and Social Psychology,* **68**, 441-454.

Keltner, D., & Haidt, J. (2001). Social functions of emotions. In T. Mayne & G. A. Bonanno (Eds.), *Emotions: Current issues and future directions.* New York: Guilford Press. pp.192-213.

Keltner, D., Young, R. C., Oemig, C., Heerey, E., & Monarch, N. D. (1998). Teasing in hierarchical and intimate relations. *Journal of Personality and Social Psychology,* **75**, 1231-1247.

Kohlberg, L. (1969). Stage and sequence: The cognitive-developmental approach to socialization.

In D. Goslin (Ed.), *Handbook of socialization theory and research*. Chicago: Rand McNally. pp.347-480.

Kuhl, J. (2000). A functional - design approach to motivation and self-regulation: The dynamics of personality systems interactions. In M. Boekaerts, P. R. Pintrich, & M. Zeidner (Eds.), *Handbook of self-regulation*. San Diego: Academic Press. pp.111-169.

Kuhl, J., & Beckmann, J. (1994). *Volition and personality*. Göttingen: Hoegrefe.

Kunda, Z (1990). The case for motivated reasoning. *Psychological Bulletin*, **108**, 480-498.

Leary, M. R. (1990). Responses to social exclusion: Social anxiety, jealousy, loneliness, depression, and low self-esteem. *Journal of Social and Clinical Psychology*, **9**, 221-229.

Leary, M. R., & Baumeister, R. F. (2000). The nature and function of self-esteem: Sociometer theory. In M. P. Zanna (Ed.), *Advances in experimental social psychology* (*Vol. 32*). San Diego: Academic Press. pp.1-62.

Lerner, M. J. (1980). *The belief in a just world: A fundamental delusion*. New York: Plenum Press.

Lewin, K. (1936). *A dynamic theory of personality*. New York: McGraw-Hill.

Lewis, M. (1996). Self-organizing cognitive appraisals. *Cognition and Emotion*, **10**, 1-25.

Lewis, M., & Haviland, J. (Eds.) (1993). *Handbook of emotions*. New York : Guilford Press.

Maslow, A. (1954). *Motivation and personality*. New York: Harper.

Miller, D. T., & Ross, M. (1975). Self-Serving Biases in the Attribution of Causality: Fact or Fiction?. *Psychological Bulletin*. **82**, 213-225.

Miller, R. S. (1987). Empathic embarrassment: Situational and personal determinants of reactions to the embarrassment of another. *Journal of Personality and Social Psychology*, **53**, 1061-1069.

森 津太子 (2010) 社会的認知過程のモデル 村田光二（編） 現代の認知心理学6 社会と感情 北大路書房 pp.2-22.

Powers,T.A., & Zuroff, D.C. (1988). Interpersonal consequences of overt self-criticism: A comparison with neutral and self-enhancing presentations of self. *Journal of Personality and Social Psychology*, **54**, 1054-1062.

Rosenberg, M. J.(1960). An analysis of affective-cognitive consistency. In M. J. Rosenberg, C. I. Hovland, W. J. McGuire, R. P. Abelson & J. W. Brehm (Eds.), *Attitude organization and change: An analysis of consistency among attitude components*. New Haven: Yale University Press. pp.15-64.

Rosenberg, M. J., & Hovland, C. I. (1960). Cognitive, affective, and behavioral components of attitudes. In M. J. Rosenberg, C. I. Hovland, W. J. McGuire, R. P. Abelson, & J. W. Brehm (Eds.). *Attitude organization and change: An analysis of consistency among attitude components* . New Haven: Yale University Press. pp.1-14.

酒井恵子 (1996). 自己高揚的呈示の否定的側面に対する反応の個人差 心理学研究 **67**, 314-320

Schachter, S., & Singer, J. (1962). Cognitive, Social, and Physiological Determinants of Emotional State. *Psychological Review*, **69**, 379-399.

Shah, J. Y., & Gardner, W. L. (Eds.) (2008). *Handbook of Motivation Science*. New York: Guilford Press.

Skinner, B. F. (1953). *Science and human behavior*. New York: The Free Press.

Tiedens, L., Ellsworth, P., & Mesquita, B. (2000). Stereotypes about sentiments and status: emotional expectations for high- and low-status group members. *Personality and Social Psychology Bulletin*, **26**, 560-574.

戸田正直 (1992). 感情―人を動かしている適応プログラム― 東京大学出版会

Trivers, R. L. (1971). The evolution of reciprocal altruism. *The Quarterly Review of Biology*, **46**, 35-57.
浦 光博 (2009). 排斥と受容の行動科学 サイエンス社
Weiner, B. (2006). *Social motivation, justice, and the moral emotions*. Mahway: Erlbaum.
Zajonc, R. B. (1980). Feeling and thinking: Preferences need no inferences. *American Psychologist*, **35**, 151-175.
Zajonc, R. B. (1998). Emotions. In D. T. Gilbert, S. T. Fiske, & G. Lindzey (Eds.), *The handbook of social psychology (4th ed)*. Boston: McGraw-Hill. pp.591-632.

● 第3章

青林 唯 (2011). 感情制御の自動性 感情心理学研究, **18**, 135-145.
Bargh, J. A. (1994). The four horsemen of automaticity: Awareness, intention, efficiency, and control in social cognition. In R.S.Wyer & T.K.Srull(Eds.), *Handbook of social cognition*. Vol.1. Hillsdale, NJ: Erlbaum. pp. 1-40.
Bargh, J. A. (2005). Bypassing the will: Toward demystifying the nonconscious control of social behavior. In R. R. Hassin, J. S. Uleman, & J. A. Bargh (Eds.), *The new unconscious*. New York: Oxford University Press. pp.37-58.
Boush, D. M., Friestad, M., & Wright, P. (2009). *Deception in the marketplace: The psychology of deceptive persuasion and consumer self-protection*. Routledge Academic.
　(D. M. ブッシュ, M. フリースタット, P.ライト (著), 安藤清志・今井芳昭(監訳) (2011). 市場における欺瞞的説得―消費者保護の心理学― 誠信書房)
Bower, G. H. (1981). Mood and memory. *American Psychologist*, **36**, 129-148.
Bower, G. H. (1991). Mood congruity of social judgments. In J. P. Forgas (Ed.), *Emotion and social judgments*. New York: Pergamon. pp.31-53.
Chaiken, S., & Trope, Y. (Eds.) (1999). *Dual-process theories in social psychology*. New York: Guilford Press.
De Houwer, J. (2009). Comparing measures of attitudes at the functional and procedural level: Analysis and implications. In R. E. Petty, R. H. Fazio, & Brinol, P. (Eds.), *Attitudes: Insights from the new implicit measures*. New York: Psychology Press. pp.361-390.
Delgado, M. R., Nystrom, L. E., Fissell, C., Noll, D. C., & Fiez, J. A. (2000). Tracking the hemodynamic responses to reward and punishment in the striatum. *Journal of Neurophysiology*, **84**, 3072-3077.
Devine, P. G. (1989). Stereotypes and prejudice: Their automatic and controlled components. *Journal of Personality and Social Psychology*, **56**, 5-18.
Fazio, R. H. (1990). Multiple processes by which attitudes guide behavior: The MODE model as an integrative framework. In M. P. Zanna (Ed.), *Advances in experimental social psychology*. Vol.23. San Diego: Academic Press. pp.75-109.
Fazio, R. H., Jackson, J. R., Dunton, B. C., & Williams, C. J. (1995). Variability in automatic activation as an unobstrusive measure of racial attitudes: A bona fide pipeline? *Journal of Personality and Social Psychology*, **69**, 1013-1027.
Fazio, R. H., & Williams, C. J. (1986). Attitude accessibility as a moderator of the attitude-perception and attitude-behavior relations: An investigation of the 1984 presidential election. *Journal of Personality and Social Psychology*, **51**, 505-514.
Forgas, J.P. (Ed.) (2001). *Handbook of affect and social cognition*. Mahwah, NJ: Erlbaum.

Furnham, A. F. (1988). *Lay theories: Everyday understanding of problems in the social sciences.* Oxford: Pergamon.
　(A. F. ファーンハム（著），細江達郎（監訳）(1992). しろうと理論：日常性の社会学　北大路書房）
Gawronski, B., & Bodenhausen, G. V. (2006). Associative and propositional processes in evaluation: An integrative review of implicit and explicit attitude change. *Psychological Bulletin,* **132**, 692-731.
Gawronski, B., Hofmann, W., & Wilbur, C. J. (2006). Are "implicit" attitudes unconscious? *Consciousness and Cognition,* **15**, 485-499.
Glaser, J., & Kihlstrom, J. F. (2005). Compensatory automaticity: Unconscious volition is not an oxymoron. In R. R. Hassin, J. S. Uleman, & J. A. Bargh (Eds.), *The new unconscious.* New York: Oxford University Press. pp.171-195.
Greenwald, A. G., McGhee, D. E., & Schwartz, J. K. L. (1998). Measuring individual differences in implicit cognition: The Implicit Association Test. *Journal of Personality and Social Psychology,* **74**, 1464-1480.
樋口　収・埴田健司・小林麻衣・北村英哉　(2012). ダイエット目標が目標/誘惑に関連した対象の非意識的な評価に及ぼす効果　心理学研究, **83**, 363-368.
Hassin, R. R. (2005). Nonconscious control and implicit working memory. In R. R. Hassin, J. S. Uleman, & J. A. Bargh (Eds.), *The new unconscious.* New York: Oxford University Press. pp.196-222.
Higgins, E. T., Bargh, J. A., & Lombardi, W. (1985). Nature of priming effects on categorization. *Journal of Experimental Psychology: Learning, memory, and cognition,* **11**, 59-69.
Hongyan, L., Zhiguo, H., Danling, P., Yanhui, Y., & Kuncheng, L. (2010). Common and segregated neural substrates for automatic conceptual and affective priming as revealed by event-related functional magnetic resonance imaging. *Brain and Language,* **112**, 121-128.
Iyengar, S. (2010). *The art of choosing.* Grand Central.
　(シーナ・アイエンガー（著），櫻井祐子（訳）(2010). 選択の科学　文藝春秋）
Kahneman, D. (2011). *Thinking, fast and slow.* New York: Farrar, Straus and Giroux.
Kahneman, D., Slovic, P., & Tversky, A. (1982). *Judgment under uncertainty: Heuristics and biases.* New York: Cambridge University Press.
Karpinski, A., & Steinman, R. B. (2006). The Single Category Implicit Association Test as a measure of implicit social cognition. *Journal of Personality and Social Psychology,* **91**, 16-32.
Keltner, D., & Lerner, J. S. (2010). Emotion. In S. T. Fiske, D. T. Gilbert, & G. Lindzey (Eds.), *Control motivation in social psychology.* pp.317-352.
Morris, J. S., Ohman, A., & Dolan, R. J. (1998). Conscious and unconscious emotional learning in the human amygdala. *Nature,* **393**, 467-70.
Nosek, B. A., & Banaji, M. R. (2001). The go/no-go association task. *Social Cognition,* **19**, 625-666.
Nosek, B. A., Greenwald, A. G., & Banaji, M. R. (2007). The Implicit Association Test at age 7: A methodological and conceptual review. In J. A. Bargh (Ed.), *Social psychology and the unconscious.* New York: Psychology Press. pp.265-292.
　(ジョンバージ・及川昌典・木村 晴・北村英哉（編訳）(2009). 無意識と社会心理学—高次心理過程の自動性—　ナカニシヤ出版　pp.143-166.）
Nosek, B. A., Hawkins, C. B., & Frazier, R. S. (2011). Implicit social cognition: From measures to mechanisms. *Trends in Cognitive Sciences,* **15**, 152-159.
Nosek, B. A., Hawkins, C. B., & Frazier, R. S. (2012). Implicit social cognition. In S. T. Fiske & C. N. Macrae(Eds.), *The SAGE handbook of social cognition.* Thousand Oaks, CA: Sage. pp.31-

53.
及川 晴・及川昌典・青林 唯 (2009). 感情誤帰属手続きによる潜在目標の測定―潜在および顕在目標による日常行動の予測― 教育心理学研究, **57**, 192-200.
Olson, M. A., & Fazio, R. H. (2003). Relations between implicit measures of prejudice: What are we measuring? *Psychological Science*, **14**, 636-639.
Palfai, T. P., & Ostafin, B. D.(2003). Alcohol-related motivational tendencies in hazardous drinkers: Assessing implicit response tendencies using the modified IAT. *Behaviour Research and Therapy*, **41**, 1149-1162.
Payne, B. K., Cheng, C. M., Govorun, O., & Stewart, B. D. (2005). An inkblot for attitudes: Affect misattribution as implicit measurement. *Journal of Personality and Social Psychology*, **89**, 277-293.
Reber, A. S. (1967). Implicit learning of artificial grammars. *Journal of Verbal learning and Verbal Behavior*, **6**, 855-863.
Simmons, J. P., Nelson, L. D., & Simonsohn, U. (2011). False-positive psychology: Undisclosed flexibility in data collection and analysis allows presenting anything as significant. *Psychological Science*, **22**, 1359-1366.
Sriram, N., & Greenwald, A.G. (2009). The brief implicit association test. *Experimental Psychology*, **56**, 283-294.
Stanovich, K.E., & West, R.F. (2000). Individual difference in reasoning: implications for the rationality debate? *Behavioural and Brain Sciences*, **23**, 645-726.
多田洋介 (2003). 行動経済学入門 日本経済新聞社
戸田正直 (1992, 2007). 感情―人を動かしている適応プログラム― 東京大学出版会
友野典男 (2006). 行動経済学入門―経済は「感情」で動いている― 光文社
Trope, Y., & Fishbach, A. (2000). Counteractive self-control in overcoming temptation. *Journal of Personality and Social Psychology*, **79**, 493-506.
Tversky, A., & Kahneman, D. (1974). Judgment under uncertainty: Heuristics and biases. *Science*, **185**, 1124-1131.
Tulving, E. (1972). Episodic and semantic memory. In E. Tulving & W. Donaldson (Eds.), *Organization of memory*. New York: Academic Press. pp.381-402.
Vedantam, S. (2010). The hidden brain: How our unconscious minds elect presidents, control markets, wage wars, and save our lives. Spiegel and Grau.
（シャンカール・ヴェダンタム(著) 渡会圭子(訳) (2011). 隠れた脳―好み，道徳，市場，集団を操る無意識の科学― インターシフト）
Wyer, R. S. Jr., & Carlston, D. E. (1979). *Social cognition, inference, and attribution*. Hillsdale, NJ: Erlbaum.
Wyer, R. S., Jr., & Srull, T. K. (Eds.). (1984). *Handbook of social cognition*. Vol.1, 2, 3. Hillsdale, NJ: Erlbaum.
山中祥子・山 祐嗣・余語真夫 (2011). 女子大学生における高脂肪食品に対する潜在的態度の検討 社会心理学研究, **27**, 101-108.

第4章

安倍淳吉 (1956). 社会心理学 共立出版
Adams, H. B., Robertson, M. H., & Cooper, G. D. (1966). Sensory deprivation and personality change. *Journal of Nervous and Mental Disease*, **143**, 256-265.

Allport, G. W. (1937). *Personality: A psychological interpretation*. New York: Holt.
　(G.W.オールポート(著)　詫摩武俊・青木孝悦・近藤由紀子・堀 正(訳) (1982). パーソナリティ―心理学的解釈― 新曜社)
Argyle, M., Furnham, A., & Graham, J. A. (1981). *Social Situations*. Cambridge University Press.
安藤寿康(2000). 心はどのように遺伝するか―双生児が語る新しい遺伝観― 講談社ブルーバックス
安藤寿康(2011). 遺伝マインド―遺伝子が織り成す行動と文化― 有斐閣
安藤清志(1981). 社会行動の研究におけるパーソナリティ変数の役割について 東京大学教養学部人文科学科紀要,**72**, 113-138.
Baldwin, M. W., & Dandeneau, S. D. M. (2005). Understanding and modifying the relational schemas: Underlying insecurity. In Baldwin, M. W. (Ed.) *Interpersonal cognition*. New York: Guilford Press.
Bem, D. J., & Funder, D.C. (1978). Predicing more of the people more of the time: Assessing the personality of situation. *Psychological Review*, **85**,485-502.
Block, J. (2008). *The Q-sort Method in Personality Assessment and Psychiatric Research* (rev. ed.). Washington, DC: American Psychological Association (Original edition published 1961).
Bond, M. H. (2013). Refining Lewin's formula: A general model for explaining situational influence on individual social behavior. *Asian Journal of Social Psychology*, **16**,1,1-15.
Bowers, K. S. (1973). Situationism in psychology : An analysis and critique. *Psychological Review*, **80**, 307-336.
Buss,D. M. (2009). An evolutionary formulation of person-situation interactions. *Journal of Research in Personality*, **43**, 241-242.
Cantor, N., & Kihlstrom, J. F. (1987). *Personality and Social Intelligence*. Englewood Cliffs, N.J.: Prentice Hall.
Cervone, D. (2004). The architecture of personality. *Psychological Review*, **111**, 183-204.
Cervone, D., & Shoda,Y. (Eds.) (1999). *The coherence of personality: Social cognitive bases of consistency, variability, and organization*. New York: Guilford Press.
De Raad, B. (2005). Situations that matter to personality. In A. Eliasz, S. E. Hampson, & B. De Raad (Eds.), *Advances in personality psychology* (vol.2.). UK: Psychology Press.
Donnellan, M. B., Lucas, R. E., & Fleeson, W. (2009). Introduction to personality and assessment at age 40: Reflections on the legacy of the person-situation debate and the future of person-situation integration. *Journal of Research in Personality*, **43**,117-119.
Deutsch, M. (1982). Interdependence and psychological orientation. In V. J. Derlega, & J. Grzelak, (Eds.) *Cooperation and Helping Behavior: Theories and Research*. New York: Academic Press.
榎本博明・安藤寿康・堀毛一也 (2009). パーソナリティ心理学―人間科学・自然科学・社会科学のクロスロード― 有斐閣
Fleeson, W. (2001). Toward a structure- and process-integrated view of personality: Traits as density distributions of states. *Journal of Personality and Social Psychology*, **80**, 1011-1027.
Fleeson, W. (2004). Moving personality beyond the person-situation debate: The challenge and the opportunity of within-person variability. *Current Directions in Psychological Science*,**13**, 83-87.
Fleeson,W., & Noftle, E. E. (2008). Where does personality have its influence? A supermatrix of consistency concepts. *Journal of Personality*, **76**, 1355-1386.
Fleeson,W., & Noftle, E. E. (2009). In favor of the synthetic resolution to the person-situation debate. *Journal of Research in Personality*, **43**,150-154.

● 引用文献

Fournier, M. A., Moskowitz, D. S., & Zuroff, D.C. (2008). Integrating Dispositions, Signatures, and the Interpersonal Domain. *Journal of Personality and Social Psychology*, **94**,531-545.
Forgas, J. P. (1979). *Social Episodes: The study of interaction Routines*. New York: Academic Press.
Forgas, J. P., & Van Heck, G. L. (1992). The psychology of situaions. In G. Caprara, & G. L. Van Heck (Eds.) *Modern personality psychology: Critical reviews and new direction*. Harvester.
Funder, D. C. (2006). Towards a resolution of the personality triad: Persons, situations, and behaviors. *Journal of Research in Personality*,**40**, 21-34.
Funder, D. C. (2008). Persons, situations, and person-situation interactions. In O. P. John, R. W. Robbins, & L. A. Pervin (Eds.) , H*andbook of personality: Theory and research* (3rd ed.). New York: Guilford Press, pp. 568-580.
Funder, D. C. (2009). Persons, behaviors and situations: An agenda for personality psychology in the postwar era. *Journal of Research in Personality*, **43**, 120-126.
Funder, D. C., Furr, R. M., & Colvin, C. R. (2000). The Riverside behavioral Q-sort: A tool for the description of social behavior. *Journal of Personality*, **68,** 451-489
Funder, D. C., Guillaume, E., Kumagai, S., Kawamoto, S., & Sato,T. (2012). The Person-situation debate and the assessment of situations. パーソナリティ研究, **21**, 1-11.
Hogan, R. (2009). Much ado about nothing: The person-situation debate. *Journal of Research in Personality*, **43**, 249.
Holmes, J. G., & Cameron, J. (2005). An integrative review of theories of interpersonal cognition: An interdependence theory perspectives. In M. W. Baldwin (Ed.) *Interpersonal cognition*. Guilford.
堀毛一也 (1989). 社会的行動とパーソナリティ 大坊郁夫・安藤清志・池田謙一 (編) 社会心理学パースペクティブⅠ 誠信書房 pp.207-232.
堀毛一也 (1996). パーソナリティ研究への新たな視座 大渕憲一・堀毛一也 (編)パーソナリティと対人行動 誠信書房 pp.187-209.
堀毛一也 (1998). 状況論と相互作用論 詫摩武俊 (監修) 性格心理学ハンドブック 福村出版 pp.104-116.
堀毛一也 (2000). 特性推論における状況分類枠の検討 1 日本社会心理学会第41回大会発表論文集, 248-249.
Horike, K. (2001). Toward a lexical taxonomy of social situation. *The 4th conference of Asian Association of Social Psychology*.
堀毛一也 (2002). 社会心理学とパーソナリティ 大橋英寿(編)社会心理学特論—人格・社会・文化のクロスロード— 放送大学教育振興会 pp.42-57.
堀毛一也 (2005). 社会心理学とパーソナリティ 大橋英寿・細江達郎(編)改訂 版社会心理学特論—発達・臨床との接点を求めて— 放送大学教育振興会 pp.31-49.
堀毛一也・高橋智幸 (2007). パーソナリティ 潮村公弘・福島 治(編著) 社会心理学概説 北大路書房 pp.12-21.
堀毛一也 (2009). 文化・社会とパーソナリティ 榎本博明・安藤寿康・堀毛一也 パーソナリティ心理学—人間科学・自然科学・社会科学のクロスロード— 有斐閣 pp.207-232.
Kelley, H. H., Holmes, J. G., Kerr, N. L., Reis, H. T., Rusbult, C. E., & Van Lange, P. A. M. (2003). *An atlas of interpersonal situations*. Cambridge University press
Krahé, B. (1992). Personality and social psychology: Towards a synthesis. Sage. (B.クラーエ(著) 堀毛一也(編訳) (1996). 社会的状況とパーソナリティ 北大路書房)
McAdams, D. P., & Pals, J. L. (2006). A new big five: Fundamental principles for an integrative science of personality. *American Psychologist*, **61**,204-217.

197

McCrae, R. R., & Costa, P. T. Jr. (1997). Personality trait structure as a human universal. *American Psychologist*, **52**, 509-516.

Magnusson, D., & Endler, N.S. (1977). *Personality at the Crossroads: Current Issues in Interactional Psychology*. Hillsdale, N.J: Erlbaum.

Mayer, J. D., & Carlsmith, K. M. (1997). Eminence ranking of personality psychologist as a reflection of the field. *Personality and Social Psychology Bulletin*, **23**, 707-716.

Mechelen, I. V., & De Raad, B. (1999). Editorial: Personality and situations. *European Journal of Personality*, **13**, 333-336.

Mischel, W. (1968). Personality and assessment. New York: Wiley.
　(W.ミッシェル(著)　詑摩武俊(監訳) (1992). パーソナリティの理論—状況主義的アプローチ—　誠信書房)

Mischel,W. (1977). The interaction of person and situation. In D. Magunusson, & N. Endler, *Personality at the crossroads: Current issues in interactional psychology*. Hillsdale, NJ: Lawrence Erlbaum.

Mischel, W., Shoda,Y., & Ayduk, O. (2007). *Introduction to personality: Toward an integrative science of the person*. New York: Wiley.
　(W.ミシェル，Y.ショウダ，O.アイダック(著)，黒沢　香・原島雅之(監訳) (2010). パーソナリティ心理学—全体としての人間の理解—　培風館)

Mischel,W., & Shoda, Y. (1995). A cognitive-affective system theory of personality: Reconceptualizing situation, dispositions, dynamic, and invariance in personality structure. *Psychological Review*, **102**, 246-268.

Nisbett, R. E., Peng, K., Choi, I., & Norenzayan, A. (2001). Culture and systems of thought: Holistic versus analytic cognition. *Psychological Review*, **108**, 291-329.

大渕憲一・堀毛一也(編) (1996). パーソナリティと対人行動　誠信書房

大橋英寿(編) (2002). 社会心理学特論—人格・社会・文化のクロスロード—　放送大学教育振興会

Reis, H. T. (2008). Reinvigorating the concept of situation in social psychology. *Personality and Social Psychology Review*, **11**, 311-329.

Roberts, B. W. (2009). Back to the future: Personality and Assessment and personality development. *Journal of Research in Personality*, **43**,137-145.

Roberts, B. W., & Pomerantz, E. M. (2004). On traits, situations, and their integration: A developmental perspective. *Personality and Social Psychology Review*, **8**, 402-416.

Roberts, B. W., & Jackson, J. J. (2008). Sociogenomic personality psychology. *Journal of Personality*, **76**, 1523-1544.

Rowe,D.C. 1987 Resolving the Person-Situation Debate: Invitation to an Interdisciplinary Dialogue. *American Psychologists*, **42**, 218-227.

佐藤達哉・渡辺芳之 (1992). 「人か状況か論争」とその後のパーソナリティ心理学　東京都立大学人文学報, **231**, 91-114.

Saucier,G., Bel-Bahar,T., & Fernandez, C. (2007). What modifies the expression of personality tendencies? Defining basic domains of situation variables. *Journal of Personality*, **75**, 479-504.

Shoda, Y., Mischel, W., & Wright, J. C. (1994). Intraindividual stability in the organization and patterning of behavior: Incorporating psychological situations into the idiographic analysis of personality. *Journal of Personality and Social Psychology*, **67**, 674-687.

Shoda, Y., & LeeTiernan, S. (2002). What remains invariant?: Finding order within a person's thoughts, feelings, and behaviors across situations. In D. Cervone & W. Mischel (Eds.) *Advances in personality science*. New York: Guilford Press

Smith, E. R., & Semin, G. R. (2004). Socially situated cognition: Cognition in its social context. *Advance in Experimental Social Psychology*, **26**,53-117.

Smith, E. R. & Semin, G. R. (2007). Situated social cognition. *Current Directions in Psychological Science*, **16**,132-135.

Swann, W. B. Jr., & Seyle, C. (2005). Personality psychology's comeback and its emerging symbiosis with social psychology. *Personality and Social Psychology Bulletin*, **31**, 155-165.

高橋雄介・山形伸二・星野崇宏（2011）．パーソナリティ特性研究の新展開と経済学・疫学など他領域への貢献の可能性 心理学研究, **82**, 63-76.

Ten Berge, M. A., & De Raad, B. (1999). Taxonomies of situations from a trait psychological perspective. A review. *European Journal of Personality*, **13**, 337-360

Ten Berge, M. A., & De Raad, B. (2001). The construction of a joint taxonomy of traits and situations. *Europian Journal of Personality*,**15**, 253-276.

Ten Berge, M. A., & De Raad, B. (2002). The sturucture of situations from a personality perspective. E*uropian Journal of Personality*,**16**,81-102.

Van Heck, G. L. (1984). The construction of general taxonomy of situation. In H. Bonarius, G. L.Van Heck, & N. Smid (Eds.), *Personality psychology in Europe: Theoretical and empirical developments*. Swets and Zeitlinger.

Wagerman, S. (2008). *Towards a Balanced Psychology of Persons, Situations, and Behaviors: Understanding and Assessing Situational Variables in Psychologcal Reseach*. VDM Verlag Dr. Müller.

Wagerman, S., & Funder, D. C. (2009). Personality psychology of situations. In Corr,P.J. & Matthews, G. (Eds.) *The Cambridge handbook of personality psychology*. Cambridge University Press.

若林明雄（1993）．パーソナリティ研究における「人間‐状況論争」の動向 心理学研究, **64**, 296-312.

若林明雄（2009）．　パーソナリティとは何か―その概念と理論― 培風館

渡辺芳之（2010）．　性格とは何だったのか―心理学と日常概念― 新曜社

Webster, G. D. (2009). The person-situation interaction is increasingly outpacing the person-situation debate in the scientific literature: A 30-year analysis of publication trends 1978-2007. *Journal of Research in Personality*, **43**, 278-279.

Wiggins, J. S. (1980). Circumplex models of interpersonal behavior. In L. Wheele (Ed.), *Review of personality and social psychology*, Vol. 1. Sage. pp.265-294.

● 第5章

Adler, N. E., Boyce, T., Chesney, M. A., Cohen, S., Folkman, S., Kahn, R. L., & Syme, S. L. (1994). Socioeconomic status and health: The challenge of the gradient. *American Psychologist*, **49**, 15-2.

安藤智子・遠藤利彦 (2005). 青年期・成人期のアタッチメント　数井みゆき・遠藤利彦（編著）アタッチメント―生涯にわたる絆― ミネルヴァ書房　pp.127-143.

Aron, A., Aron, E.N., & Smollan, D. (1992). Inclusion of Other in the Self Scale and the structure of interpersonal closeness. *Journal of Personality and Social Psychology*, **63**, 596-612.

Asch, S. E. (1946). Forming impressions of personality. *Journal of Abnormal Psychology*, **41**, 258-290.

Bargh, J. A., & Shalev, I. (2012). The substitutability of physical and social warmth in daily life. *Emotion*, **12**, 154-162.

Bartels, A., & Zeki, S. (2000). The neural basis of romantic love. *NeuroReport*, 11, 3829-3834.

Bartholomew, K. (1990). Avoidance of intimacy: An attachment perspective. *Journal of Social and Personal Relationships*, 7, 147-178.

Bartholomew, K., & Horowitz, L. M. (1991). Attachment styles among young adults: A test of a four-category model. *Journal of Personality and Social Psychology*, 61, 226-244.

Brennan, K. A., & Bosson, J. K. (1998). Attachment-style differences in attitudes toward and reactions to feedback from romantic partners: An exploration of the relational bases of self-esteem. *Personality and Social Psychology Bulletin*, 24, 699-714.

Baumeister, R. F., Bratlavsky, E., Muraven, M., & Tice, D. M. (1998). Ego depletion: Is the active self a limited resource? *Journal of Personality and Social Psychology*, 74, 1252-1265.

Baumeister, R. F., & Leary, M. R. (1995). The need to belong: Desire for interpersonal attachments as a fundamental human motivation. *Psychological Bulletin*, 117, 497-529.

Baumeister, R. F., Twenge, J. M., & Nuss, C. K. (2002). Effects of social exclusion on cognitive processes: Anticipated aloneness reduces intelligent thought. *Journal of Personality and Social Psychology*, 83, 817-827.

Baumeister, R. F., DeWall, C. N., Ciarocco, N. J. & Twenge, J. M. (2005). Social exclusion impairs self-regulation. *Journal of Personality and Social Psychology*, 88, 589-604.

Bolger, N., & Amarel, D. (2007). Effects of social support visibility on adjustment to stress: Experimental evidence. *Journal of Personality and Social Psychology*, 92, 458-475.

Bolger, N., Zuckerman, A., & Kessler, R. C. (2000). Invisible support and adjustment to stress. *Journal of Personality and Social Psychology*, 79, 953-961.

Bowlby, J. (1969). *Attachment and loss*. London: Hogarth Press.

Brown, J. L., Sheffield, D., Leary, M. R., & Robinson, M. E. (2003). Social support and experimental pain. *Psychosomatic Medicine*, 65, 276-283.

Brooks, J. C., Nurmikko, T. J., Bimson, W.E., Singh, K. D., & Roberts, N. (2002). fMRI of thermal pain: effects of stimulus laterality and attention. *Neuroimage*, 15, 293-301.

Byrne, D. (1971). *The attraction paradigm*. New York: Academic Press.

Carvallo, M., & Gabriel, S. (2006). No man is island: The need to belong and dismissing avoidant attachment style. *Personality and Social Psychology Bulletin*, 32, 697-709.

Carver, C. S., & Scheier, M. F. (1982). Control theory: A useful conceptual framework for personality-social, clinical and health psychology. *Psychological Bulletin*, 92, 111-135.

Chen E., Miller, G.E., (2012). "Shift-and-Persist" strategies: Why low socioeconomic status isn't always bad for health. *Perspective on Psychological Science*, 7, 135-158.

Chen E., Miller, G.E., Lachman, M.E., Gruenwald, T.L., & Seeman, T.E. (2012). Protective factors for adults from low-childhood socioeconomic circumstances: The benefits of Shift-and-Persist for allostatic load. *Psychosomatic Medicine*, 74, 178-186.

Cohen, J. R., Berkman, E. T., & Lieberman, M. D. (2012). Intentional and incidental selfcontrol in ventrolateral PFC. In D.T. Struss & R.T. Knight (Eds.), *Principles of frontal lobe function*, New York: Oxford University Press.

Cohen, S., & Mckye, G. (1984). Stress, social support, and the buffering hypothesis: A theoretical analysis. In A. Baum, S. E. Taylor, & J. E. Singer (Eds.) *Handbook of psychology and health* . Hillsdale, NJ. Erlbaum. pp.253-267.

Cohen, S., & Wills, T. A. (1985). Stress, social support, and the buffering hypothesis. *Psychological Bulletin*, 98, 310-357.

Cox, C. R., Arndt, J., Pyszcynski, T., Greenberg, J., Abdollahi, A., & Solomon, S. (2008). Terror management and adults' attachment to their parents: The safe haven remains. *Journal of*

Personality and Social Psychology, 94, 696-717.
Craig, A. D., Chen, K., Bandy, D., & Reiman, E. M., (2000). Thermosensory activation of insular cortex. *Nature Neuroscience*, **3**, 184-189.
Damasio, A. R., Grabowski, T. J., Bechara, A., Damasio, H., Ponto, L. L. B., Parvizi, J., & Hichwa, R. D. (2000). Subcortical and cortical brain activity during the feeling of self-generated emotions. *Nature Neuroscience*, **3**, 1049-1056.
Demakakos, P., Nazroo, J., Breeze, E., & Marmot, M. (2008). Socioeconomic status and health: The role of subjective social status. *Social Science and Medicine*, **67**, 330-340.
Denissen, J. J., Penke, L., Schmitt, D. P., van Aken, M. A. (2008). Self-esteem reactions to social interactions: evidence for sociometer mechanisms across days, people, and nations. *Journal of Personality and Social Psychology*, **95**, 181-96.
DeWall, C. N., MacDonald, G., Webster, G. D., Masten, C. L., Baumeister, R. F., Powell, C., Combs, D., Schurtz, D. R., Stillman, T. F., Tice, D. M., & Eisenberger, N. I. (2010). Acetaminophen reduces social pain: Behavioral and neural evidence. *Psychological Science*, **21**, 931 -937.
DeWall, C. N., Baumeister, R. F., & Vohs, K. D. (2008). Satiated with belongingness? Effects of acceptance, rejection, and task framing on self-regulatory performance. *Journal of Personality and Social Psychology*, **95**, 1367-1382.
DeWall, C. N., Baumeister, R. F., Stillman, T. F., & Gailliot, M. T. (2007). Violence restrained: Effects of self-regulation and its depletion on aggression. *Journal of Experimental Social Psychology*, **43**, 62-76.
Eisenberger, N. I., Lieberman, M. D., & Williams, K. D. (2003). Does rejection hurt? An fMRI study of social exclusion. *Science*, **302**, 290-292.
Eisenberger, N. I., & Lieberman, M. D. (2004). Why rejection hurts: a common neural alarm system for physical and social pain. *Trends in Cognitive Sciences*, **8**, 294-300.
Eisenberger, N. I., Taylor, S. E., Gable, S. L., Hilmert, C. J., & Lieberman, M. D. (2007). Neural pathways link social support to attenuated neuroendocrine stress responses. *NeuroImage*, **35**, 1601-1612.
遠藤利彦 (2005). アタッチメントと求温行動　数井みゆき・遠藤利彦(編著)アタッチメント―生涯にわたる絆― ミネルヴァ書房　pp.24-25.
Feeney, B. C. (2004). A secure base: Responsive support of goal strivings and exploration in adult intimate relationships. *Journal of Personality and Social Psychology*, **87**, 631-648.
Feeney, B. C. (2007). The dependency paradox in close relationships: Accepting dependence promotes independence. *Journal of Personality and Social Psychology*, **92**, 268-285.
Fehr, E., & Fischbacher, U. (2004). Third-party punishment and social norms. *Evolution and Human Behavior*, **25**, 63-87.
Fehr, E., Fischbacher, U., & Gächter, S. (2002). Strong reciprocity,human cooperation and the enforcement of social norms. *Human Nature*, **13**, 1-25.
Fiske, S. T., Cuddy, A. J. C., & Glicke, P. (2007). Universal dimensions of social cognition: Warmth and competence. *Trends in Cognitive Sciences*, **11**, 77-83.
Florian, V., Mikulincer, M., & Hirschberger, G. (2002). The anxiety-buffering function of close relationships: Evidence that relationship commitment acts as a terror management mechanism. *Journal of Personality and Social Psychology*, **82**, 527-542.
Fraley, R., Davis, K. E., & Shaver, P. R. (1998). Dismissing-avoidance and the defensive organization of emotion, cognition, and behavior. In J. A. Simpson, & W. S. Rholes (Eds.), *Attachment theory and close relationships*. New York: Guilford. pp. 249-279.

Gallo, L. C., & Matthews, K. A. (2003). Understanding the association between socioeconomic status and health: Do negative emotions play a role? *Psychological Bulletin*, **129**, 10-51.

Gilman S. E., Kawachi, I, Fitzmaurice, G. M., & Buka, S. L. (2002). Socioeconomic status in childhood and the lifetime risk of major depression. *International Journal of Epidemiology*. **31**, 359-367.

Gray, H. M., Gray, K., & Wegner, D. M. (2007). Dimensions of mind perception. *Science*, **315**, 619.

Gunther Moor, B., Crone, E. A., Van der Molen, M. W., 2010. The heartbrake of social rejection: heart rate deceleration in response to unexpected peer rejection. *Psychological Science*, **21**, 1326-1333.

Hall, E. T. (1966). *The hidden dimension*. Garden City. New York: Doubleday.
　（E. T. ホール（著）日高敏隆・佐藤信行（訳）(1978).かくれた次元 みすず書房）

Harber, K. D., Einev-Cohen, M., & Lang, F. (2008). They heard a cry: Psychosocial resources moderate perception of others' distress. *European Journal of Social Psychology*, **38**, 296-314.

Harlow, H. F. (1958). The nature of love. *American Psychologist*, **13**, 673-685.

橋本 剛 (2005). ストレスと対人関係 ナカニシヤ出版

Haslam, N. (2006). Dehumanization: An integrated review. *Personality and Social Psychology Review*, **10**, 252-264.

Heatherton, T. F., & Polivy, J. (1991). Development and validation of a scale for measuring state self-esteem. *Journal of Personality and Social Psychology*, **60**, 895-910.

久田 満 (1987).ソーシャル・サポート研究の動向と今後の課題 看護学研究, **20**, 170-179.

稲葉昭英・浦 光博・南 隆男 (1987).「ソーシャル・サポート」研究の現状と課題, 哲学 慶應義塾大学三田哲学会, 109-149.

IJzerman, H., & Semin, G. R. (2009). The thermometer of social relations: Mapping social proximity on temperature. *Psychological Science*, **20**, 1214-1220.

IJzerman, H., & Semin, G. R. (2010). Temperature perceptions as a ground for social proximity. *Journal of Experimental Social Psychology*, **46**, 867-873.

IJzerman, H., Gallucci, M., Pouw,W. T. J. L., Weiβgerber, S. C. Van Doesum, N. J., & Williams, K. (2012). Cold-blooded loneliness: Social exclusion leads to lower skin temperatures. *Acta Psychologica*, **140**, 283-288.

Inagaki, T. K., & Eisenberger, N. I. (2013). Shared neural mechanisms underlying social warmth and physical warmth. *Psychological Science*, **24**, 2272-2280.

James, W. (1948/1892). *Psychology*, Cleveland, OH: World Publishing.

数井みゆき・遠藤利彦(編著)アタッチメント―生涯にわたる絆― ミネルヴァ書房

Kawachi, I., Kennedy, B. P., Lochner, K., & Prothrow-Stith, D. (1997). Social capital, income inequality, and mortality. *American Journal of Public Health*, **87**, 1491-1498.

Kawamoto, T., Onoda, K., Nakashima, K., Nittono, H., Yamaguchi, S., & Ura, M. (2012). Is dorsal anterior cingulate cortex activation in response to social exclusion due to expectancy violation?: An fMRI study. *Frontier of Evolutionary Neuroscience*. (doi: 10.3389/fnevo.2012.00011.)

Kennedy, B. P., Kawachi, I., Prothrow-Stith, D., Lochner, K., & Gupta, V. (1998). Social capital, income inequality, and firearm violent crime. *Social Science & Medicine*, **47**, 7-17.

Kang, Y., Williams, L. E., Clark, M. S., Gray, J. R., & Bargh, J. A. (2011). Physical temperature effects on trust behavior: the role of insula. *Social Cognitive and Affective Neuroscience*, **6**, 507-515.

Kimchi, R., & Palmer, S.E. (1982). Form and texture in hierarchically constructed patterns. *Journal of Experimental Psychology: Human Perception and Performance*, **8**, 521-535.

引用文献

Kraus, M. W., Horberg, E. J., Goetz, J. L., & Keltner, D. (2011). Social class rank, threat vigilance, and hostile reactivity. *Personality and Social Psychology Bulletin*, **37**, 1376-1388.

Leary, M. R., Tambor, E.S., Terdal, S.K., & Downs, D.L. (1995). Self-esteem as an interpersonal monitor: The sociometer hypothesis. *Journal of Personality and Social Psychology*, **68**, 518-530.

Leary, M. R., & Baumeister, R. F. (2000). The nature and function of self-esteem: Sociometer theory. In M. P. Zanna(Ed.), *Advances in Experimental Social Psychology*, **32**, 1-62.

Lerner, M. J. (1980). *The belief in a just world: A fundamental delusion*. New York: Plenum Press.

Luo, Y., & Waite, L. J. (2005). The impact of childhood and adult SES on physical, mental, and cognitive well-being in later life. *Journal of Gerontology B: Social Sciences*, **60**, S93-101.

MacDonald, G., & Leary, M. (2005). Why does social exclusion hurt? : The relationship between social and physical pain. *Psychological Bulletin*, **131**, 202-223.

松井 豊・浦 光博（編）(1998).　人を支える心の科学　誠信書房

Meyer-Lindenberg, A. (2008). Trust me on this. *Science*, **321**, 778-780.

Mikulincer, M., Florian, V., & Hirschberger, G. (2003). The existential function of close relationships: Introducing death into the scientific of love. *Personality and Social Psychology Review*, **7**, 20-40.

Mikulincer, M., & Shaver, P. R. (2003). The attachment behavioral system in adulthood: Activation, psychodynamics, and interpersonal processes. In M. P. Zanna (Ed.), *Advances in experimental social psychology* (Vol.35). San Diego, CL: Academic Press, pp. 52-152.

Muraven, M., & Baumeister, R. F. (2000). Self-regulation and depletion of limited resources: Does self-control resemble a muscle? *Psychological Bulletin*, **126**, 247-259.

Muraven, M., Tice, D. M., & Baumeister, R. F. (1998).Self-control as limited resource: Regulation depletion patterns. *Journal of Personality* and Social Psychology, **74**, 774-789.

Murray, S. L., Holmes, J. G., & Griffin, D. W. (2000). Self-esteem and the quest for felt security: How perceived regard regulates attachment processes. *Journal of Personality and Social Psychology*, **78**, 478-498.

内閣府国民生活局 (2003).　ソーシャル・キャピタル―豊かな人間関係と市民生活の好循環を求めて―
http://www.npo-homepage.go.jp/data/report9.html.

西川正之（編）(2000).　援助とサポートの社会心理学―助け合う人間のこころと行動―　北大路書房

Onoda, K., Okamoto, Y., Nakashima, K., Nittono, H., Ura, M., & Yamawaki, S. (2009). Decreased ventral anterior cingulate cortex activity is associated with reduced social pain during emotional support. *Social NeuroScience*, 4, 443-454.

Onoda, K., Okamoto, Y., Nakashima, K., Nittono, H., Yoshimura, S., Yamawaki, S., Yamaguchi, S., & Ura, M. (2010). Does low self-esteem enhance social pain? : The relationship between trait self-esteem and anterior cingulate cortex activation induced by ostracism. *Social Cognitive and Affective Neuroscience*, 5, 385-391.

Putnam, R. D. (2000). *Bowling alone: The collapse and revival of American community*. New York: Simon & Schuster.
（ロバート・D. パットナム(著)柴内康文(訳) (2006). 孤独なボウリング―米国コミュニティの崩壊と再生―　柏書房）

Pinquart, M., & Sörensen, S. (2000). Influences of socioeconomic status, social network, and competence on subjective well-being in later life: a meta-analysis. *Psychology and Aging*, **15**, 187-224.

Schöllgen, I., Huxhold, O., Schüz, B., & Tesch-Römer, C. (2011). Resources for Health:

differential effects of optimistic self-beliefs and social support according to socioeconomic status. *Health Psychology*, **30**, 326-335.

Schnall, S., Harber, K. D., Stefanucci, J. K., & Proffitt, D. R. (2008). Social support and the perception of geographical slant. *Journal of Experimental Social Psychology*, **44**, 1246-1255.

Shrout, P. E., Herman, C. M., & Bolger, N. (2006). The costs and benefits of practical and emotional support on adjustment: A daily diary study of couples experiencing acute stress. *Personal Relationships*, **13**, 115-134.

Srivastava, S., & Beer, J. S. (2005). How self-evaluation relates to being liked by others: Integrating sociometer and attachment perspective. *Journal of Personality and Social Psychology*, **89**, 966-977.

Taylor, S. E., Burklund, L. J., Eisenberger, N. I., Lehman, B. J., Hilmert, C. J., & Lieberman, M. D. (2008). Neural bases of moderation of cortisol stress responses by psychosocial resources. *Journal of Personality and Social Psychology*, **95**, 197-211.

Twenge, J. M., Catanese, K. R., & Baumeister, R. F. (2003). Social exclusion and the deconstructed state: Time perception, meaninglessness, lethargy, lack of emotion, and self-awareness. *Journal of Personality and Social Psychology*, **85**, 409-423.

浦　光博 (1992). 支えあう人と人―ソーシャル・サポートの社会心理学―　サイエンス社

浦　光博 (2009). 排斥と受容の行動科学―社会と心が作り出す孤立―　サイエンス社

浦　光博 (2012). ソーシャル・サポートと健康　森　和代・石川利江・茂木俊彦(編著)　よくわかる健康心理学　ミネルヴァ書房　pp.28-31.

浦　光博・古谷嘉一郎 (2008).　ソーシャルキャピタルが犯罪防止に及ぼす効果の検討　広島県警察・広島大学(編)「減らそう犯罪」共同研究の成果　広島県警察本部　pp.27-38.

浦　光博・南　隆男・稲葉昭英 (1989). ソーシャル・サポート研究―研究の新しい流れと将来の展望―　社会心理学研究, **4**, 78-90.

Van de Mheen, H., Stronks, K., Looman, C. W. N., & Mackenbach, J. P. (1998). Does childhood socioeconomic status influence adult health through behavioural factors? *International Journal of Epidemiology*, **27**, 431-437.

脇本竜太郎 (2012). 存在脅威管理理論への誘い―人は死の運命にいかに立ち向かうのか―　サイエンス社

Waytz, A., & Epley, N. (2012). Social connection enables dehumanization. *Journal of Experimental Social Psychology*, **48**, 70-76.

Williams, L.E., & Bargh, J.A. (2008). Experiencing physical warmth promotes interpersonal warmth. *Science*, **322**, 606-607.

Walton, G. M., Cohen, G. L., Cwir, D., & Spencer, S. J. (2012). Mere belonging: The power of social connections. *Journal of Personality and Social Psychology*, **102**, 513-532.

Yanagisawa, K., Masui, K., Furutani, K., Nomura, M., Ura, M., & Yoshida, H. (2011). Does higher general trust serve as a psychosocial buffer against social pain? *Social NeuroScience*, **6**, 190-197.

Yanagisawa, K., Masui, K., Furutani, K., Nomura, M., Yoshida, H., & Ura, M. (2011). Temporal distance insulates against immediate social pain: an NIRS study of social exclusion. *Social NeuroScience*, **6**, 377-87.

Yanagisawa, K., Masui, K., Furutani, K., Nomura, M., Yoshida, H., & Ura, M. (2013). Family socioeconomic status modulates the coping-related neural response of offspring. *Social Cognitive and Affective Neuroscience*, **8**, 617-622.

Ziersch, A. M., Baum, F. B., MacDougall, C., & Putland, C. (2005). Neighbourhood life and social capital: the implications for health. *Social Science and Medicine*, **60**, 71-86.

Zhong, C. B., & Leonardelli, G. J. (2008). Cold and lonely: Does social exclusion literally feel cold? *Psychological Science*, **19**, 838-842.

● 第6章

Allport, F. H. (1924). The group fallacy in relation to social science. *American Journal of Sociology*, 688-706.
Asch, S. E. (1951). Effects of group pressure upon the modification and distortion of judgments. In H. Guetzkow (Ed.) *Groups, leadership and men*. Pittsburgh, PA: Carnegie Press. pp.222-236.
Asch, S. E. (1956). Studies of independence and conformity: I. A minority of one against a unanimous majority. *Psychological Monographs: General and Applied*, **70**, 1-70.
Brothers, L. (1990). The neural basis of primate social communication. *Motivation and Emotion*, **14**, 81-91.
Descartes, R., & Gröber, G. (1637). Discours de la méthode: JHE Heitz.
　（デカルト（著）谷川多佳子（訳）（1997）．方法序説　岩波書店）
Dunbar, R. I. M. (1998). The social brain hypothesis. *Evolutionary Anthropology*, **6**, 178-190.
Duval, S., & Wicklund, R. A. (1972). *A theory of objective self awareness*. New York: Academic Press.
Festinger, L. (1954). A theory of social comparison processes. *Human relations*, **7**, 117-140.
Festinger, L. (1962). A theory of cognitive dissonance (Vol. 2). Stanford University Press.
Jackson, J. (1965). Structural characteristics of norms. In I. D. Steiner & M. Fishbein (Eds.), *Current studies in social psychology*. pp.301-309.
Janis, I. L. (1972). *Victims of groupthink*. Boston: Houghton Mifflin.
Latané, B. (1981). The psychology of social impact. *American psychologist*, **36**, 343-356.
Latané, B., & Darley, J. M. (1968). Group inhibition of bystander intervention in emergencies. *Journal of personality and social psychology*, **10**, 215-221.
Latané, B., Williams, K., & Harkins, S. (1979). Many hands make light the work: The causes and consequences of social loafing. *Key Readings in Social Psychology*, **1**, 297.
Lewin, K. (1947). Frontiers in group dynamics: Concept, method and reality in social science; social equilibria and social change. *Human relations*.
Lewin, K. (1951). *Field theory in social science: selected theoretical papers*. In D. Cartwright (Ed.). Oxford, UK: Harpers.
McDougal, W. (1920). *The group mind*. New York: GP Putnam's Sons.
Pentland, A. S., & Pentland, S. (2008). Honest signals: How they shape our world.Cambridge, Massachusetts: MIT Press.
Sherif, M. (1937). An experimental approach to the study of attitudes. *Sociometry*, **1**(1/2), 90-98.
杉万俊夫．(1992)．ミクロ－マクロ・ダイナミックス―「かや」のイメージに基く構想（ミクロ－マクロ・ダイナミックス〈特集〉）― 実験社会心理学研究, **32**, 101-105.
Tajfel, H., & Turner, J. C. (1979). An integrative theory of intergroup conflict. *The Social Psychology of Intergroup Relations*, **33**, 47.
山口裕幸．(2012)．「集団錯誤」の呪縛からの解放への道標　唐沢かおり・戸田山和久（編）心と社会を科学する　東京大学出版会, pp.71-93.
矢守克也・杉万俊夫　(1992a)．横断歩道における群集流の巨視的行動パターンの計量に関する研究―コンピューターグラフィックスによる計量― 社会心理学研究, **7**, 102-111.

矢守克也・杉万俊夫 (1992b). 横断歩道における群集流の巨視的行動パターンのシミュレーション(ミクロ－マクロ・ダイナミックス〈特集〉) 実験社会心理学研究, **32**, 129-144.
Zajonc, R. B. (1965). Social facilitation. *Science*, **149**, 269-274.

● 第7章

Abu-Lughod, L. (1991). Writing against culture. In R. G. Fox (Ed.), *Recapturing Anthropology*. Santa Fe, N. M.: School of American Research Press. pp.137-162.
Berry, J. W. (1967). Independence and conformity in subsistence-level societies. *Journal of Personality and Social Psychology*, **7**, 415-418.
Berry, J. W. (1979). A cultural ecology of social behavior. *Advances in Experimental Social Psychology*, **12**, 177-206.
Bourdieu, P. (1979) *La Distinction: Critque Sociale du Jugement.*
　(ピエール・ブルデュー(著), 石井洋二郎(訳) ディスタンクシオン1──社会的判断力批判── 藤原書店.
Chiao, J.Y., & Ambady, N. (2007). Cultural neuroscience: Parsing universality and diversity across levels of analysis. In S. Kitayama & D. Cohen (Eds.), *Handbook of Cultural Psychology*, New York: Guilford Press. pp.237-254.
Cohen, D. (2001). Cultural variation: Considerations and implications. *Psychological Bulletin*, **127**, 451-471.
Diamond, J. (1997). *Guns, germs, and steel: The fates of human societies*. New York: W. W. Norton & Company.
　(ジャレド・ダイアモンド(著), 倉骨 彰(訳) (2000). 銃・病原菌・鉄──1万3000年にわたる人類史の謎── 草思社)
Edgerton, R. B. (1971). *The individual in cultural adaptation: A study of four East African peoples*. Berkeley: University of California Press.
Fischer, C. S. (1982). *To Dwell among Friends: Personal Networks in Town and City*. Chicago: University of Chicago Press.
　(クロード・S. フィッシャー(著) 松本 康・前田尚子(訳) (2002). 友人の間で暮らす──北カリフォルニアのパーソナル・ネットワーク── 未来社.
福島真人 (1993). 認知という実践──「状況的学習」への正統的で周辺的なコメンタール── ジーン・レイブ, エティエンヌ・ウェンガー(著), 佐伯 胖(訳) 状況に埋め込まれた学習──正統的周辺参加── 産業図書, pp.123-165.
福島真人 (1998). 文化という概念とけりをつけるために 橋口英俊(他編) 児童心理学の進歩 37 金子書房, pp.306-310.
Gelfand M. J., Raver J. L., Nishii L., Leslie L. M., Lun J., Lim B. C., Duan L., Almaliach A., Ang S., Arnadottir J., Aycan Z., Boehnke K., Boski P., Cabecinhas R., Chan D., Chhokar J., D'Amato A., Ferrer M., Fischlmayr I. C., Fischer R., Fülöp M., Georgas J., Kashima E. S., Kashima Y., Kim K., Lempereur A., Marquez P., Othman R., Overlaet B., Panagiotopoulou P., Peltzer K., Perez-Florizno L. R., Ponomarenko L., Realo A., Schei V., Schmitt M., Smith P. B., Soomro N., Szabo E., Taveesin N., Toyama M., Van de Vliert E., Vohra N., Ward C., Yamaguchi S. (2011). Differences between tight and loose cultures: A 33-nation study. *Science*, **332**. 1100-1104.
Greif, A. (2006). *Institutions and the path to the modern economy: Lessons from medieval trade*. New York: Cambridge University Press.

● 引用文献

（アブナー・グライフ（著），神取道宏・岡崎哲二（訳）(2009). 比較歴史制度分析　NTT出版）
Han, S., & Northoff, G. (2008). Culture-sensitive neural substrates of human cognition: A transcultural neuroimaging approach. *Nature Review Neuroscience,* **9**, 646-654.
原ひろ子 (1982). ヘヤー・インディアンとその世界　平凡社
橋本博文 (2011). 相互協調性の自己維持メカニズム　実験社会心理学研究, **50**, 192-193.
Hong, Y., Morris, M., Chiu, C., & Benet-Martinez, V. (2000). Multicultural minds: A dynamic constructivist approach to culture and cognition. *American Psychologist,* **55**, 709-720.
亀田達也 (2000). 協同行為と相互作用―構造的視点による検討―　植田一博・岡田　猛（編著）協同の知を探る―創造的コラボレーションの認知科学―　共立出版　pp.50-69.
亀田達也・村田光二 (2010). 複雑さに挑む社会心理学：適応エージェントとしての人間〈改訂版〉 有斐閣
Kashima, Y., & Kashima, E. S. (2003). Individualism, GNP, climate, and pronoun drop: Is individualism determined by affluence and climate, or does language use play a role? *Journal of Cross-Cultural Psychology,* **34**, 125-134.
Kitayama, S., Ishii, K., Imada, T., Takemura, K., & Ramaswamy, J. (2006). Voluntary settlement and the spirit of independence: Evidence from Japan's "Northern frontier". *Journal of Personality and Social Psychology,* **91**, 369-384.
Kitayama, S., & Park, J. (2010). Cultural neuroscience of the self: Understanding the social grounding of the brain. *Social Cognitive and Affective Neuroscience,* **5**, 111-129.
Kleinman, A., & Kleinman, J. (1995). Suffering and its professional transformation: Toward an ethnography of interpersonal experience. In A. Kleinman (Ed.), *Writing at the Margin: Discourse between Anthropology and Medicine.* Berkeley: University of California Press. pp.95-119.
増田貴彦・山岸俊男 (2010). 文化心理学（下）―心がつくる文化，文化がつくる心―　培風館
Markus, H. R., & Kitayama, S. (1991). Culture and the self: Implications for cognition, emotion, and motivation. *Psychological Review,* **98**, 224-253.
松田素二 (2013). 現代世界における人類学的実践の困難と可能性　文化人類学, **78**, 1-23.
箕浦康子 (1999). フィールドワークの技法と実際―マイクロ・エスノグラフィー入門―　ミネルヴァ書房
箕浦康子 (2012).「異文化間教育」という営為についての2, 3の考察―パラダイムと文化概念をめぐって―　異文化間教育, **36**, 89-104.
村本由紀子 (2003). 文化と関係性　山口　勧（編）社会心理学―アジアからのアプローチ―　東京大学出版会　pp.51-65.
村本由紀子 (2006). 心と社会を研究する方法　吉田寿夫（編）心理学研究法の新しいかたち　誠信書房 pp.221-243.
Muramoto, Y., & Endo, Y. (2013). A socio ecological approach to a quasi-family relationship in a remoto island in Japan. Presented at the 10th conference of Asian Association of Social Psychology, Jogjakarta, Indonesia, 21-24 August.
村本由紀子・山口裕幸・木下冨雄 (2012). リターン・ポテンシャルモデル再考　日本社会心理学会第53回大会・自主企画ワークショップ『規範の測定と可視化への再挑戦』（つくば国際会議場） 11月17-18日.
Nisbett, R. E. (2003). *The geography of thought: How Asians and Westerners think differently and why.* New York: Free Press.
Nisbett, R. E., & Cohen, D. (1996). *Culture of honor: The psychology of violence in the South.* Westview Press.
Premack, D., & Woodruff, G. (1978). Does the chimpanzee have a theory of mind? *Behavioral*

and Brain Sciences, **4**, 515-526.

Smith, R. J., & Wiswell W. L. (1982). *The women of Suye mura*. Chicago: University of Chicago Press.

鈴木直人・矢原耕史・山岸俊男 (2003). 社会制度と心の文化差 日本社会心理学会第44回大会発表論文集, 248-249.

高田利武・大本美千恵・清家美紀 (1996). 相互独立的─相互協調的自己観尺度(改訂版)の作成─ 奈良大学紀要 24, 157-173.

竹村幸祐・佐藤剛介 (2013). 幸福感に対する社会生態学的アプローチ 心理学評論, **55**, 47-63.

竹澤正哲 (2013). 進化的視点からみた社会生態学的アプローチの可能性─竹村・佐藤論文へのコメント─ 心理学評論, **55**, 64-69.

Tomasello, M. (1999). *The cultural origins of human cognition*. Cambridge, MA: Harvard University Press.

Valsiner, J. (2007). *Culture in Mind and Societies: Foundations of Cultural Psychology*. New Delhi: Sage Publications India Pvt. Ltd.

Vandello, J. A., & Cohen, D. (2004). When believing is seeing: Sustaining norms of violence in cultures of honor. In M. Schaller & C. S. Crandall (Eds.), *The Psychological Foundations of Culture*. Lawrence Erlbaum Associates. pp.281-304.

Vandello, J. A., Cohen, D., & Ranson, S. (2008). U.S. southern and northern differences in perceptions of norms about aggression: Mechanisms for the perpetuation of a culture of honor. *Journal of Cross-Cultural Psychology*, **39**, 162-177.

山岸俊男 (1998). 信頼の構造─こころと社会の進化ゲーム─ 東京大学出版会

山岸俊男 (2007). 文化への制度アプローチ 河野 勝・西條辰義(編) 社会科学の実験アプローチ 勁草書房 pp.141-170.

Yuki, M., Schug, J., Horikawa, H., Takemura, K., Sato, K., Yokota, K., & Kamaya, K. (2007). Development of a scale to measure perceptions of relational mobility in society. *CERSS Working Paper* 75, Center for Experimental Research in Social Sciences, Hokkaido University.

Zou, X., Tam, K. P., Morris, M. W., Lee, S., Lau, I. Y., & Chiu, C. (2009). Culture as common sense: Perceived consensus versus personal beliefs as mechanisms of cultural influence. *Journal of Personality and Social Psychology*, **97**, 579-597.

● 第8章

Abbey, A. (1982). Sex differences in attributions for friendly behavior: Do males misperceive females' friendliness. *Journal of Personality and Social Psychology*, **32**, 830-836.

安藤清志・村田光二・沼崎 誠(編著) (2009). 新版 社会心理学研究入門 東京大学出版会

Belsky, J. (1997). Attachment, mating, and parenting: An evokutionary interpretation. *Human Nature*, **8**, 361-381.

Buss, D. M. (2012). *Evolutionary Psychology: The science of the mind* (4th ed.). Boston, MA: Allyn and Bacon.

Buss, D. M., & Hawley, P. H. (Eds.) (2011). *The Evolution of Personality and Individual Differences*. New York: Oxford University Press.

Cesario, J., Plaks, J. E., Hagiwara, N., Navarrete, C. D., & Higgins, E. T. (2010). The Ecology of automaticity: How situational contingencies shape action semantics and social behavior. *Psychological Science*, **21**, 1311-1317.

● 引用文献

Cottrell, C. A., & Neuberg, S. L. (2005). Different emotional reactions to different groups: A sociofunctional threat-based approach to "prejudice". *Journal of Personality and Social Psychology, 88*, 770-789.

Darwin, C. (1871). *The descent of man and selection in relation to sex*. London: John Murray.
(チャールズ・R. ダーウィン(著) 長谷川眞理子(訳) (1999, 2000). 人間の進化と性淘汰 文一総合出版)

Deacon, T. W. (1997). *The symbolic species: The co-evolution of language and the brain*. New York: W. W. Norton & Company.
(テレンス・W. ディーコン(著) 金子隆芳(訳) ヒトはいかにして人となったか──言語と脳の共進化── 新曜社)

Duncan, L. A., & Schaller, M. (2009). Prejudicial attitudes toward older adults may be exaggerated when people feel vulnerable to infectious disease: Evidence and implications. *Analyses of Social Issues and Public Policy, 9*, 97-115.

Faulkner, J., Schaller, M., Park, J. H., Duncan, L. A. (2004). Evolved disease-avoidance mechanisms and contemporary xenophobic attitudes. *Group Processes and Intergroup Relations, 7*, 333-353.

長谷川寿一・長谷川眞理子 (2000). 進化と人間行動 東京大学出版会

Hamilton, W. D. (1964). The genetical evolution of social behavior. I and II. *Journal of Theoretical Biology, 7*, 1-52.

Haselton, M. G., & Buss, D. M. (2000). Error management theory: A new perspective on biases in cross-sex mind reading. *Journal of Personality and Social Psychology, 78*, 81-91.

Haselton, M. G., & Nettle, D. (2006). The paranoid optimist: An integrative evolutionary model of cognitive biases. *Personality and Social Psychology Review, 10*, 47-66.

Haung, J. Y., Sedlovskaya, A., Ackerman, J. M., & Bargh, J. A. (2011). Immunizing against prejudice: Effects of disease protection on outgroup attitudes. *Psychological Science, 22*, 1550-1556.

Kurzban, R., & Leary, M. R. (2001). Evolutionary origins of stigmatization: The functions of social exclusion. *Psychological Bulletin, 127*, 187-208.

Landau, M. J., Meier, B. P., & Keefer, L. A. (2010). A metaphor-enriched social cognition *Psychological Bulletin, 136*, 1045-1067.

Mahajan, N., Martinez, M. A., Gutierrez, N. L., Diesendruck, G., Banaji, M. R., & Santos, L. R. (2011). The evolution of intergroup bias: Perceptions and attitudes in rhesus macaques. *Journal of Personality and Social Psychology, 100*, 387-405.

McDonald, M. M., Navarrete, C. D., & van Vugt, M. (2012). Evolution and the psychology of intergroup conflict: The male warrior hypothesis. *Philosophical Transactions of The Royal Society of London B: Biological Sciences, 367*, 670-679.

Mealy, L. (1995). The sociobiology of sociopathy: An integrated evolutionary model. *Behavior and Brain Science, 18*, 522-599.

Mithen, S. (1996). *The prehistory of the mind*. London: Thames and Hudson.
(スティーヴン ミズン(著) 松浦俊輔・牧野美佐緒(訳) 心の先史時代 青土社)

Mortensen, C. R., Becker, D. V., Ackerman, J. M., Neuberg, S. L., & Kenrick, D. T. (2010). Infection breeds reticence: The effects of disease salience on self-perceptions of personality and behavioral avoidance tendencies. *Psychological Science, 21*, 440-447.

Navarrete, C. D., Fessler, D. M. T., & Eng, S. J. (2007). Elevated ethnocentrism in the first trimester of pregnancy. *Evolution and Human Behavior, 28*, 60-65.

Navarrete, C. D., Fessler, D. M. T., Fleischman, D. S., & Geyer, J. (2009). Race bias tracks conception risk across the menstrual cycle. *Psychological Science*, **20**, 661-665.

Nettle, D. (2009). Ecological influences on human behavioural diversity: A review of recent findings. *Trends in Ecology and Evolution*, **24**, 618-624.

Neuberg, S. L. & Cottrell, C. A. (2006). Evolutionary bases of prejudices. In M. Schaller, J. A. Simpson, & D. T. Kenrick (Eds), *Evolution and social psychology*. New York: Psychology Press. pp.163-187.

Neuberg, S. L., Kenrick, D. T., & Schaller, M. (2011). Human threat management systems: Self-protection and disease avoidance. *Neuroscience and Biobehavioral Reviews*, **35**, 1042-1051.

Oaten, M., Stevenson, R. J., & Case, T. I. (2011). Disease avoidance as a functional basis for stigmatization. *Philosophical Transactions of The Royal Society of London B: Biological Sciences*, **366**, 3433-3452.

Park, J. H., Faulkner, J., Schaller, M. (2003). Evolved disease-avoidance processes and contemporary anti-social behavior: Prejudicial attitudes and avoidance of people with physical disabilities. *Journal of Nonverbal Behavior*, **27**, 65-87.

Park, J. H., Schaller, M., & Crandall, C. S. (2007). Pathogen-avoidance mechanisms and the stigmatization of obese people. *Evolution and Human Behavior*, **28**, 410-414.

佐伯 胖・亀田達也(編) (2002). 進化ゲームとその展開 共立出版

Schaller, M., & Abeysinghe, A. M. N. A. D. (2006). Geographical frame of reference and dangerous intergroup attitudes: A double-minority study in Sri Lanka. *Political Psychology*, **27**, 615-631.

Schaller, M., & Murray, D. R. (2008). Pathogens, personality, and culture: Disease prevalence predicts worldwide variability in sociosexuality, extraversion, and openness to experience. *Journal of Personality and Social Psychology*, **95**, 212-221.

Schaller, M., & Neuberg, S. L. (2012). Danger, disease, and the nature of prejudice(s). *Advances in Experimental Social Psychology*, **46**, 1-54.

Schaller, M., & Park, J. H. (2011). The behavioral immune system (and why it matters). *Current Directions in Psychological Science*, **20**, 99-103.

Schaller, M., Park, J. H., & Mueller, A. (2003). Fear of the dark: Interactive effects of beliefs about danger and ambient darkness on ethnic stereotypes. *Personality and Social Psychology Bulletin*, **29**, 637-649.

Schnall, S., Benton, J., & Harvey, S. (2008). With a clean conscience: Cleanliness reduces the severity of moral judgments. *Psychological Science*, **19**, 1219-1222.

Simpson, J. A., & Campbell, L. (2005). Method of evolutionary science. In D. M. Buss (Ed.), *The handbook of evolutionary psychology*. New York: Wiley. pp.119-144.

Tooby, J., & Cosmides, L. (2005). Conceptual foundations of evolutionary psychology. In D. M. Buss (Ed.), *The handbook of evolutionary psychology*. New York: Wiley. pp.5-67.

Trivers, R. L. (1971). The evolution of reciprocal altruism. *Quarterly Review of Biology*, **46**, 35-57.

Trivers, R. L. (1985). *Social evolution*. Menlo Park, CA: Benjamin/Cummings.
(ロバート トリヴァース(著) 中島康裕・福井康雄・原田泰司(訳) (1991). 生物の社会進化 産業図書)

Tybur, J. M., Lieberman, D., & Griskevicius, V. (2009). Microbes, mating, and morality: Individual differences in three functional domains of disgust. *Journal of Personality and Social Psychology* **97**, 103-122.

Williams, L. E., Huang, J. Y., & Bargh, J. A. (2009). The scaffolded mind: Higher mental processes are grounded in early experience of the physical world. *European Journal of Social Psychology*, **39**, 1257-1267.

Young, S. G., Sacco, D. F., & Hugenberg, K. (2011). Vulnerability to disease is associated with a domain-specific preference for symmetrical faces relative to symmetrical non-face stimuli. *European Journal of Social psychology*, **41**, 558-563.

Yuki, M., & Yokota, K. (2009). The primal warrior: Outgroup threat priming enhances intergroup discrimination in men but not women. *Journal of Experimental Social Psychology*, **45**, 271-274.

● 第 9 章

Allport, G. W. (1954). The historical background of modern social psychology. In G. Lindzey (Ed.), *The handbook of social psychology*. Vol.1. Cambridge, MA: Addison-Wesley. pp.3-56.

Barabási, A.-L., & Albert, R. (1999). Emergence of scaling in random networks. *Science*, **286**, 509-512.

Börner, K., Chen, C., & Boyack, K.(2003). Visualizing Knowledge Domains. In B.Cronin (Ed.), *Annual Review of Information Science & Technology*, Vol. 37. Medford, NJ: Information Today. pp.179-255.

Gilbert, D. T. (1998). Ordinary personology. In D. T. Gilber, S. T. Fiske, & G. Lindzey (Eds.), *The handbook of social psychology*. Vol.2 (4th ed.). New York: McGraw-Hill. pp.89-150.

Haidt, J., & Kesebir, S. (2010). Morality. In S. Fiske, & D. Gilbert (Eds.) *Handbook of Social Psychology*, Vol.1 (5th ed.). Hoboken, NJ: Wiley. pp.797-832.

Hastie, R., & Kumar, A. P. (1979). Person memory: Personality traits as organizing principles in memory for behaviors. *Journal of Personality and Social Psychology*, **37**, 25-34.

Higgins, E. T, Rholes, W. S., & Jones, C. R. (1977). Category Accessibility and Impression Formation. *Journal of Experimental Social Psychology*, **13**, 141-154.

亀田達也・村田光二 (2000). 複雑さに挑む社会心理学―適応エージェントとしての人間― 有斐閣

唐沢かおり (2005). 社会心理学の潮流 唐沢かおり (編) 朝倉心理学講座7 社会心理学 朝倉書店 pp.1-14.

唐沢かおり (2012). 個人の心を扱う方法論の限界と「集団心」の可能性 唐沢かおり・戸田山和久(編) 心と社会を科学する 東京大学出版会 pp.41-69.

北村英哉・大坪庸介 (2012). 進化と感情から解き明かす社会心理学 有斐閣

箕浦康子 (1999). フィールドワークと解釈論的アプローチ 箕浦康子(編著) フィールドワークの技法と実際―マイクロ・エスノグラフィー入門― ミネルヴァ書房 pp.2-20.

村本由紀子 (2006). 心と社会を研究する方法 吉田寿夫(編) 心理学研究法の新しいかたち pp.21-243. 誠信書房

Ringelmann, M. (1913). Recherches sur les moteurs animés: Traveil de l'homme. *Annales de l'Institut National Agronomique*, 12, 1-40.

Ross, L., Lepper, M., & Ward, A. (2010). History of social psychology: Insights, challenges and contributions to theory and application. In S. Fiske, D. T. Gilbert., & G. Lindzey (Eds.). *Handbook of social psychology*, Vol.1. (5th ed.). Hoboken, N.J: Wiley & Sons. pp.3-50.

Salganik, M. J., Dodds, P. S., & Watts, D. J. (2006). Experimental study of inequality and unpredictability in an artificial cultural market. *Science*, **311**,854-856.

Salganik, M. J., & Watts, D. J. (2009). Web-based experiments for the study of collective social dynamics in cultural markets. *Topics in Cognitive Science*, **1**, 439-468.

竹村和久 (2004). 社会心理学はどんな可能性のある学問か 竹村和久(編) 社会心理学の新しいかたち 誠信書房 pp.3-29.

Triplett, N. (1898). The dynamogenic factors in pacemaking and competition. *American Journal of Psychology*, **9**, 507-533.

Wegner, D. M., & Gilbert, D. T. (2000). Social psychology: The science of human experience. In H. Bless & J. P. Forgus (Eds.), *The message within: The role of subjective experience in social cognition and behavior.* Psychology Press. pp.1-9.

山口裕幸 (2012).「集団錯誤」の呪縛からの解放への道標 唐沢かおり・戸田山和久(編) 心と社会を科学する 東京大学出版会 pp.71-93.

人名索引

● あ行

アーガイル（Argyle, M.）　82
アイゼンバーガー（Eisenberger, N. I.）　95, 104
アッシュ（Asch, S. E.）　118
イジャーマン（IJzerman, H.）　99
ヴァルシナー（Valsiner, J.）　131, 132
ヴァン・ヘック（Van Heck, G. L.）　84
ウィリアムズ（Williams, L. E.）　98
ウェイツァ（Waytz, A.）　96
ヴェグナー（Wegner, D. M.）　174
ウェブスター（Webster, G. D.）　90
ウォルトン（Walton, G. M.）　102
エプリー（Epley, N.）　96
エング（Eng, S. J.）　166
遠藤由美　139
オールポート（Allport, G. W.）　174
オルポート（Allport, F. H.）　124

● か行

カールスミス（Carlsmith, J. M.）　36
ガウロンスキー（Gawronski, B.）　58
ガブリエル（Gabriel, S.）　96, 97
亀田達也　141, 173
カルヴァロ（Carvallo, M.）　96, 97
カワチ（Kawachi, I.）　108
キャメロン（Cameron, J.）　88
ギルバート（Gilbert, D. T.）　174
グリーンバーグ（Greenberg, J.）　21
グリーンワルド（Greenwald, A. G.）　52, 54
ケサビア（Kesebir, S.）　172
ケネディ（Kennedy, B. P.）　108
ケリー（Kelley, H. H.）　87
コーエン（Cohen, D.）　134, 144
コートレル（Cottrell, C. A.）　161
コスミデス（Cosmides, L.）　49
コックス（Cox, C. R.）　101

● さ行

ザイアンス（Zajonc, R. B.）　36, 115
シェリフ（Sherif, M.）　118

シャーラー（Schaller, M.）　164
ジャクソン（Jackson, J. J.）　81
ジャクソン（Jackson, J.）　125
シャクター（Schachter, S.）　36
シュナール（Schnall, S.）　103
ショウダ（Shoda, Y.）　74, 75
ジョスト（Jost, J. T.）　47
ジンガー（Singer, J.）　36
杉万俊夫　125
スミス（Smith, E. R.）　88
セミン（Semin, G. R.）　88, 99
セルボーン（Cervone, D.）　75
ソシエール（Saucier, G.）　84
ゾン（Zhong, C. B.）　98

● た行

ダーウィン（Darwin, C.）　151
ターナー（Turner, J. C.）　119
ダーリー（Darley, J. M.）　116
竹村和久　182
タジフェル（Tajfel, H.）　119, 120, 121
ダンバー（Dunbar, R. I. M.）　113
ツィルシュ（Ziersch, A. M.）　107
ツゥビー（Tooby, J.）　49
デ・ハウアー（De Houwer, J.）　56
デ・ラード（De Raad, B.）　83
出口康夫　10, 12
デバイン（Devine, P. G.）　60
テン・バージ（Ten Berge, M. A.）　83
ドゥウォール（DeWall, C. N）　95, 96
トマセロ（Tomasello, M.）　136
トリヴァース（Trivers, R. L.）　47

● な行

ナバリート（Navarrete, C. D.）　166
ニスベット（Nisbett, R. E.）　132, 133, 134, 135,
ニューバーグ（Neuberg, S. L.）　161, 164
ネトル（Nettle, D.）　160
ノジック（Nosek, B. A.）　52
ノフトル（Noftle, E. E.）　90

213

野村理朗　　25, 29

● は行

バージ（Bargh, J. A.）　98
ハーロウ（Harlow, H. F.）　99
ハイダー（Heider, F.）　36, 42
ハイト（Haidt, J.）　46, 172
バウアー（Bower, G. H.）　19
バウマイスター（Baumeister, R. F.）　41, 94
ハウレイ（Hawley, P. H.）　159
ハウング（Haung, J. Y.）　166
バス（Buss, D. M.）　90, 155, 156, 158, 159
ハセルトン（Haselton, M. G.）　155, 158
原ひろ子　　138
ファジオ（Fazio, R. H.）　59, 67
ファンダー（Funder, D. C.）　72, 79, 80, 83, 85
フィーニー（Feeney, B. C.）　101
フィスク（Fiske, S. T.）　39, 41
フェスティンガー（Festinger, L.）　36, 119
フェスラー（Fessler, D. M.）　166
福島真人　　141
ブラウン（Brown, J. L.）　104
フリーソン（Fleeson, W.）　78, 90
フルニエ（Fournier, M. A.）　76
プロックス（Proulx, T.）　22
フロリアン（Florian, V.）　101
ベム（Bem, D. J.）　80

ホーガン（Hogan, R.）　91
ポメランツ（Pomerantz, E. M）　80
ホルムズ（Holmes, J. G.）　88
ボンド（Bond, M. H.）　89

● ま行

マクドゥーガル（McDougal, W.）　127
マクドナルド（MacDonald, G.）　95, 97
ミクリンサー（Mikulincer, M.）　101
ミッシェル（Mischel, W.）　74
村田光二　　173
村本由紀子　　139

● や行

柳澤邦昭　　27, 107
山岸俊男　　141, 142, 143
矢守克也　　125

● ら行

ラタネ（Latané, B.）　116, 117
レアリー（Leary, M. R.）　41, 94, 95, 97, 102
レヴィン（Lewin, K.）　35, 71, 79, 115, 117
レオナルデリ（Leonardelli, G. J.）　98
ローゼンバーグ（Rosenberg, M. J.）　35
ロバーツ（Roberts, B. W.）　80, 81, 90

● わ行

ワーガーマン（Wagerman, S.）　85

事項索引

●あ行

IAT　　55, 56, 57, 60
愛着行動　　100
愛着スタイル　　96, 97
愛着理論　　99, 101
一貫性　　74, 78
遺伝子　　28
遺伝子型　　159
遺伝子多型　　23, 24
遺伝情報　　23
意味ネットワーク・モデル　　55, 66
AMP　　61
エピジェネティクス　　28
エラー・マネージメント理論　　155, 164
親の子への投資　　152, 157

●か行

活性化　　67, 163
還元　　7, 8
還元主義　　124, 126, 127, 177
感情ネットワーク理論　　19
感情のコミュニケーション機能　　39
感情プライミング　　19
規範的議論　　181, 183, 183
Q分類技法　　80
脅威　　165, 166
共有信念　　145
均衡　　144
血縁淘汰　　151
構成概念　　11, 128
行動指紋　　75, 76
行動免疫システム　　164
行動予測　　72
合理的人間観　　62
互恵的利他理論　　152
心の文化差　　132
個人差　　159
個人焦点のアプローチ　　177
コミュニケーション機能　　38

●さ行

サポート　　104, 105
自己高揚動機　　42
システム正当化理論　　47
自然淘汰　　150
自尊心　　41
自動的人間観　　63, 68
死の顕現化　　21, 27
社会遺伝子モデル　　81
社会構造　　141
社会神経科学　　17
社会性（感情と動機の）　　38
社会生態学的アプローチ　　135, 136
社会的アイデンティティ　　120, 121
社会的アイデンティティ理論　　119
社会的温かさ　　98
社会的痛み　　41, 95, 97
社会的インパクト理論　　117
社会的促進　　115
社会的手抜き　　115, 116, 117
社会的な動機　　41
社会的排斥　　98
社会的抑制　　115
社会脳仮説　　113, 152
集団凝集性　　123
集団規範　　118, 123
集団錯誤　　127
集団主義　　27, 142
集団心　　124, 127
主観的経験　　64
主観的経験の科学　　174
状況　　82, 83, 84, 86, 87, 89, 90
状況分類　　84
状況要因　　6, 8, 159
状態自尊心　　102
所属　　41
所属欲求　　94, 96, 97
処方的なアプローチ　　12, 128
新・相互作用論　　73
進化　　150
進化的アプローチ　　153, 154

215

信頼　108, 109, 143
心理学的場　117, 127
心理社会的資源　103
生活史理論　159
生態環境　133, 134, 136, 140
性的意図認知　158
性淘汰　151, 157
接近可能性　67
セロトニン・トランスポーター　24, 26
潜在自尊心　57
潜在測定　54, 59
潜在態度　59, 162
潜在連合テスト（IAT）　52
創発　179
創発特性　125
相補的ステレオタイプ　48
ソーシャル・キャピタル　108, 109
ソーシャル・サポート　103, 106
ソシオメーター理論　102, 105
存在脅威管理理論　21
存在論的脅威　101

● た行

態度　35, 58, 67
多元的無知　144
地位と親密さ　39
通状況的一貫性　73, 78
定常状態　131, 132
適応　44, 49, 88, 159, 161, 172, 173
適応的機能　153
適応的形質　150
淘汰圧　152
同調　118, 119
道徳　172
道徳的感情　46
道徳的行動　168
道徳的直観　46
島皮質　100
特性　73, 81
特性的自尊心　102

● な行

二過程モデル　62, 69
人間－状況論争　72, 77, 80, 90
人間観　14, 43, 44, 64, 66
認知感情システムモデル　74
寝屋慣行　139, 140

● は行

パーソナリティ三相説　79
バイアス　43, 44, 45, 155, 173
バイアスマップ　40
バイカルチュラル　146
場の理論　35
比較社会実験　141
非人間化　96
評価プライミング　60, 61
頻度依存淘汰　160
不安システム　21
フィールドワーク　137, 138, 139, 180
VLPFC（前頭前野腹外側部）　20, 28, 105, 107
複雑系科学　125, 178, 179
複雑系的アプローチ　127
文化緩衝仮説　27
文化的自己観　24, 27, 143
文化の「累進的進化」　141
文脈的社会的認知　88
偏見　54, 55, 57, 60, 70, 161, 162, 165, 166, 168
扁桃体　20, 22, 56, 56
包括適応度　151

● ま行

名誉の文化　134
モデル　10, 11, 178
モラルエージェント　46

● ら行

リターン・ポテンシャルモデル　125
リバーサイド状況Q技法　85
領域特殊性　154, 167
理論　10, 11, 157, 180

あとがき

　社会心理学以外の学問分野を専門としている人たちと，ともに仕事をしたり議論をしたりする機会が増えている。それは科学研究費のプロジェクトであったり，もっとインフォーマルな研究交流の機会であったり，居酒屋での席であったりする。そのような場で互いに持ち寄る「専門」の知見は，ローカルな研究上の問いや問題解決の要請，また議論の成り行きから出てきた興味関心に答えるものであると同時に，各学問の姿を断片的に見せるものだ。他の分野から出される「質問」に対して，コンパクトな回答を提示し，議論を進展させることが目標となる場では，興味深い断片を示すことで，その学問分野の意義が端的に伝わる。しかし，その断片の背後にあると思われる全体，より大きな問いと問題意識を交換することなくしては，議論はなんだか，つまらない感が漂うものになってしまう。断片を提供するだけなら，他分野に対してコンサルティング業務をしているようなものじゃないか？

　社会心理学者として他分野と向き合うとき，詳細な知見や精緻な議論を提供することはもちろん必要なことだ。しかし，私たちが何を目指して研究をしているのか，私たちが知りたいと熱望している問いは何なのか，これを伝えることを抜きにして他分野とおつきあいしても，夢中になれるような議論の交流は得にくいのではないか。社会心理学が全体として持つ問題意識，一つのまとまりとして言いたいこと，そういうものが伝わらなければ，社会心理学がもつ面白さが隠れてしまうのではないか。だとするなら，自分が携わる学問のめざすところや基本的な問いについて，それらが他にも伝わるように，まとまりとして表現されるような言葉を探すことが必要なのだと思う。

　もっとも，一つのまとまりとして言おうとしていることなど，簡潔には表現しがたい。どのような学問でも，多かれ少なかれ当てはまることと思うが，分野が細分化され，議論が複雑になり，知見を理解するにあたって「高い専門性」が必要となっている現状で，発信するメッセージの核心が何なのか，捕まえるのは難しい。まして，社会心理学は，脳から文化まで，ミクロレベルからマクロレベルまでの，さまざまな変数を含みつつ，人や社会といった複雑な対象を議論しようとする学問であるのだから，困難さもひとしおなのかもしれない。

　しかし，複雑だとはいえ，人も社会も身近で良く知っている対象だ。私たちは，それらを，一つの実体として，何かしらのまとまりをもつものとして理解している。実際，研究知見を振り返ってみるなら，人と社会を構成する要素が有機的

につながっていること，そしてそのつながりが，さまざまな現象を生み出していることを感じ取るはずだ。社会心理学の教科書を眺めているとき，個々の議論を，それこそ「教科書的に」理解しようとするのではなく，議論の背後にある人や社会の姿そのものを読み取ろうとするなら，異なるページに書かれていることがらがつながり，「良く知っている」はずの人や社会の姿に重なり，また，その姿を広げていくという経験をもつだろう。

　社会心理学には，そのような力がある。だからこそ，その知見を理解するにあたって，統合的な視点を持つことが重要になる。統合のための軸は複数あるにせよ，それらをうまく切り出していけば，人や社会の細部にかかわる問いについても，また，「人とは？社会とは？」という大きな問いに対しても，より豊かな洞察を生み出す視点となるものが出てくるのではないか。その視点と洞察については，人と社会が何者かを真摯に問う研究を進めてきた研究者なら，他者に語るに値するものをもつだろう。それらは，これまでの研究活動の歴史に裏づけられた個性豊かなものであり，それらを集めることで，社会心理学が何者か，新しい側面にも気づかされるようなことがあるのではないか。

　そのような漠然とした期待に導かれて，また，その期待を何人かの友人と議論したときの面白さに背中を押されて本書を企画し，執筆を依頼したわけである。序章にも書いたが，依頼した方々は，いずれも，これまでの研究を通して，人と社会とは何かという問いに対して刺激的な言説を提出し，それをもって周りに影響を与えている人たちである。編者のまとまりのない依頼に対して，「お題が難しい」とか「いったい，何を書いたらいいのか，迷う」とおっしゃりながらも，その趣旨をくみ取っていただき，改めて社会心理学と向き合うという作業を，面白がっていただいたと思うのだが…。いや，もしかすると，かなりの苦戦を強いたのかもしれない。だとするならその点は，執筆者にお詫びしたい。とはいえ，結果的に執筆いただいた各章はとても面白い内容なわけだから，結果オーライということで……。そして，読者の方々が，各章を楽しみながら社会心理学のメッセージを受け取っていただけたのであれば，編者としては大変うれしいことである。

　最後になるが，本書の企画段階から相談に乗っていただき，編集を進める意欲を与えていただいた北大路書房の奥野浩之さんに，心から感謝申し上げたい。

2014年2月　　唐沢かおり

● 編者紹介

唐沢かおり（からさわ・かおり）
1992 年　カリフォルニア大学ロサンジェルス校修了
現　在　東京大学大学院人文社会系研究科教授（Ph.D）
主著・論文
　　　　心と社会を科学する（共著）東京大学出版会　2012 年
　　　　幸せな高齢者としての生活（共編著）ナカニシヤ出版　2009 年
　　　　社会心理学事典（共編著）丸善株式会社　2009 年
　　　　朝倉心理学講座 第 7 巻 社会心理学（編著）朝倉書店　2005 年

● 執筆者一覧（執筆順）

唐沢かおり	東京大学大学院人文社会系研究科教授	序章，第 2 章，第 9 章
野村　理朗	京都大学大学院教育学研究科准教授	第 1 章
北村　英哉	関西大学社会学部教授	第 3 章
堀毛　一也	東洋大学社会学部教授	第 4 章
浦　　光博	追手門学院大学心理学部教授	第 5 章
山口　裕幸	九州大学大学院人間環境学研究院教授	第 6 章
村本由紀子	東京大学大学院人文社会系研究科准教授	第 7 章
沼崎　　誠	首都大学東京大学院人文科学研究科教授	第 8 章

新 社会心理学
― 心と社会をつなぐ知の統合 ―

| 2014年3月10日　初版第1刷印刷 | 定価はカバーに表示 |
| 2014年3月20日　初版第1刷発行 | してあります。 |

　　　編 著 者　　　唐 沢 か お り
　　　発 行 所　　　㈱ 北 大 路 書 房
　　　〒 603-8303　京都市北区紫野十二坊町 12-8
　　　　　　　　　電　話　(075) 431-0361㈹
　　　　　　　　　Ｆ Ａ Ｘ　(075) 431-9393
　　　　　　　　　振　替　01050-4-2083

Ⓒ 2014　　制作／T.M.H.　　印刷・製本／創栄図書印刷㈱
検印省略　落丁・乱丁本はお取り替えいたします。
ISBN978-4-7628-2851-5　　Printed in Japan

・[JCOPY] 〈㈳出版者著作権管理機構 委託出版物〉
本書の無断複写は著作権法上での例外を除き禁じられています。
複写される場合は，そのつど事前に，㈳出版者著作権管理機構
(電話 03-3513-6969,FAX 03-3513-6979,e-mail: info@jcopy.or.jp)
の許諾を得てください。